森林消防员
职业技能培训教材

金森 于立峰 主编

中国林业出版社
China Forestry Publishing House

图书在版编目(CIP)数据

森林消防员职业技能培训教材/金森，于立峰主编.—北京：中国林业出版社，2017.6(2024.9重印)
ISBN 978-7-5038-9056-7

Ⅰ.①森… Ⅱ.①金…②于… Ⅲ.①森林防火—中国—技术培训—教材 ②森林灭火—中国—技术培训—教材 Ⅳ.①S762.3

中国版本图书馆 CIP 数据核字(2017)第 135766 号

审图号：GS 京(2023)1958 号

中国林业出版社·教育分社

策划、责任编辑：丰 帆
电 话：(010)83143558　　　　　　传 真：(010)83143516

出版发行	中国林业出版社(100009　北京市西城区德内大街刘海胡同7号) E-mail: jiaocaipublic@163.com　电话：(010)83143500 网　址　https://www.cfph.net
经　销	新华书店
印　刷	北京中科印刷有限公司
版　次	2017 年 7 月第 1 版
印　次	2024 年 9 月第 6 次印刷
开　本	787mm×1092mm　1/16
印　张	13.5
字　数	320 千字
定　价	49.00 元

未经许可，不得以任何方式复制或抄袭本书之部分或全部内容。

版权所有　侵权必究

《森林消防员职业技能培训教材》编写人员

主　编

　　金　森（东北林业大学）

　　于立峰（黑龙江省林业厅）

副主编

　　刘万龙（黑龙江省齐齐哈尔林业学校）

　　于宏洲（东北林业大学）

　　傅聿青（河北省塞罕坝机械林场总场林业规划设计院）

编　委（按姓氏笔画排序）

　　于文男（黑龙江省森林保护研究所）

　　王会研（黑龙江省塔河县防火办公室）

　　王志成（黑龙江省林业厅）

　　马洪波（黑龙江省林业厅）

　　孙　萍（东北林业大学）

　　孙　辉（中国人民武装警察部队武警警种学院）

　　彭徐剑（南京森林警察学院）

　　舒　展（东北林业大学）

　　楚艳萍（黑龙江省齐齐哈尔林业学校）

前　言

森林火灾严重威胁国家森林资源和人民生命财产安全。有效防控森林火灾，减少火灾造成的损失，是林业系统所肩负的重要使命，也是建设生态文明的重要任务。提高森林消防从业人员的业务技能素质，是做好森林防火工作的重要基础。

为强化森林消防员职业培训，做好森林消防员的培训鉴定工作，国家林业局森林防火办公室、人才开发交流中心组织专家编写了《森林消防员职业技能培训教材》。教材全面、系统地阐述了森林防火的专业知识和操作技能，理论与实践知识体系完备，操作技能讲解简明易懂，便于森林消防人员学习和应用。

本教材根据《森林防火员》国家职业标准的相应规定，对初、中、高3个等级的森林消防员所需进行的培训内容进行了划分，既有基础理论，又有操作技能，可供全国森林消防人员自学、培训使用。本书还包括部分森林火情瞭望观测员的培训内容，以及目前标准没有规定但与森林防火密切相关的一些内容。这部分拓展内容，使本书也可作为开展森林防火人员其他业务培训的参考教材。

本教材共分上、下两篇，上篇第一至八章为理论知识。其中，第一至三章为基础理论部分，第四至八章为专业理论部分。林火监测知识独立成章是为兼顾森林火情瞭望观察员的培训。第七章中关于飞机灭火等内容是为拓展培训之需。理论知识的各章中每节前都根据标准的要求，给出了森林消防员应掌握的相应知识点，并拟定了练习思考题。下篇第九至十五章为技能训练，共包含三十四项技能。前二十六项技能根据职业标准中对初、中、高3级森林消防员技能的要求及这些技能的内容相关性合并而成，覆盖了职业标准中对初、中、高3个等级森林消防员技能全部要求；后八项技能涉及高压细水雾灭火机、脉冲气压喷雾水枪的使用和索降灭火技能的训练。这些技能不是现行职业标准中的要求，但将是今后森林防火中森林消防员常用的机具和手段，属拓展培训内容。

限于篇幅，本教材没有将初、中、高3个等级消防员培训所需的内容分别列出，而是按内容将其统筹编排。为方便不同等级的森林消防员使用本书，在本书附录一中给出了职业标准中理论知识和技能要求与本书相关章节的对比表，学员可根据需要，通过这些表格查阅到相关的内容，进行针对性的学习。

本书编写具体分工如下：

上篇理论知识第一章、第二章由傅聿青编写，第三章、第四章由刘万龙、于宏洲编写，第五章、第六章由于宏洲、楚艳萍编写，第七章、第八章由于立峰编写；下篇技能训练第九至第十五章由金森、马洪波、王会研、王志成、孙萍、彭徐剑、舒展、于文男、孙辉等编写。全书由金森、于立峰统稿。

本教材的编写和审定得到了东北林业大学、国家林业局北方航空护林总站、南京森林警察学院、中国人民武装警察部队警种学院、黑龙江省森林防火办公室、黑龙江省林业厅、黑龙江省林业科学研究院、贵阳市森林防火办公室的大力支持，黑龙江省森亿森防装备有限公司、海力特集团、北京九州尚阳科技有限公司、林海动力股份公司、斯蒂尔公司为本教材的编写提供了宝贵的资料，黑龙江省塔河县森林防火办公室和黑龙江省阿城扑火大队为视频拍摄提供了支持，吴占杰、陈鹏、马晓钢、满子元、马壮、张运林等为多媒体制作提供了帮助。在此，向每一位参与教材编写审阅与修订工作的专家致以诚挚的感谢！

由于编者水平有限，书中错误在所难免，敬请提出宝贵意见，以便今后修订完善。

编　者

2017 年 3 月

目 录

前　言

上篇　理论知识

第一章　职业道德 ·· (3)
 第一节　职业道德概述 ·· (3)
  一、什么是职业道德 ··· (3)
  二、职业道德的特点 ··· (3)
  三、职业道德品质 ·· (4)
  练习思考题 ··· (5)
 第二节　林业职业道德规范与森林消防员职业守则 ··············· (5)
  一、林业职业道德及其规范 ··· (5)
  二、森林消防员职业特点和职业守则 ································ (6)
  练习思考题 ··· (7)

第二章　林学基础知识 ·· (8)
 第一节　植物学基础知识 ··· (8)
  一、植物细胞 ·· (8)
  二、植物组织 ·· (9)
  三、种子 ·· (10)
  四、种子植物的营养器官 ·· (11)
  五、种子植物的繁殖器官 ·· (13)
  练习思考题 ·· (13)
 第二节　林分的结构和特征 ·· (14)
  一、林分的结构 ·· (14)
  二、林分的特征 ·· (15)
  练习思考题 ·· (16)
 第三节　森林生态学基础 ·· (17)
  一、森林环境 ··· (17)

二、森林群落 …………………………………………………………… (18)
　　三、森林生态系统 ………………………………………………………… (19)
　　练习思考题 …………………………………………………………………… (20)

第三章　森林防火基础理论 ………………………………………………… (21)
第一节　林火行为 …………………………………………………………… (21)
　　一、常用林火行为特征 …………………………………………………… (21)
　　二、林火行为分类 ………………………………………………………… (23)
　　练习思考题 …………………………………………………………………… (23)
第二节　森林火灾影响因子 ………………………………………………… (24)
　　一、火源 …………………………………………………………………… (24)
　　二、森林可燃物 …………………………………………………………… (25)
　　三、林火环境 ……………………………………………………………… (26)
　　练习思考题 …………………………………………………………………… (28)
第三节　林火生态学基础 …………………………………………………… (29)
　　一、林火的两重性 ………………………………………………………… (29)
　　二、火对土壤的影响 ……………………………………………………… (29)
　　三、火对水分的影响 ……………………………………………………… (30)
　　四、火对空气的影响 ……………………………………………………… (30)
　　五、火对植物和植物群落的影响 ………………………………………… (30)
　　六、火对野生动物的影响 ………………………………………………… (31)
　　七、林火对生态系统演替的影响 ………………………………………… (31)
　　练习思考题 …………………………………………………………………… (31)

第四章　森林火灾预防 ……………………………………………………… (32)
第一节　森林防火宣传 ……………………………………………………… (32)
　　一、森林防火宣传的内容 ………………………………………………… (32)
　　二、常用宣传方法 ………………………………………………………… (33)
　　练习思考题 …………………………………………………………………… (34)
第二节　森林防火法律法规 ………………………………………………… (34)
　　一、《森林法》中有关森林防火的规定 …………………………………… (35)
　　二、森林防火条例 ………………………………………………………… (35)
　　三、地方森林防火文件 …………………………………………………… (38)
　　练习思考题 …………………………………………………………………… (38)
第三节　火源管理 …………………………………………………………… (39)
　　一、火源管理原则 ………………………………………………………… (39)
　　二、火源管理具体措施 …………………………………………………… (39)
　　三、防火检查站 …………………………………………………………… (40)
　　练习思考题 …………………………………………………………………… (41)

第四节 计划烧除 (41)
一、计划烧除的概念 (41)
二、计划烧除技术 (41)
练习思考题 (46)

第五章 林火监测 (47)
第一节 地面巡护 (47)
一、地面巡护的主要任务 (47)
二、地面巡护的组织形式 (48)
三、地面巡护装备 (48)
四、地面巡护时间和路线的确定 (49)
练习思考题 (49)

第二节 瞭望塔人工探火 (50)
一、瞭望塔建设 (50)
二、瞭望塔人员、设备配备 (51)
三、瞭望人员素质和岗位要求 (52)
四、瞭望业务准备工作 (52)
五、瞭望塔林火监测技术 (54)
六、火场定位方法 (55)
七、火情报告 (56)
八、瞭望安全常识 (57)
练习思考题 (57)

第三节 其他林火监测方法 (58)
一、视频林火监测 (58)
二、航空巡护 (59)
三、卫星林火监测 (60)
练习思考题 (61)

第六章 火场定位与通信 (62)
第一节 地图 (62)
一、地图基本知识 (62)
二、地形图的使用 (64)
三、专业地图 (67)
练习思考题 (70)

第二节 卫星定位设备 (70)
一、卫星定位基本原理 (70)
二、定位设备在森林防火中的应用 (72)
练习思考题 (73)

第三节　火场通信设备 (73)
一、通信基础知识 (73)
二、常用火场通信设备 (75)
练习思考题 (76)

第七章　森林火灾扑救 (77)
第一节　森林火灾扑救原理、原则和程序 (77)
一、森林火灾扑救原理 (77)
二、森林火灾扑救原则 (77)
三、森林火灾扑救程序(过程) (78)
练习思考题 (79)

第二节　森林火灾扑救方法 (79)
一、森林火灾扑救方法的分类 (80)
二、森林火灾扑救方法介绍 (81)
三、火场清理方法 (86)
四、不同类型森林火灾的扑救方法 (86)
练习思考题 (90)

第三节　森林火灾扑救工具与机具 (90)
一、直接灭火工具、机具 (91)
二、间接灭火工具、机具 (96)
练习思考题 (101)

第四节　扑火安全 (101)
一、森林火灾扑救中伤亡事故的种类 (102)
二、火行为伤亡事故的成因和预防 (102)
三、非火行为引起的伤亡事故的预防 (107)
四、火场脱险 (109)
五、迷山自救 (109)
六、火场救护 (111)
练习思考题 (112)

第八章　森林火灾调查 (113)
第一节　森林火灾损失调查与评估 (113)
一、森林火灾面积调查 (113)
二、森林火灾林木损失标准地调查 (114)
三、森林火灾林木损失计算 (115)
练习思考题 (116)

第二节　火因调查 (117)
一、火因调查的基本原则 (117)
二、火因调查的基本方法 (117)

练习思考题 ··· (119)

下篇 技能训练

第九章 森林火灾预防技能 ·· (123)
技能一 森林防火宣传 ·· (123)
一、技能要求 ··· (123)
二、技能训练 ··· (123)
技能二 森林防火检查 ·· (128)
一、技能要求 ··· (128)
二、技能训练 ··· (128)
技能三 防火监督管理 ·· (129)
一、技能要求 ··· (129)
二、技能训练 ··· (129)
技能四 野外点烧作业 ·· (131)
一、技能要求 ··· (131)
二、技能训练 ··· (131)

第十章 森林火灾瞭望观测技能 ·· (133)
技能五 使用瞭望塔观测仪器 ·· (133)
一、技能要求 ··· (133)
二、技能训练 ··· (133)
技能六 瞭望塔上发现火情 ·· (134)
一、技能要求 ··· (134)
二、技能训练 ··· (134)
技能七 火场定位 ··· (136)
一、技能要求 ··· (136)
二、技能训练 ··· (136)
技能八 瞭望塔火情记录和报告 ··· (137)
一、技能要求 ··· (137)
二、技能训练 ··· (137)
技能九 绘制火场示意图 ·· (138)
一、技能要求 ··· (138)
二、技能训练 ··· (138)
技能十 瞭望塔上判断火场态势 ··· (139)
一、技能要求 ··· (139)
二、技能训练 ··· (139)
技能十一 林火类型判断 ·· (140)
一、技能要求 ··· (140)
二、技能训练 ··· (140)

技能十二　火场态势分析……………………………………………………………（140）
　　一、技能要求………………………………………………………………………（140）
　　二、技能训练………………………………………………………………………（140）

第十一章　森林火灾扑救技能……………………………………………………（143）
技能十三　扑救方式路线确定………………………………………………………（143）
　　一、技能要求………………………………………………………………………（143）
　　二、技能训练………………………………………………………………………（143）
技能十四　手工工具灭火……………………………………………………………（144）
　　一、技能要求………………………………………………………………………（144）
　　二、技能训练………………………………………………………………………（144）
技能十五　使用水枪灭火……………………………………………………………（145）
　　一、技能要求………………………………………………………………………（145）
　　二、技能训练………………………………………………………………………（146）
技能十六　使用风力灭火机灭火……………………………………………………（146）
　　一、技能要求………………………………………………………………………（146）
　　二、技能训练………………………………………………………………………（146）
技能十七　水枪和风力灭火机的保养………………………………………………（150）
　　一、技能要求………………………………………………………………………（150）
　　二、技能训练………………………………………………………………………（150）
技能十八　清理火场…………………………………………………………………（151）
　　一、技能要求………………………………………………………………………（151）
　　二、技能训练………………………………………………………………………（151）
技能十九　间接灭火技术……………………………………………………………（151）
　　一、技能要求………………………………………………………………………（151）
　　二、技能训练………………………………………………………………………（151）

第十二章　扑火安全技能……………………………………………………………（154）
技能二十　安全扑火…………………………………………………………………（154）
　　一、技能要求………………………………………………………………………（154）
　　二、技能训练………………………………………………………………………（154）
技能二十一　带领火场脱困…………………………………………………………（157）
　　一、技能要求………………………………………………………………………（157）
　　二、技能训练………………………………………………………………………（157）

第十三章　火场调查及损失评估技能………………………………………………（159）
技能二十二　火烧迹地调查…………………………………………………………（159）
　　一、技能要求………………………………………………………………………（159）
　　二、技能训练………………………………………………………………………（159）

技能二十三　初步判断火因 …………………………………………………… (159)
　　一、技能要求 …………………………………………………………………… (159)
　　二、技能训练 …………………………………………………………………… (159)
技能二十四　评估森林火灾林木损失 …………………………………… (160)
　　一、技能要求 …………………………………………………………………… (160)
　　二、技能训练 …………………………………………………………………… (160)

第十四章　扑火设备使用技能 …………………………………………… (162)

技能二十五　使用对讲机 …………………………………………………… (162)
　　一、技能要求 …………………………………………………………………… (162)
　　二、技能训练 …………………………………………………………………… (162)
技能二十六　使用 GPS 定位仪 …………………………………………… (164)
　　一、技能要求 …………………………………………………………………… (164)
　　二、技能训练 …………………………………………………………………… (164)
技能二十七　高压细水雾灭火机的使用 ………………………………… (168)
　　一、技能要求 …………………………………………………………………… (168)
　　二、技能训练 …………………………………………………………………… (168)
技能二十八　脉冲气压喷雾水枪的使用 ………………………………… (170)
　　一、技能要求 …………………………………………………………………… (170)
　　二、技能训练 …………………………………………………………………… (170)

第十五章　机降灭火技能 …………………………………………………… (173)

技能二十九　器材索降装备的使用 ……………………………………… (173)
　　一、技能要求 …………………………………………………………………… (173)
　　二、技能训练 …………………………………………………………………… (173)
技能三十　索降作业手势 …………………………………………………… (176)
　　一、技能要求 …………………………………………………………………… (176)
　　二、技能训练 …………………………………………………………………… (176)
技能三十一　索降辅助训练 ………………………………………………… (177)
　　一、技能要求 …………………………………………………………………… (177)
　　二、技能训练 …………………………………………………………………… (177)
技能三十二　索降塔训练 …………………………………………………… (179)
　　一、技能要求 …………………………………………………………………… (179)
　　二、技能训练 …………………………………………………………………… (179)
技能三十三　索降机上训练 ………………………………………………… (182)
　　一、技能要求 …………………………………………………………………… (182)
　　二、技能训练 …………………………………………………………………… (182)
技能三十四　索降灭火作业 ………………………………………………… (184)
　　一、技能要求 …………………………………………………………………… (184)

二、技能训练 …………………………………………………………………（184）

附　录 ……………………………………………………………………………（190）
　　附录一　国家职业标准《森林防火员》要求与教材内容对照表 …………（190）
　　附录二　《森林防火条例》………………………………………………………（196）

上篇

理论知识

第一章　职业道德
第二章　林学基础知识
第三章　森林防火基础理论
第四章　森林火灾预防
第五章　林火监测
第六章　火场定位与通信
第七章　森林火灾扑救
第八章　森林火灾调查

第一章

职业道德

本章介绍职业道德的概念、特点，林业职业道德要求和森林消防员的职业守则。

第一节　职业道德概述

【知识要点】
1. 基本概念：道德、职业、职业道德、职业道德品质。
2. 职业道德的特点。
3. 职业道德品质5种要素的内涵。

一、什么是职业道德

道德是一定社会调整人们之间以及个人与社会之间关系的行为规范的总和。道德由一定的社会经济关系所决定的，属于社会上层建筑，是一种社会意识形态。它用善与恶、荣誉与耻辱、正义与非正义、公正与偏私、诚实与虚伪、责任与义务等道德概念来判断和评价人们的各种行为并调整人们之间的关系。

职业是人们在社会生活中对社会所承担的一定的职责和所从事的专门业务，是在历史上产生，并随着社会历史的发展变化而发展变化。

职业道德是从事特定职业的人们在其特定工作中行为规范的总和。

职业道德是道德在职业生活中的特殊表现，反映着行为的道德调解的特殊方向，又带有具体职业或行业活动的特征。各种不同的职业表现出各种不同的社会行为。道德的复杂性不仅表现在不同阶级道德的类型上，而且表现在多种职业道德之中。人们在实践生活的各个领域所从事的职业活动，就是各个职业道德产生与发展的实践基础。人们在各种职业活动的实践中，认识了人和人之间的道德关系以及个人对社会的关系，从而逐步形成自己与职业实践密切联系的道德心理、道德观念与道德风尚。

二、职业道德的特点

职业道德具有如下特点：
1. 在内容上具有稳定性和连续性

职业道德总是鲜明地表明职业义务、职业责任和职业行为上的道德准则，同职业劳动、职业生活和职业技能相结合。因而，形成了比较稳定的职业心理和职业习惯，作为一种职业的传统世世代代相传下来。

2. 在范围上具有专业性与长期性

职业道德就是各行各业的职业道德。它和专门的职业实践活动紧密联系在一起。不同的行业，有不同的服务对象，也就有不同的职业道德规范。因而，各行各业的职业道德规范都具有极强的专业性的职业特征。

3. 在形式上具有多样性与适应性

职业道德的多样性，同各种职业活动的内容紧密相连。由于各种职业对象、活动条件与活动方式的不同，职业道德的内容也就多种多样，并有较大的适应性。各行各业都要从本行业的实际情况出发，结合本行业的特点，针对行业人员的状况与接受能力，制定一些行为规则、守则，并带有鲜明的行业色彩，有利养成良好的职业道德习惯。

三、职业道德品质

职业道德品质，也称职业品德，是职业道德现象在个人身上的具体表现，是指一定的职业道德原则与行为规范在个人思想与行动中表现出来的具有比较稳定的行为特征与倾向。它是职业道德认识、职业道德情感、职业道德意志、职业道德信念与职业道德行为5种要素的集合体。这5种要素是作为互相联系、互相依赖与表现为先后顺序的发展而存在的。这体现着人们的职业道德品质形成的过程。由于职业道德品质是一种个体现象，因而也依赖于人们道德水平的不断提高。

1. 职业道德认识

职业道德认识，主要是指对于客观存在的道德关系，以及处理这种关系原则与规范的认识。道德认识，包括道德观念的形成、道德判断能力的提高与道德感情的陶冶。

2. 职业道德情感

职业道德情感产生于道德认识。职业道德品质所表现的道德情感，就是对本职工作的热爱和高度的责任感。道德认识是在人们掌握道德概念、提高道德判断能力与增强道德情感的过程中逐步形成与加深的，它使人们在道德品质的形成过程中，自觉把理智与情感结合起来，按照一定的道德原则与道德规范去行动。这是职业道德品质的重要特征。

3. 职业道德意志

职业道德认识是形成职业道德品质的基本条件。但是，仅有道德认识还不能自然而然地转化为道德行动，形成道德品质。从道德认识到道德行动，其中有一个由此达彼的关键环节，就是道德意志的形成。职业道德意志就是人们在实践道德规范过程中所表现出来的自觉地克服困难的毅力与坚定的精神力量。

4. 职业道德信念

职业道德信念与道德意志是紧密相联。当人们把道德认识变成个人的行动原则，并坚信它的正确性与正义性时，就在内心里形成一种坚定不移地实现道德义务的信念，同时也形成了体现这种信念的道德意志。职业道德信念的形成，一方面是建筑在对职业道德规范深刻认识的基础上；另一方面又是建筑在对这些职业道德规范与要求反复实践的基础之上。职业道德信念一旦形成，就会成为履行职业道德规范的内在精神力量。道德信念与道德意志的形成，是道德行为发展的重要阶段。它使一个人能够对自己提出严格要求，作出行动的抉择，并在道德行为整体中一贯坚持，自觉地培养自己的道德品质，因而，它是形成道德品质的关键。

5. 职业道德行为

职业道德行为，就是在一定的道德意识支配下表现出来的社会行为。它是道德品质的外在表现。一般来说，道德行为包括道德的行为和不道德的行为以及"可容许行为"。道德的行为，是指有利于他人与社会的行为。不道德的行为，是指不利于或危害他人和社会的道德行为。"可容许的行为"，是一种既非有益，又非有害的过渡性的行为，有时带有一定的倾向性，其发展终将显示出性质归属，即道德的行为或不道德的行为。

练习思考题

1. 名词解释
   道德　职业　职业道德　职业道德品质
2. 简述职业道德的特点。
3. 论述职业道德品质 5 种要素的内涵。

第二节　林业职业道德规范与森林消防员职业守则

【知识要点】
1. 林业职业道德的内容。
2. 森林消防员的职业特点。
3. 森林消防员的职业守则。

森林消防员是林业行业的一个特有工种，必须遵守林业职业道德及其规范。同时，由于工种的特殊性，又要遵守其独特的职业守则。

一、林业职业道德及其规范

林业职业道德是社会主义道德的重要组成部分与体现。它随着精神文明建设、林业产业经济的发展和林业职业实践活动的深入进行，而逐步产生形成和发展起来。林业职业道德是社会主义精神文明建设的重要内容之一，同社会主义林业产业经济发展相联系，同林业职工队伍的职业实践活动相联系。

1. 林业职业道德的特征

（1）林业职业道德具有为中华民族子孙后代造福的思想观念。
（2）林业职业道德具有重视森林生态效益的思想观念。
（3）林业职业道德特别具有艰苦奋斗的创业精神。
（4）林业职业道德具有绿化祖国、建设生态文明的高度责任感和时代特色。

2. 林业工作者职业道德规范

职业道德规范是人们在职业活动中应遵守的基本道德行为规范。各行业由于职业的不同，所需要的职业道德规范也不尽相同。林业职业道德规范的内容具有多层次的特点，具体内容如下。

（1）热爱林业、精诚团结

这是林业职业道德的基本要求。它要求人们发扬集体主义精神，热爱本职，忠于林业,团结协作,共同搞好绿化建设事业。热爱林业,就要对林业有深厚的感情,安心和献身于林业建设事业。保护和发展森林资源,是广大林业干部和职工应尽的职责。精诚团结,是植树造林、绿化祖国的精神力量。

(2) 艰苦奋斗,开拓创新

植树造林绿化祖国是人民群众的事业,要相信群众,依靠群众,团结群众,组织群众,发扬自力更生、艰苦奋斗的精神,发扬愚公移山的精神,开拓创新,艰苦创业。

(3) 保护森林,绿化祖国

森林,是地球上生命的摇篮,人类的宝贵资源,社会的共同财富,人民的绿色金库。保护森林资源,一方面要强化现有森林资源的有效保护与科学管理;另一方面,又要强化发展新的森林资源。

(4) 振兴林业,造福子孙

振兴林业经济,就是要在保护发展森林的基础上,按照商品化、社会化、现代化的要求,合理利用森林资源,发展综合利用,开发新领域,建设新项目,开拓新产品,发展外向型经济,满足国家和人民的需要。深化林业改革,振兴林业经济。

(5) 遵纪守法,公正廉洁

《中华人民共和国森林法》(以下简称《森林法》)对森林经营管理、森林保护、植树造林、森林采伐都有法律规定。并规定了法律责任。《森林法》是保护、发展和合理利用森林资源的大法。林业职工应认真学习自觉遵守,对违反《森林法》,破坏森林资源的犯罪者,必须依法制裁。

(6) 精通业务,优质服务

林业职工要不断学习林业科学技术和文化知识,学习经济管理和法律知识,不断提高政治思想和科学技术水平,精通本行业务,搞好优质服务。

二、森林消防员职业特点和职业守则

1. 森林消防员的职业特点

森林消防员的职责是预防和扑救森林火灾,保护森林资源。该工作具有专业性、艰苦性和危险性3个特点。

(1) 专业性

森林防火工作既要与人打交道,又要与森林和火灾打交道。所需技能较高,包括社会经济知识和自然科学知识,具有很强的专业性。

(2) 艰苦性

森林消防员在火灾扑救中,很多时候需要长途跋涉,赶赴火场。火灾扑救中,会面对寒冷、高温、饥饿等条件,经常连续多日在山上工作,工作环境恶劣,条件艰苦。

(3) 危险性

森林消防员在火灾扑救中,直接面对火焰,常发生伤亡事故,具有很高的危险性。

2. 森林消防员职业守则

森林消防员的林业属性和工作特点决定了其职业守则。森林消防员的职业守则是:

(1) 遵守法律、法规和有关规定。

(2) 爱岗敬业、具有高度的责任心和团队精神。

(3) 珍惜生命、勇敢顽强。
(4) 坚决服从命令。

守则(1)和(2)是通用的职业规定。森林消防员必须遵守。

守则(3)是森林消防员特有的职业规则。因为森林火灾不仅破坏森林资源，还对林区人民生命财产安全构成巨大的威胁，我国每年森林火灾都会造成数十人的死亡，数百人的受伤。因此，森林消防员在森林火灾扑救中，必须珍惜生命，不仅要珍惜自己的生命，还有珍惜他人的生命。在工作中牢记和做到安全第一，科学扑救。同时，森林火灾扑救任务艰巨，持续时间长，条件艰苦，要求森林消防员必须具备勇敢顽强的品质，不怕辛苦，不畏挫折，坚韧顽强。

守则(4)也是森林防火行业的特色所规定。森林火灾扑救中火场形势瞬间万变，危险性高，随时有发生伤亡的可能，要求森林消防员必须服从领导的号令，统一行动，保证安全和效率。我国的专业扑火队伍实现半军事化管理，坚决服从命令也是基本要求。

练习思考题

1. 简述林业职业道德的内容。
2. 简述森林消防员的职业特点。
3. 简述森林消防员的职业守则。
4. 结合自身工作，论述如何遵守职业道德，做好森林防火员工作。

第二章
林学基础知识

本章主要介绍与森林防火工作相关的植物学、林分的结构和特征、森林生态学等基础知识，使森林消防员能够用规范的语言描述森林及其特征、过程。

第一节　植物学基础知识

【知识要点】
1. 基本概念：细胞、原生质、液泡、细胞壁、组织、细胞分化、维管组织、维管束、种子休眠、定根、不定根、根瘤、年轮、完全花、不完全花、小孢子叶球、大孢子叶球。
2. 细胞的组成。
3. 植物组织的6个类型。
4. 维管束的5种类型。
5. 种子的结构组成。
6. 种子的类型。
7. 种子萌发的条件。
8. 种子植物的营养器官和繁殖器官的作用。
9. 茎的形态特征。
10. 花的组成。
11. 传粉的方式。
12. 植物对林火的抗性

一、植物细胞

细胞是生物体基本的结构和功能单位。

1. 细胞的形状和大小

细胞一般大小为 10~50μm。最小的是枝原体细胞，为 0.1~0.15μm；最大的是棉花纤维细胞，长达 650mm。

细胞的形状多种多样，与功能有关系，通常是多面体和球体。

2. 植物细胞的结构

植物细胞可分为原生质体、液泡和细胞壁3大部分组成。

（1）原生质体和原生质

原生质体是细胞以内有生命的结构，是最重要的部分。组成原生质体的物质称为原生质，主要成分是水、蛋白质、核酸、脂类、糖类。原生质中还有少量的无机盐类、维生素、植物激素等。在森林火灾中，在高温的作用下，会导致细胞质中的各种组分变性，导致细胞死亡。

（2）液泡

液泡为植物细胞所特有，成熟的植物活细胞通常只有一个很大的液泡，位于细胞的中央，称为中央细胞，其体积可以达到细胞体积的90%以上。中央细胞在细胞成熟过程中由许多小而分散的液泡逐渐长大、合并而成，它将细胞质挤压到外围紧贴细胞壁。

液泡由一层液泡膜包被。里面充满细胞液。液泡的作用是储藏细胞的代谢产物（糖、有机酸、蛋白质、磷脂等）和排泄物（草酸钙、丹宁、花青素等），维持了细胞的渗透压和膨压，能够调节水分的吸收和使细胞保持一定的形状和坚实性，以便保持细胞正常的功能。活植物体中的水分主要存储在液泡中，是活可燃物具有较高含水率的重要原因。

（3）细胞壁

细胞壁是植物细胞特有的坚硬的外壳。它使植物细胞具有一定的形状和强度，保护着里面的原生质体。更重要的是，通过细胞壁的种种变化，使植物细胞能分别完成吸收、保护、支持、物质运输等功能。死可燃物中的水分主要存储在死细胞的细胞壁和细胞壁围成的孔隙中。

二、植物组织

细胞的生长和分化都来自老细胞的分裂，刚分裂出来的细胞体积小，幼嫩，以后细胞的体积迅速长大。在细胞的体积迅速长大的过程中，细胞的结构及形状也在发生变化，称为细胞分化。细胞分化是为了完成特定的功能。

细胞分化使原来比较一致的幼嫩细胞形成多种类型的细胞，这些细胞常常按照类群成群存在，以便完成特定的功能。来源相同、形态和结构一致，完成相同的功能的细胞群称为组织。

1. 植物组织的类型

植物具有6种组织：即分生组织、薄壁组织、保护组织、输导组织、机械组织和分泌组织。后5种组织是由分生组织（初生或次生）演化而来，称为成熟组织。

形成层是在裸子植物和双子叶植物的根和茎中，位于木质部和韧皮部之间的一种分生组织。它有分生活动，可不断产生新的木质部和韧皮部，使根茎不断加粗。如果在森林火灾中，形成层受高温灼烧受损严重，会使植物生长停止，造成死亡；如果只是一部分形成层受损，则该部分形成层不能生长，其他部分形成层仍能生长，形成火疤（图2-1）。

2. 维管组织及其类型

蕨类植物、种子植物体内有一种由输导组织、机械组织和薄壁组织共同组成的复合组织，称为维管组织（系统），它们通常成束存在，称为维管束，主要起输导和支持作用，是植物从水生到陆生发展的一个飞跃。维管束包括木质部和韧皮部两个部分。木质部包括导管（管胞）、木纤维、木薄壁细胞。韧皮部包括筛管、伴胞、韧皮纤维、韧皮薄壁细胞。

（1）根据维管束中韧皮部和木质部的位置关系分类

维管束可以分为5种基本类型。

① 外韧维管束　大多数种子植物的茎的维管束。

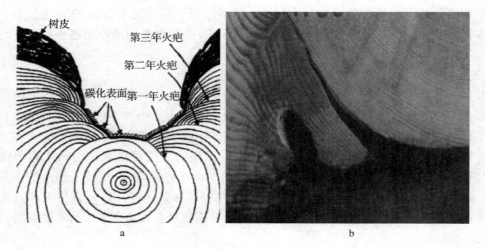

图 2-1 火疤结构
a. 示意图；b. 火疤木的剖面

② 双韧维管束　少见，如葫芦科和茄科茎的维管束。
③ 周木维管束　少见，如某些单子叶植物茎的维管束。
④ 周韧维管束　比较原始的维管束，主要见于蕨类植物。
⑤ 辐射维管束　种子植物根的维管束。

（2）根据木质部与韧皮部之间有无形成层（一种侧生分生组织）分类

维管束可分为 2 种类型。

① 无限维管束——木质部与韧皮部之间有形成层，形成层的细胞分裂使维管束能够不断增粗。

② 有限维管束——木质部与韧皮部之间没有形成层，维管束不能增粗。

三、种子

1. 种子的结构（组成）

通常种子的结构包括种皮、胚、胚乳 3 个部分（图 2-2），少数植物的种子有外胚乳和假种皮等结构。

种皮是种子的最外层结构，主要起保护作用，使种子具有一定的耐高温能力。若植物种子被轻埋于土壤，在遭遇强度较大的火烧后，仍能保持生命力。种皮有外种皮和内种皮 2 层，但是有的种子，发育成熟过程中内种皮在早期阶段消失，仅有外种皮。种皮主要由石细胞构成。

胚是受精卵在母体内（种子内）发育成熟的幼小植物体，由胚芽、胚轴、胚根和子叶 4 部分组成。高等植物（苔藓、蕨类、种子植物）都有胚。

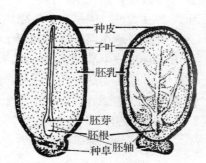

图 2-2　种子的结构（蓖麻种子）

胚乳位于种皮和胚之间，是没有分化的一团完整的贮藏性薄壁组织，体积比胚大，常常包着胚（裸子植物和双子叶植物）或偏于胚的一侧（单子叶植物），贮藏养料（淀粉、蛋白质、油脂）供给胚的发育。

种子的各种组成和结构如图 2-2 所示。

2. 种子的类型

种子根据有无胚乳分为 2 种。

① 有胚乳种子　全部裸子植物、大部分单子叶植物、部分双子叶植物都是有胚乳种子。

② 无胚乳种子　多数双子叶植物和少数单子叶植物是无胚乳种子。

3. 种子的休眠

有些植物的种子虽然成熟落地后，即使条件适宜也不立即萌发，必须经过一段时间后才能萌发，这种特性称为种子的休眠。

种子休眠的特性避免了种子在不适宜的季节或环境中萌发，以免幼苗受伤和死亡，保证后代的成活率。种子休眠是植物长期适应环境条件的结果，体现了植物与环境的高度协调，是"物竞天择、适者生存"进化原则的高度表现。

一些树种因种皮坚硬（核桃）、种子外层有油质（漆树）、蜡质（乌桕）等，而不利于种子萌发。可是经过火烧后，蜡质、油脂挥发，种皮开裂，使得种子开放、萌发。

4. 种子萌发的条件

充足的水分；适宜的温度如 25~30℃，少数植物 0~5℃，也有少数植物 35~40℃；充足的空气。

四、种子植物的营养器官

种子植物是植物界最早进化和种类最多的类群，它们最突出的特征是产生种子，用种子繁殖。种子植物分成裸子植物和被子植物两类。被子植物的胚珠外有子房壁包被，种子外有果皮包被形成果实。裸子植物胚珠外无子房壁，种子裸露，没有形成果实。种子植物的结构最复杂，包括了 6 种器官，即根、茎、叶、花、果实、种子，前 3 种称为营养器官，后 3 种称为繁殖器官。

1. 根

根的功能是吸收、固着（固定）、合成、输导、贮藏、繁殖（营养繁殖）。

根据形态根分为定根（主根、侧根）和不定根两类。由种子中的胚根萌发而形成的根，称为定根，包括主根和从主根产生的侧根。有些植物的根还可以从茎、叶、胚轴等部位产生，与胚根无关，称为不定根。不定根也能产生侧根。

由主根及其产生的侧根构成的根的总和，称为直根系，有粗大的主根和发达的侧根。通常是深根性的。因而比较耐干旱。由不定根形成的根的总和，称为须根系，没有明显的主根，各根粗细和长短一致，侧根很少。通常是浅根性，因而不太耐旱。如蕨类植物、单子叶植物、部分双子叶植物，常常因为胚根萌发不久就死亡，而由胚轴上长出的不定根构成。

土壤中的根瘤细菌和固氮细菌侵入植物的根的皮层后形成的瘤状突起称为根瘤。两者互利共生。细菌从根的皮层取得营养物质，同时把游离的氮转化为氨离子，为植物提供氮素。在农林生产实践中具有重要应用价值。

根与土壤中的真菌共生形成菌根。根据菌丝在根中存在的位置，分为 3 种类型：外生菌根、内生菌根、内外生菌根。菌根加强根的吸收能力，分泌多种酶分解土壤有机质，因而可以提供养分，合成维生素，促进根系发育。

在森林火灾中，地下火能够将树木的根烧断，导致树木倾覆，死亡。

2. 茎

茎的基本功能是输导养分和水分，支持树冠，还起储藏、繁殖、合成等作用。

茎的形态特征有：

① 具有节　茎上长叶和芽的部位，就称为节。

② 具有节间　两个节之间的部分称为节间，节间有长有短。

③ 具有顶芽　位于顶端。

芽是茎上最重要的结构，茎的生长、发育都由芽的发育开始。从性质上，芽分为叶芽、花芽、混合芽。从位置上，芽分为定芽、侧芽、柄下芽、叠生芽、并生芽、不定芽等。

芽是植物火烧后进行无性繁殖的一种重要方式。所以保护芽，对于火烧后植物的恢复具有重要意义。土壤是热的不良导体，火烧输入到土中的热量很少，在土壤中有繁殖体（根芽、干基芽）的植物火烧后会很快恢复，蒙古栎、山杨、白桦等的萌芽力均很强。

通常所说的树皮有两种含义，即死树皮和活树皮。死树皮是茎的最外部的死亡部分，它们不断脱落，主要成分是死亡的周皮。活树皮是木质部（木材）以外的部分，包括形成层、韧皮部、皮层和周皮。活树皮被大量剥离，尤其是被环剥后，往往由于不能再生新的韧皮部，根部因为得不到有机养料而首先死亡，地上部分又因为得不到水分而死亡。

树皮是形成树干火的重要可燃物，也是地表火发展成为树冠火的重要燃烧通道。不同树皮具有不同的燃烧性，一般轻薄、破碎的树皮易燃烧，结构紧密的树皮燃烧性差。树皮还具有一定的耐火能力，树皮是不良导体，可以保护树干不被烧伤。但树皮的厚薄、结构、光滑程度，对树皮的耐火性能有一定影响。树皮厚、结构紧密，抗火性能强。树皮随着树木年龄的增加而增厚。所以，幼树的抗火性能弱，大树、老树抗火性能强。有些树种在受到火刺激后，致使树皮增厚；作用越多树皮越厚。如兴安落叶松、樟子松等。因此，具有这样特性的树种，其耐火性也会增强。

年轮是树干中由于形成层周期性活动，在一年中（一个生长季）形成的次生木质部部分，包括早材和晚材，在横切面上呈现同心圆环带。

3. 叶

叶的主要功能是进行光合作用和蒸腾作用。特殊、特化、变态的叶还具有特殊的功能。

① 繁殖作用　如落地生根、秋海棠。

② 贮藏作用　如洋葱、百合的鳞叶。

③ 保护作用　如鳞芽外面的鳞片、花芽外面的苞片、叶刺。

④ 攀缘作用　如叶卷须。

⑤ 捕虫食虫　茅膏菜、猪笼草、狸藻等的变态叶。

凋落的叶片是重要的森林可燃物，由于其易燃，是森林火灾的引火物。针叶因其挥发性油脂和树脂成分含量高而易燃，活的阔叶自身的含水量高，不易燃或难燃。

五、种子植物的繁殖器官

1. 被子植物的繁殖器官

被子植物的繁殖器官包括花、果实和种子，与有性生殖有关。

花由6个部分组成：花柄、花托、花萼、花冠、雄蕊、雌蕊。

具有花萼、花冠、雄蕊、雌蕊的花称为完全花，其他称为不完全花，有很多情况，如单性花（雄花、雌花）、单被花、裸花、无性花等。

开花是被子植物的特有现象，每种被子植物都要开花。开花的本质，就是被子植物形成雄、雌配子的过程，花的作用是保护和传播花粉。传粉有自花传粉和异花传粉两种方式。依据传粉的媒介的不同，自然条件下异花传粉主要有风媒传粉和虫媒传粉2种类型。

火烧对植物的开花具有一定的影响，火烧迹地上植物的开花会有所增加。

2. 裸子植物的繁殖器官

裸子植物的有性生殖过程与被子植物高度相似，产生花粉、胚珠，经过传粉、形成花粉管，使受精过程不再依赖于水，最后胚珠发育成种子。

裸子植物的小孢子叶是产生（小孢子）花粉粒的叶状结构，相当于被子植物的雄蕊。每个小孢子叶的背面产生2个并列排列的长椭圆形的小孢子囊，里面通过小孢子母细胞减数分裂形成小孢子、最终产生花粉粒。小孢子囊相当于被子植物的花药。

裸子植物的花粉粒有两个气囊，是风媒传粉。

小孢子叶球是由多数小孢子叶密集生于特殊的轴上形成的球状结构，又称"雄球花"。

裸子植物的大孢子叶是产生（大孢子囊）胚珠的叶状结构。每个大孢子叶的上面产生2个并列排列的胚珠。胚珠将来发育成种子，其结构与裸子植物的胚珠一致。所以大孢子叶相当于被子植物的心皮，只是没有闭合成为封闭的结构，胚珠是裸露的。

大孢子叶球由多数大孢子叶密集生于特殊的轴上形成，又称为"雌球果、球果"，民间称为"松球"。

凋落的球果是森林地表可燃物的重要组成，燃烧的球果在强风的吹送下，能在空中移动一定距离，易引发飞火。一些树种具有种子、球果迟开的特性，火烧可促进其开裂。像王桉、扭叶松等树种均具有果实成熟、但球果（种鳞）不及时开裂的特点。低频度和低强度火会降低迟开性。

练习思考题

1. 名词解释

细胞　原生质　液泡　细胞壁　组织　细胞分化　维管组织　维管束　种子休眠　定根　不定根　根瘤　年轮　完全花　不完全花　小孢子叶球　大孢子叶球

2. 简述细胞的组成。
3. 简述植物组织的6种类型。
4. 简述火疤的形成过程。
5. 简述维管束的5种类型。
6. 简述种子的结构组成及对火的抗性。
7. 简述种子的类型。

8. 简述种子植物的营养器官和繁殖器官的作用。
9. 简述树皮对火的抗性及其与燃烧性的关系。
10. 简述花的组成、传粉的方式。
11. 简述林火对球果开裂的影响。
12. 综合论述植物各组成对林火的抗性。

第二节 林分的结构和特征

【知识要点】

1. 基本概念：森林、林分、优势树种、主要树种、伴生树种、次要树种、下木、层间植物、纯林、混交林、林相、林龄、同龄林、异龄林、龄级、疏密度、郁闭度、密度、林型、地位级、立地指数、实生林、无性繁殖林。
2. 森林的作用。
3. 林分的结构组成。
4. 林分树种组成的表示方法。

森林是以乔木树种为主的具有一定面积和密度的木本植物群落，受环境的制约又影响（改造）着环境，形成独特的生态系统。林分是结构组成相似的一小片森林，是林业中最常用的单位。

森林是人类的资源宝库。森林能够提供大量木材和其他林产品，还能生产果品、药材、橡胶等具有很大经济价值的产品，还具有保持水土、涵养水源、防风固沙、护田保土、净化空气、吸收噪音等作用。

一、林分的结构

按高度和性质，林分的结构包括以下几个部分：

1. 立木层

立木层是森林中一定高度上所有乔木的总和。每一株树木称为立木或林木。立木层中的树种因其经济价值、作用和特点不同，分为以下几类：

①优势树种 又称建群树种。它是群落中数量最多的树种，它决定着群落特点。

②主要树种 又称目的树种。是符合人们经营目的的树种，一般具有最大的经济价值。主要树种同时又是优势树种，是比较理想的，但是有些天然林中，主要树种不一定数量最多；次生林中，往往缺少主要树种。

③伴生树种 又称辅佐树种。它是陪伴主要树种生长的树种，一般比主要树种耐阴，生长速度同步而终生高度略低。伴生树种的作用主要是促使主要树种干材通直，抑制其萌条和侧枝发育。在防风为主的防守林带中，伴生树种可增加树冠层的厚度和紧密度，提高防护效益。

④次要树种 又称非目的树种。它是群落中不符合经营目的要求的树种，经济价值低。经济价值通常以木材价值为准，木材松软的软杂木多属次要树种。次生林大多由次要树种组成。

2. 下木层

下木即林内的灌木,其高度一般终生不超过成熟林分平均高的一半。下木数量多少和种类因地区和建群种而异,喜光树种为优势树种的林下一般下木数量多。下木种类与荒山上的灌木种类不同,森林形成后,原有的灌木种类减少或消失;森林采伐后,原林下的下木种类又会减少或消失。下木对防护、更新有重要影响,也具有经营上的意义。

3. 地被物层

地被物层是林内的草本植物和半灌木、小灌木、苔藓、地衣、真菌等组成的植物层次,居林内最下层,往往又可分两个层次:草本层和苔藓层。草本层又可分出亚层。

死地被物层指林地上的枯枝落叶层。它是林地腐殖质和肥力的来源,对土壤性质有很大的影响。要注意保护和改良,才能有效利用。

4. 层外植物

层外植物又称层间植物,是林内没有固定层次的植物成分。如藤本植物、附生植物、寄生植物以及土壤中的细菌、真菌、藻类等。层外植物往往是湿热气候的标志,在亚热带、热带林内,比在高纬度或高山寒冷气候条件下的林内发达得多。层外植物有的具有很高的经济价值,有的缠绕在树干上可使林木致死,被称为"绞杀植物"。

二、林分的特征

1. 树种组成

林分的树种组成,指林分中乔木树种所占的比例,以十分法表示。这个表示式称为组成式。计算各树种的比例一般按其株数、蓄积或胸高断面积。在幼龄林中多用株数比例,在防护林、水土保持林中,灌木有时也计算在组成中。表示方法如4云3冷2白1落,树种数量上不及2%,应在组成式后加注"-",若数量占林分总蓄积量的2%~5%,应在组成式后加注"+",各种树种前的数字称为组成系数。

由一个树种组成的林分,称为(单)纯林;由两个或两个以上的树种组成的林分,称为混交林。

树种组成是决定林分价值的重要标志。天然林的树种组成与立地条件,尤其与气候条件密切相关。

2. 林相

乔木林林冠的层次状况,称为林相。林冠集中在一个层次的林分,称为单层林;林冠分为两层或两层以上的林分,称为复层林;林冠层次不清,上下连接构成垂直郁闭的林分,称为连层林。

3. 林龄

林龄是林分的年龄,它是按龄级划分的。龄级是按树种的生长速度和寿命确定的,我国树种繁多,有几种龄级组的树种。

龄级:林木在一定年龄范围内(5、10、15年),各个体生长发育特点相似,经营方式相同,这个年龄范围称为龄级,用Ⅰ、Ⅱ、Ⅲ……表示。20年一个龄级,适用于生长慢、寿命长的树种,如云杉、冷杉、红松、樟、栎等。10年一个龄级,适用于生长和寿命中等的树种,如桦木、槭树、油松、马尾松和落叶松等。5年一个龄级,适用于速生树种和无性更新的软阔叶树种,如杨、柳、杉木、桉树等。竹子一般1年或2年一个龄级,因为它生长迅速,若龄级期长了,则反映不出它的变化,对指导生产不利。

按林分内树木的年龄结构,可分为同龄林和异龄林;林分内所有树木年龄完全相同的为绝对同龄林,如人工落叶松。林分内树木年龄相差不超过一个龄级的为相对同龄林。林分内树木年龄相差超过一个龄级的称为异龄林。

4. 疏密度、密度、郁闭度

①疏密度 林分的疏密程度,说明林木对空间利用的程度,疏密度越大,说明生产力越高。疏密度用每公顷蓄积(或断面积)与相同条件下的"标准林分"(当地同一优势树种最大蓄积量的林分)的蓄积量或断面积之比来表示。

②郁闭度 即林冠相互衔接的程度。以林冠在林地投影所占面积与林地总面积之比的十分法表示。1.0为最高郁闭度,0.1~0.2郁闭度为疏林地。

③密度 指每公顷林地上林木的株数。密度直接影响未来森林的形成速度和质量。

5. 林型

林型是对林分的分类,它是根据一系列的综合特征确定的。例如,白桦落叶松林、河岸落叶松林、高山偃松林、杜鹃白桦林等。

6. 地位级和立地指数

地位级是适地适树程度的标志,是某立地对某树种的生产力指标。立地指数的意义和地位级基本相同,只是编制立地指数表时,是测定部分优势树高,用某树种基准年龄(指树龄)的树高表示。确定林分立地指数时只测定部分优势木高,所以立地指数应用较为简便、直观。我国已有杉木、油松等树种的立地指数表。

7. 林分起源

林分起源即林分的形成方式,一般指林分的繁殖方式。包括:实生林和无性繁殖林。实生林是由种子发芽成长形成的林分,主干通直,生长高大,根系良好,寿命较高,不易感染病虫害。无性繁殖林由插条、伐根萌芽、根蘖等方式形成的森林,其发生快、衰老早、易感病虫害,不宜培育大径材。次生林中,实生林为乔林;萌生林为矮林;上层实生,下层为萌芽,林业上称为中林。

练习思考题

1. 名词解释

森林 林分 优势树种 主要树种 伴生树种 次要树种 下木 层间植物 纯林 混交林 林相 林龄 同龄林 异龄林 龄级 疏密度 郁闭度 密度 林型 地位级 立地指数 实生林 无性繁殖林

2. 简述森林的作用。

3. 论述林分的一般结构组成。

4. 简述林分树种组成的表示方法。

5. 以工作地的实际林分为例,给出林分的组成、结构描述。

第三节　森林生态学基础

【知识要点】

1. 基本概念：生态学、森林环境、阳性树种、阴性树种、中性树种、有效积温、极限温度、生物因子、人工更新、天然更新、森林演替、原生演替、次生演替、生态系统、生产者、消费者、分解者、物质循环、生态平衡。
2. 生态因子的分类。
3. 生态系统的组成。
4. 生态系统的功能。
5. 生态失调的原因。

森林生态学是研究森林及其环境之间相互关系的科学，是森林经营管理的重要基础。

一、森林环境

森林环境指对生物的生长发育具有直接或间接影响的外界环境要素。

森林所生存地点（包括林木地上和地下两部分）周围空间的一切因素，就是森林的环境，对林木来说，它们彼此之间也互为环境。环境影响着森林，反过来森林也影响着环境的变化。对生物生长发育具有直接或间接影响的外界环境要素，称为生态因子，这些因子综合在一起构成森林的生态环境或简称生境，林学上称为立地条件或立地。

自然界没有孤立存在的生态因子，或者单一因子的生态环境。光、热、水、气、矿质营养总是共同存在，相互影响，起着综合性的生态作用。自然界也没有不变的生态因子或静止的生态空间，因子间的相互配合，产生了千差万别的生态环境。各种生态因子可以分为以下几类：

气候因子：光、温度、水分、空气、雷电等。

土壤因子：土壤有机和无机物质的物理、化学性质，以及土壤微生物等。

生物因子：包括植物和动物因子。

地形因子：山岳、高原、平原、洼地、坡向、坡度等，这些都是间接生态因子。

1. 光因子（太阳辐射）

地球上生命活动的能量来自太阳辐射，由绿色植物的光合作用将太阳辐射能转化为化学能，积蓄在合成的有机物质中，除供本身消耗外并提供给其他生物体，为地球上几乎一切生命提供了生长、运动、繁殖的能源。太阳辐射还对植物的各种生理活动，组织、器官的分化，形态结构，生长发育等有着直接或间接的影响。此外，由于太阳辐射，在空间（不同纬度和高度上）与时间（一年的不同季节以及一天昼夜之间）上的分配，直接影响着地球表面各种气候变化与季节变化，为生物的生长发育提供了条件。因此，太阳辐射具有十分重要的生态意义。

植物光合作用对波长为 $0.6 \sim 0.7 \mu m$ 的红光和橙光利用率最高，其次是蓝光和紫光。全光照的孤立木树冠庞大，树干低矮、尖削度大；光照微弱林中树木，树冠狭小，树干细长较圆满；单方向光照的树木偏冠、树干偏斜和髓心不正。

不同树种对光照的需求或适应性不同，分为喜光树种、耐阴树种和中性树种。喜光树种指在全光照或强光照条件下正常生长发育而不耐庇荫的树种，如落叶松、白桦、樟子松、杨属、柳属等。耐阴树种指能耐庇荫、能在弱光下生长的树种，如云杉、冷杉、紫杉、红豆杉等。中性树种对光照的要求介于上述两者之间，如红松、椴树、杉木、毛竹等。有的树种中性偏阳或中性偏阴。

2. 温度因子

温度因子常用有效积温来表示。有效积温计算公式为：

$$K = (X - X_0)Y$$

式中，K 为有效积温；X 为某一生长发育阶段的平均温度；X_0 为生物学零度或称为下限温度，低于此温度，生长发育就不能进行。在温带地区以 5℃ 为生物学零度；Y 为天数。活动积温的计算是将生物学零度换成物理学零度 0℃。

对林木的危害温度超过树木所能适应的范围时称为极限温度。

3. 水分因子

树木需要的水分大部分用于蒸腾。用于制造碳水化合物的水分不超过 1%。年降水量在 400mm 以上的地区一般才有森林分布。依据树种对水分适应的不同，可以区分为旱生树种、湿生树种、中生树种 3 种。

4. 大气因子

大气组成为：氮气 78%，氧气 21%，二氧化碳 0.03%。大气中的二氧化碳是林木进行光合作用的重要物质。森林通过光合作用释放出氧气，吸附灰尘，对空气具有净化作用。

5. 土壤因子

矿物质、有机质、水分和空气这 4 种基本成分的比例决定着土壤性状和肥力。根据土壤中矿物颗粒的大小，形成土壤质地的不同，把土壤分为砂土、黏土和壤土。一般林地生产力主要取决于土层厚度。

6. 地形因子

地球表面的形态特征，统称为地形。地形因子包括海拔、坡度、坡向和坡位等。森林植物分布和生长随海拔的变化呈规律性变化。南北坡的差异导致温度的差异，从而导致树种分布界限的限制。

坡位指山坡的不同部位：可分为山脊、中坡和下坡 3 部分，实际上也是阳光、水分、养分和土壤条件的变化。

7. 生物因子

生物因子主要指森林植物之间的相互作用。森林植物之间的直接作用有共生、寄生、附生等。森林植物之间的间接作用通过环境之间的接触和影响对方。

8. 火因子

在林火生态部分专门讲述。

二、森林群落

1. 森林更新

幼苗幼树发生，新林代替老林的过程称为森林更新。更新一般可分为人工更新和天然更新 2 种：

① 人工更新　人为手段改变或促进森林的更新，以满足人类对森林资源的需求。

② 天然更新　自然条件下森林通过自己的种子或繁殖器官完成的森林更新。

2. 森林演替

森林演替是指在一个地段上，一种森林被另一种森林所代替的过程。开始于原生裸地上的植物群落演替称为原生演替。原生演替开始于裸露岩石、沙地等干旱基质上的演替；一般从岩石风化开始，最后形成森林。水生演替：从积水（淡水湖泊、池塘中）发生的原生演替。起始于次生裸地上的演替称为次生演替。

三、森林生态系统

1. 概念

生物群落与其生存环境之间，以及生物种群相互之间密切联系、相互作用，通过物质交换、能量转换和信息传递，成为占据一定空间、具有一定结构、执行一定功能的动态平衡整体，称为生态系统。

森林生态系统是森林生物群落与其环境在物质循环和能量转换过程中形成的功能系统，也就是以乔木树种为主体的生态系统。

2. 森林生态系统组成与结构

所有生态系统都是由生物成分和非生物成分所组成，其中，生物成分由植物、动物和微生物组成；非生物成分由光、温度、水分、空气、温度和土壤等无机物及死的有机质生物成分组成。依据其功能的不同又可以分为：生产者、消费者和分解者。

生产者指自养生物，主要指绿色植物，也包括一些化能合成细菌。这些生物能利用无机物合成有机物，并把环境中的太阳能以生物化学能的形式第一次固定到生物有机体中。生产者也是自然界生命系统中唯一能将太阳能转化为生物化学能的媒介。

消费者主要指各种动物，他们直接或间接以植物为食，包括植食动物、肉食动物、杂食动物和寄生动物等。根据其食性又可分为植食动物和肉食动物，其中食动物被称为一级消费者，以植食动物为食的动物称为二级消费者，依此类推。

分解者分解动植物的残体、粪便和各种复杂的有机化合物，吸收某些分解产物，最终能将有机物分解为简单的无机物，而这些无机物参与物质循环后可被自养生物重新利用。分解者主要是细菌和真菌，也包括某些原生动物和蚯蚓、白蚁、秃鹫等大型腐食性动物。

3. 森林生态系统功能

能量在生态系统中以多种形式存在，主要有 5 种：

① 辐射能　来自光源的光量子以波状运动形式传播的能量，在植物光化学反应中起着重要的作用。

② 化学能　化合物中贮存的能量，它是生命活动中基本的能量形式。

③ 机械能　运动着的物质所含有的能量。动物能够独立活动就是基于其肌肉所释放的机械能。

④ 电能　电子沿导体流动时产生的能量。电子运动对生命有机体的能量转化是非常重要的。

⑤ 生物能　凡参与生命活动的任何形式的能量均称为生物能。

生态系统能量流遵循热力学定律。能量流动特点是单向性和逐级减少。能量以光能的状态进入生态系统后，就不能再以光的形式存在，而是以热的形式不断地逸散于环境中。能量在生态系统中的流动，各营养级间传递效率为10%～20%，其他能量通过呼吸作用以热的形式散失。散失到空间的热能不能再回到生态系统参与流动。

4. 生态系统的物质循环

生态系统的物质循环指无机化合物和单质通过生态系统的循环运动。物质的流动是循环式的，各种物质都能以可被植物利用的形式重返环境。

物质循环遵循物质不灭定律和质能守恒定律。

5. 生态平衡

生态平衡指一个生态系统在特定的时间内的状态，在这种状态下，其结构和功能相对稳定，物质与能量输入输出接近平衡，在外来干扰下，通过自然调节（或人为调控）能恢复原初的稳定状态。

生态平衡概念包括两方面的含义，①生态平衡是生态系统长期进化所形成的一种动态平衡，建立在各种成分结构的运动特性及其相互关系的基础上；②生态平衡反映了生态系统内生物与生物、生物与环境之间的相互关系所表现出来的稳态特征，一个地区的生态平衡是由该生态系统结构和功能统一的体现。

当外来干扰超越生态系统自我调节能力，而不能恢复到原初状态的现象称为生态失调，或生态平衡的破坏。发生的原因有：

① 生物种类成分的改变　在生态系统中引进一个新种或某个主要成分的突然消失都可能给整个生态系统造成巨大影响，据估计，生物圈内每消失一种植物，将引起20～30种依赖于这种植物生存的动物随之消失。

② 森林和环境的破坏　森林和植被是初级生产的承担者，森林、植被的破坏，不仅减少了固定太阳辐射的总能量，也必将引起异养生物的大量死亡。

③ 环境破坏如不合理的资源利用、水土流失、气候干燥、水源枯涸等，都会使生态系统失调，生态平衡遭到破坏。

练习思考题

1. 名词解释

　生态学　森林环境　喜光树种　耐阴树种　中性树种　有效积温　极限温度　生物因子　人工更新　天然更新　森林演替　原生演替　次生演替　生态系统　生产者　消费者　分解者　物质循环　生态平衡

2. 简述生态因子的分类。
3. 简述森林生态系统的组成。
4. 简述森林生态系统的功能。
5. 简述生态失调的原因。

第三章
森林防火基础理论

本章主要介绍影响森林火灾发生、发展的主要因子及常用术语，为做好森林火灾预防和扑救提供理论基础。

第一节　林火行为

【知识要点】
1. 基本概念：森林火灾、林火行为、线速度、面积速度、周长速度、有焰燃烧、无焰燃烧、火焰高度、林火强度、对流烟柱、飞火、火爆、轰燃、高温热流、急进地表火、稳进地表火、急进树冠火、稳进树冠火、地下火、地表火、树冠火。
2. 林火的蔓延形状。
3. 林火行为的分类。

森林火灾是失去控制的森林燃烧。采用规范化的语言描述森林火灾特征，进行火情报送交流，可以避免歧义，是开展森林防火工作的重要基础。森林火灾的描述，主要就是对其林火行为的描述。林火行为是森林可燃物从被点燃直到熄灭的整个过程中所表现出的各种现象和特征的总和，主要包括林火蔓延速度、火焰高度和长度、火持续时间、火场面积、火场周长、火场形状等。

一、常用林火行为特征

1. 林火蔓延速度

林火蔓延速度表示林火蔓延的快慢，常用3种表示方法：线速度、面积速度和火场周长速度。

（1）线速度

线速度指单位时间内火线向前蔓延的距离。常用单位是 m/min 或 km/h 表示。主要用来说明火线蔓延的快慢。

（2）面积速度

面积速度指单位时间内火场扩大的面积。常用 m^2/min 或 hm/h 表示。主要用来说明火场大小的发展情况。

（3）周长速度

周长速度指单位时间内火场周边长度增加的距离。常用 m/min、m/h 或 km/h 表示。主要用来说明火场周边长度的增加快慢，是布防扑火力量的重要参考指标。

2. 火场蔓延形状

林火蔓延形状取决于可燃物的空间分布、风和地形。在可燃物均匀分布、地形平坦又无风时，火向各个方向等速蔓延，其形状近似圆形（图3-1a）。风向较稳定时，火蔓延形状为长椭圆形（图3-1b）。当风向不稳定，呈小角度（30°~40°）摆动时，火蔓延多呈扇形（图3-1c）。当遇到地形起伏时，火在谷地间蔓延缓慢，而在山的侧脊蔓延快，形成"V"形状（图3-1d）。当风向改变时，原来的火翼或火尾有可能变为火头，火蔓延呈图3-1e形状。当火场较大且地形较复杂时，火场的最终形状多呈鸡爪形（图3-1f）。

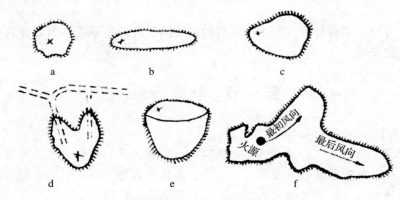

图3-1 林火蔓延形状示意图

3. 火焰特征

森林燃烧中，会出现有焰燃烧和无焰燃烧两种状态。有焰燃烧是产生明亮火焰的燃烧，也叫明火。火焰具有长、宽、高3个度量。火场中常用火焰高度来表征火势或火强度。火焰高度是指火焰的最高点到地面的垂直距离。

无焰燃烧也称阴燃、暗火，一般是可燃物在有焰燃烧熄灭后的继续燃烧。它也出现在可燃物的表面，与有焰燃烧同时进行。地下可燃物的燃烧一般为无焰燃烧。

4. 林火强度

林火强度一般指单位火线长度上单位时间释放的热量。实践中，可根据火焰高度粗略判断火强度。火焰高度低于1.5m，为低强度火；火焰高度在1.5~3m，为中强度火；火焰高度大于3m，为高强度火。

5. 高能量火

高能量火主要是火烧释放的能量大、具有较大危害的火行为。以下几种火行为都是高能量火。

（1）对流烟柱

森林燃烧时产生的热空气垂直向上运动，四周冷空气补充产生对流；加之，火场有部分热能变为动能，推动热空气上升，这样，在燃烧区域的上方形成一个升起的烟柱，称为对流烟柱。

对流烟柱的形成和动态主要取决于火强度、风速及风的垂直分布。火强度大，高空风速较低时，常出现蘑菇状对流柱。

（2）飞火

燃烧的可燃物在风和上升气流的作用下，传播到火线前方，产生新的火点，称为飞火。通常飞火距离可为几十米到数百米；在特殊情况下，飞火有距离可达上千米，数千米或更远。

（3）火旋风

在燃烧过程中，由于热的不平衡而使火呈快速旋转式向前蔓延，这种现象称为火旋风。

（4）火爆

当火头前方出现许多飞火，燃烧集聚到一定程度时，就会发生爆炸式的燃烧，形成一片火海，这种现象称为火爆。

（5）轰燃

在地形起伏较大的山地条件下，由于沟谷两侧山高陡坡，当一侧森林燃烧剧烈，火强度很大时，所产生的强烈的水平热传递（主要是热辐射），容易到达对面的山坡。当对面山坡接受足够热量时，会突然产生爆炸式燃烧，这种现象称为轰燃。

（6）高温热流

由于火场燃烧剧烈，温度很高，在火场周围一定的空间范围内形成一种看不见但能感觉到的高温高速气流（强烈热平流），称为高温热流。

二、林火行为分类

1. 根据着火部位划分

林火行为根据着火部位可分为地表火、树冠火和地下火。根据蔓延速度又可进一步划分。

（1）地表火

① 急进地表火　蔓延速度超过 4km/h。

② 稳进地表火　蔓延速度不超过 4km/h。

（2）树冠火

① 急进树冠火　又称狂燃火，蔓延速度超过 8km/h。

② 稳进树冠火　又称遍燃火，蔓延速度不超过 8km/h。

（3）地下火

① 腐殖质火　主要燃烧林地腐殖质，多发生在积累大量凋落物的原始林。

② 泥炭火　主要发生在草甸子和针叶林下，持续时间长。

2. 根据燃烧的可燃物类型划分

分为荒火、草原火、草甸火、灌木火和林火。

练习思考题

1. 名词解释

森林火灾　林火行为　线速度　面积速度　周长速度　有焰燃烧　无焰燃烧　火焰高度　林火强度　对流烟柱　飞火　火爆　轰燃　高温热流　急进地表火　稳进地表火　急进树冠火　稳进树冠火　地下火　地表火　树冠火

2. 简述林火的蔓延形状。

3. 简述林火行为的分类。

第二节 森林火灾影响因子

【知识要点】
1. 基本概念：森林燃烧三要素、火源、人为火源、生产性火源、生活火源、森林可燃物、可燃物含水率、可燃物载量、地下可燃物、地表可燃物、空中可燃物、可燃物的燃烧性、林火环境、上山火、下山火、山风、谷风。
2. 森林火灾的影响因子。
3. 森林火源种类。
4. 森林可燃物的分类。
5. 可燃物燃烧性分析。
6. 影响林火行为的气象要素。
7. 地形对林火行为的影响分析。

森林燃烧需要森林可燃物、火源和氧气三者相互作用才能形成。这三者就是森林燃烧三要素。但影响森林火灾发生发展的因子有火源、森林可燃物和火环境。森林火灾发生必须要有火源、森林可燃物和合适的火环境。

一、火源

1. 火源的定义

凡是来自于森林外界，能够为林火发生提供能源的现象和行为，统称为火源。

在防火季节，当森林可燃物数量合适且干燥到一定程度，一旦火源出现，就会引起森林可燃物燃烧，如果失去控制，就会形成森林火灾。因此，了解掌握森林火源的种类和出现规律，做好森林火源的控制，是预防森林火灾的重要措施。

2. 森林火源种类

森林火源分为天然火源和人为火源两类。

（1）天然火源

天然火源是自然界中能引起森林火灾的自然现象，如雷击、火山爆发、陨石坠落、滚石火花、泥炭自燃等。最常见的是雷击。雷击引起的森林火灾称为雷击火。

（2）人为火源

人为火源是指能够引起森林火灾的特定人类生产、生活活动，如计划烧除跑火、上坟烧纸等。由人为火源引起的森林火灾称为人为火。人为火占总火灾次数的90%以上。

人为火源分为生产性火源、生活火源、外来火源和故意纵火4种。

① 生产性火源 生产性火源指能够引起森林火灾的生产经营活动。主要有：林业生产性用火，如火烧防火线、火烧采伐剩余物、火烧沟塘草甸、林内计划烧除等；农业生产性用火，如烧垦、烧荒、烧田埂、烧秸秆、烧灰积肥等；牧业生产性用火，如火烧清除畜牧不可食植物等；其他能引起森林火灾的生产经营活动：狩猎、烧炭、烧砖瓦、烧石灰、火车爆瓦、汽车喷漏火、施工爆破（修桥、修路等）、林区冶炼等。

② 生活火源 生活火源指能够引起森林火灾的日常生活活动，如野外吸烟、迷信烧

纸、烤火、烧饭、驱蚊虫、烟囱跑火、小孩玩火等。

随着森林旅游业的兴起，人们到森林中进行游乐、野炊、野营等活动，游客用火不慎造成的火灾日益增加。

上坟烧纸也是重要的火源。北方主要集中在清明节附近，南方春节、清明节上坟烧纸很多，引发的森林火灾也很多。

③ 外来火源　外来火源是从境外烧入的火灾。与我国接壤的俄罗斯、朝鲜、蒙古、缅甸、老挝、越南等国都有森林或草原火灾烧入我国。

④ 故意纵火　指为了报复或其他目的而故意实行的点火行为。目前，我国的故意纵火比例小，但也有一些。

二、森林可燃物

1. 常用术语

（1）森林可燃物

森林可燃物指森林和林地上一切可以燃烧的物质，如树木的干、枝、叶、树皮、灌木、草本、苔藓、地表枯落物、土壤中的腐殖质、泥炭等。森林可燃物是森林火灾发生的物质基础，也是森林火灾发生的首要条件。

（2）森林可燃物含水率

森林可燃物含水率指森林可燃物中水分的含量。森林可燃物只有含水率低到一定程度，才能燃烧，才能发生森林火灾。

（3）森林可燃物载量

森林可燃物载量指森林可燃物数量的多少，用单位面积上的可燃物的绝干质量表示。只有可燃物载量多到一定程度，森林火灾才能蔓延。

2. 森林可燃物分类

（1）按位置分类

① 地下可燃物　指枯枝落叶层以下半分解或分解的腐殖质、泥炭和树根等。地下可燃物燃烧时，释放可燃性气体少，不产生火焰，呈无焰燃烧；燃烧极为缓慢，持续时间长，不易扑灭。地下可燃物是地下火的物质基础。

② 地表可燃物　指枯枝落叶层到离地面 1.5m 以内的所有可燃物，如枯枝落叶、杂草、苔藓、地衣、幼苗、灌木、幼树、倒木、伐根等。这类可燃物是形成地表火的物质基础，其林火强度和蔓延速度受可燃物的种类、大小和含水量影响。

③ 空中可燃物　指森林中距离地面 1.5m 以上的所有可燃物，如树干、树冠、枯立木、附生在树干上的苔藓和地衣，以及缠绕树干的藤本植物等。这类可燃物是发生树冠火的物质基础。

（2）按燃烧难易程度分类

① 危险可燃物　指容易着火的细小可燃物，如地表的干枯杂草、枯枝、落叶、树皮、地衣、苔藓等。这些可燃物降雨后干燥快、燃烧速度快，极易引燃，从而引起森林火灾，是森林中的引火物。

② 缓慢燃烧可燃物　指枯立木、树根、大枝桠、倒木等粗大的重型可燃物和腐殖质、泥炭等致密的可燃物。这些可燃物不易被火源引燃，但着火后燃烧缓慢且持久，不易扑

灭。因此，在清理火场时，很难清理，而且容易形成复燃火。这种可燃物一般是在极干旱的情况下才能燃烧，给扑火带来很大困难。

③ 难燃可燃物　指正在生长的草本植物、灌木和乔木。这类可燃物体内含有大量的水分，一般不易燃，在林火的蔓延中有减弱火势的作用。但是，遇到高强度火时，这些绿色植物也能脱水干燥而燃烧，特别是含油脂的针叶树。

3. 森林可燃物的燃烧性

简言之，森林可燃物的燃烧性指森林可燃物的燃烧难易程度和剧烈程度。森林可燃物的理化性质、大小、数量、分布和配置等，对可燃物的燃烧性都有影响。一般来说，森林可燃物越小，越容易燃烧。林木组成、郁闭度、林龄和层次结构等对林分燃烧性有影响。

草本可燃物，特别是干枯的杂草是森林可燃物中最易燃烧的。沟塘草甸中有大量的易燃杂草，燃烧起来蔓延速度快，难以控制。

灌丛是活可燃物，一般不易燃烧，在比较干旱的条件下一旦燃烧，会整体燃烧，十分难以控制，在陡峭的地方或其他水分条件不好的地方，生长着大量的灌丛，一旦燃烧，扑救十分困难，易出现伤亡事故。

乔木林中，针叶林最易燃，如落叶松林、樟子松林等。阔叶树的燃烧性次之。针阔混交林的燃烧性介于两者之间。

三、林火环境

林火环境指除可燃物和火源外的其他影响林火发生、蔓延的因素的总和，包括气象条件、地形条件、土壤条件等。森林中常积累大量的可燃物，有时虽有火源存在，却不能发生火灾，其原因就是没有适宜燃烧的火环境。多种火环境因素中，对森林火灾发生和蔓延影响最大的是天气条件和地形条件。

1. 天气条件

（1）气温

气温是用来表示大气冷热程度的物理量，一般指距离地面1.5m高处的空气温度。常用摄氏度（℃）表示。

空气温度与森林火灾的发生关系较密切。温度直接影响相对湿度的变化，日最高气温往往是某一地区着火与否的主要指标。气温升高能加速可燃物的干燥，使可燃物达到燃点的所需热量大大减少。

（2）空气湿度

空气湿度用来表示空气中水汽含量多少或表征空气干湿程度。常用相对湿度来表示。空气中实际水汽压与同温度下饱和水汽压之比称为相对湿度，其单位用%表示。

相对湿度的大小直接表示出水汽距离饱和的程度，当空气中水汽饱和时，相对湿度等于100%，未饱和时相对湿度小于100%，过饱和时相对湿度大于100%。

相对湿度越小，表示空气越干燥，森林火险就越高。通常林区处在高火险天气时，相对湿度小于30%。

相对湿度的日变化主要取决于气温。气温增高，相对湿度就越小；气温下降，相对湿度就增大。相对湿度的日变化最高值出现在清晨，最低值出现在午后。

(3) 降水

从云中降落到地面上的液态或固态的水的滴粒称为降水。例如：雨、雪和雹等。而霜、露、雾、雾凇等则为水平降水，它们是间接冻结而成，不是从空中降落地面的。

降落到地面的液态和固态水，没有发生蒸发和径流，直接累积的水层厚度称为降水量，单位以毫米。在单位时间内的降水量称为降水强度。

降水直接影响可燃物含水量，特别是对死可燃物的影响最大。如果一个地区的年降水量超过1500mm，分布均匀，一般就不会发生火灾或很少发生。例如热带雨林，终年高温高湿，就不容易发生火灾。

各月份的降水量不同，发生火灾的情况也不一样。月降水量超过100mm时，一般不发生火灾或少发生火灾。

通常1mm的降水量对林内地表可燃物的含水率几乎没有影响，2~5mm的降水量能使林地可燃物含水率大大增加，一般不会发生火灾，即使发生，也会降低火势或使火熄灭。

降雪可增加林分的湿度，又能覆盖可燃物，使之与火源隔绝。一般在积雪尚未融化前不会发生火灾。

霜、露、雾等的水平降水，对森林可燃物的含水率也有一定影响，一般能影响可燃物的含水率在10%左右。

在一般情况下，连续干旱的天数越长，林内可燃物越干燥，发生林火的可能性就越大，火烧面积也越大。

(4) 风

空气在水平方向上的运动称为风。它是由水平方向气压分布不均而引起的。

风包括风向和风速两个特征。风向是指风的来向。风速是指单位时间内空气在水平方向上流动的距离，通常用m/s或km/h表示。

风是影响林火蔓延和发展的最重要的因子，风不仅能加速可燃物水分蒸发的速度，还能补充火场的氧气，同时增加火线前方的热量，使火烧得更旺，蔓延得更快。在高温连旱的天气条件下，风是决定发生森林大火的最重要的因子。大风一般是指6级以上的风。连续干旱和高温加上大风，是许多特大森林防火难以控制的主要原因。

2. 地形条件

地形对太阳辐射、锋面移动、天气变化及植被都有影响，因而对林火也产生重要影响。

(1) 坡向对林火的影响

不同坡向受到的太阳辐射不同。南坡受到太阳直接辐射大于北坡，偏东坡上午受到太阳直接辐射大于下午，偏西坡则相反。因此，南坡吸收的热量最多，温度最高，可燃物易干燥，易燃。西坡要大于东坡，北坡吸收的能量最少，可燃物最潮湿。

(2) 坡度对林火的影响

不同坡度，降水停滞时间不一样，陡坡降水停留时间短，水分容易流失，可燃物容易干燥。平缓坡降水停留时间长，可燃物湿，不易干燥，不易着火和蔓延。

火在山地条件下蔓延速度与坡度密切相关，坡度越大，火的蔓延速度越快。沿山坡向上蔓延的林火称为上山火。沿山坡向下蔓延的林火称为下山火。上山火的速度要比平地火快，下山火的蔓延速度小于平地火和上山火蔓延速度。

(3) 海拔高度对林火的影响

海拔高度直接影响气温和降水。一般海拔越高，气温越低，形成不同植被带，出现不同火灾季节。如大兴安岭海拔低于 500m 为针阔混交林带，春季火灾季节开始于 3 月，结束于 6 月底；海拔高度 500~1100m 为针叶混交林，一般春季火灾季节开始于 4 月；海拔高度超过 1100m 为偃松、曲干落叶松林，火灾季节还要晚些。

(4) 坡位对林火的影响

在相同的坡向和坡度的条件下，不同坡位的温湿状况、土壤条件、植被条件不同。从坡底到坡腹、坡顶，湿度由高到低，土壤由肥变瘠，植被由茂密到稀疏。其气温变化较为复杂。高山，每上升 100m，气温下降 0.5℃ 左右。中小山地，山顶受地面日间增温、夜间冷却的影响较小，风速较大，夜间地面的冷空气可以沿坡下沉，换来自由大气中较暖的空气，因此气温日较差小。凹地则相反，气流不流畅，白天在强烈的阳光下，气温急剧增高，夜间冷气流下沉，谷底和盆地气温特别寒冷，因此气温日较差大。

一般情况下，坡底的火势昼夜变化较大，日间强烈，晚间较弱。坡底的植被，一旦燃烧，其火强度很大，顺坡加速蔓延，不易控制。坡顶的林火昼夜变化较小，其火强度较低，较易控制。

(5) 山谷风对林火的影响

白天（通常开始于每天早上日出后 15~45min）山坡受到太阳照射，热气流上升，产生由山谷吹向山顶的谷风。夜间（当太阳照射不到山坡时），山坡冷却快，山谷冷却慢，山坡冷气流会下沉，产生由山顶吹向山谷的山风。

一般情况下，每天不同时段山谷风的变化是：

① 日出到上午 9:00，从山风向谷风过渡。
② 中午和前半下午，谷风充分发展。
③ 后半下午，谷风继续。
④ 傍晚，谷风逐渐减弱。
⑤ 午夜前，谷风向山风过渡。
⑥ 午夜，山风充分发展。
⑦ 午夜后到早晨，山风充满山谷。

山谷风的变化会影响林火行为。在森林火灾扑救和计划烧除的过程中，要特别注意山风和谷风的变化。

练习思考题

1. 名词解释

   森林燃烧三要素　火源　人为火源　生产性火源　生活火源　森林可燃物　可燃物含水率　可燃物载量　地下可燃物　地表可燃物　空中可燃物　可燃物的燃烧性　林火环境　上山火　下山火　山风　谷风

2. 论述森林火灾的影响因子。
3. 简述森林火源的种类。
4. 简述森林可燃物的分类。
5. 简述影响可燃物燃烧性的因子。

6. 论述影响森林火灾发生的环境因子。
7. 简述影响林火行为的气象要素。
8. 简述地形对林火行为的影响分析。
9. 简述山谷风对扑火的影响。

第三节　林火生态学基础

【知识要点】
1. 基本概念：林火生态学、火顶极、林火两重性。
2. 火对土壤的影响。
3. 火对大气的影响。
4. 火对水分的影响。
5. 火对植物和植物群落的影响。
6. 火对野生动物的影响。
7. 林火对生态系统演替的影响。

林火是一个重要的生态因子，对生态系统有着重要的影响。林火生态学是研究林火和生态系统之间相互关系的科学，也是森林防火的重要理论基础。

一、林火的两重性

林火对森林生态系统的影响与作用有时是有害的，即森林火灾；有时是有益的，如营林用火，林火的这种性质就是林火两重性。其中，破坏作用表现在：烧毁林木、烧死烧伤野生动植物、造成水土流失等。有益作用表现在：可用火烧清理造林地、用火防火、防治病虫害、改良牧场、维护某些物种的生存等。

林火两重性对森林防火工作具有重要的意义。一方面，要有效的防控森林火灾，防止造成灾难性破坏的森林火灾发生；另一方面，要利用好林火，既可以作为森林防火的一种工具和手段，也可以作为一种森林经营的工具和手段。在森林防火工作实际中，要在充分了解林火对本地森林生态系统影响的前提下，确定科学的防火用火措施，做好森林防火工作，维护好森林生态系统平衡。

二、火对土壤的影响

火烧能直接改变土壤的温度，影响土壤的结构。中低强度的火烧对土壤结构影响不大，严重火烧会使土壤结构发生改变。造成土壤团粒结构解体，土壤孔隙度下降，土壤板结。火烧越频繁，土壤板结现象越严重。某些土壤火烧后能产生抗水层，增加土壤侵蚀。

火烧会增加土壤 pH 值。高强度火烧使土壤有机质几乎全部破坏，引起土壤理化性质乃至生物过程的改变。低强度火烧使土壤表层有机质减少，但下层土壤有机质含量增加。火烧还能改变土壤的养分状态，影响土壤氮、磷、钾等营养元素的含量。

林火还影响土壤微生物。其作用有两个方面，一是火作为高温体直接作用于土壤微生物，使其致死；二是火烧改变土壤环境，间接对其产生影响。这种影响取决于火强度、土壤通透性、土壤含水量等。高强度火烧会使上层土壤的微生物全部死亡，低强度火烧对土壤微生物影响不大，有时甚至没有影响。

在冷湿的生态条件下，采用火烧能增加温度及土壤微生物的活动，加速有机质的矿质化过程，提高森林生产力。对于一些不易分解的枯枝落叶，也可采用定期火烧加速其有机质的矿质化过程。

三、火对水分的影响

火烧后植物冠层，特别是地被物层被破坏，截留作用锐减或消失。火烧以后土壤截留作用消失，加之土壤良好的通透结构被破坏，水分渗透能力下降，地表径流增加。

火烧对下游河流淤积和河流流量也有影响，主要取决于火烧面积的大小、火的强度、土壤类型、河流的大小。火烧后，森林植被被破坏，森林涵养水源的功能降低或消失，地表径流增加，从而增加下游河流的淤积和河流流量。河流流量的增加会加速和扩大河水对河岸的冲击，进而使河流沉积增加。下游河流的混浊度呈增加趋势，还会影响河水的化学组成。

四、火对空气的影响

森林火灾产生大量烟雾，其中，主要成分是二氧化碳和水蒸气，约占90%~95%；一氧化碳、碳氢化合物、硫化物、氮氧化物及微粒物质等约占5%~10%。其中，氧化碳和碳氢化合物、硫化物、氮氧化物及微粒物质等是重要的空气污染物，会造成严重的空气污染。

烟中灰尘和漂尘的颗粒大小在 $0.02 \sim 60 \mu m$ 之间，大部分在 $0.1 \sim 1.0 \mu m$ 范围内。不同的火烧所产生的数量和质量不同，对空气污染影响最大。

五、火对植物和植物群落的影响

林火影响植物种子的萌发。植物种子对温度具有一定的忍耐力。草本植物的种子在 $82 \sim 116 \text{℃}$ 的高温处理后仍具有萌发能力，而且大部分植物种子能耐 $115 \sim 127 \text{℃}$（5min）的高温，并且在这种处理后萌发能力增强。

火烧会促进迟开球果开裂。某些针叶树种球果具有迟开的特性，有时只有采取火烧才能使其开裂。

火烧对树皮也有影响。树皮的厚度有时与火烧刺激有关。例如，兴安落叶松、樟子松等树种，火烧次数越多，树皮越厚。

火烧后林地光照加强，土壤温度增高，有利于根部芽的萌发。根的萌芽能力越强，其对火的适应能力越强。

火烧迹地上常见有大量的植物开花结实。调查发现其多为单子叶植物，但也有少数双子叶植物。最常见的有禾本科、兰科、鸢尾科、石蒜科、丁香花科等。

火烧之后可导致林地上的植物种类和数量发生变化。火烧迹地上阳性植物增加，阴性植物减少。含氮植物减少，固氮植物增加。浆果类植物增加。

火烧会影响植物群落的年龄结构，高强度火烧后能导致同龄林的形成。火烧也会影响植物群落的树种组成。火烧频率大，常形成只靠无性更新的萌生林。火烧还会使植物群落高度下降。

六、火对野生动物的影响

1. 火对野生动物的直接影响

火对动物的直接影响表现为烧伤和致死。对于节肢动物，火烧对它们致死主要取决于它们所处的位置。越接近植物顶端其死亡数量越多。对于小爬行动物，火烧使其致死原因是土壤温度和透气状况。对于大型脊椎动物，如鹿、狍子等，由于它们具有很强的逃跑能力，一般的火烧很少使其死亡。

2. 火烧对野生动物的间接影响

火烧对野生动物的间接影响表现在两个方面：

（1）改变栖息环境

火烧改变了野生动物的栖息环境，从而影响野生动物种类及种群数量分布。一般来说，火烧后个体大的动物种群数量显著减少，个体小的动物种群数量减少相对较少。

（2）改变食源

火烧改变了野生动物的食物种类，从而影响野生动物种类种群数量的变化。同时，火烧也改变了野生动物食物的质量，使植物体内的蛋白质、脂肪、纤维素及自由氮等物质更丰富，尤其是火烧后第一年食物的营养水平最高。

3. 种间关系的变化

火烧会改变野生动物的种间竞争关系，还会影响野生动物之间的捕食与被捕食关系。

七、林火对生态系统演替的影响

林火作为一个生态因子，不是稳定的生态因子，而是扰动因子。林火对生态系统的演替具有显著的影响。这种影响与林火发生的频率和强度有关。林火强度大，会烧毁林分，发生逆行演替。频繁但强度小的林火，会使生态系统退化，最终会使系统处于一种火顶极的似稳定状态。火顶极是指在火的近稳定作用下形成的相对稳定的群落。这种顶极群落不是生态系统在自然无干扰状态下所达到的稳定状态，它的稳定存在必须要有稳定的林火干扰支持。偶发的中低强度林火对系统的演替影响不大。

练习思考题

1. 名词解释

林火生态学　火顶极　林火两重性

2. 简述火对土壤的影响。
3. 简述火对大气的影响。
4. 简述火对水分的影响。
5. 简述火对植物和植物群落的影响。
6. 简述火对野生动物的影响。
7. 简述林火对生态系统演替的影响。
8. 论述林火两重性对森林防火工作的意义。

第四章
森林火灾预防

森林防火是森林、林木和林地火灾的预防和扑救活动的总称。我国森林防火的方针是"预防为主，积极消灭"。预防是森林防火的前提和关键。本章主要介绍森林火灾预防中森林防火宣传的内容和方法、森林防火法律法规、火源管理和计划烧除技术要求等。

第一节 森林防火宣传

【知识要点】
1. 森林防火宣传的目的。
2. 森林防火宣传的内容。
3. 森林防火宣传常用的方法。

森林防火宣传是森林火灾预防工作的重要内容。该工作以野外火源管理为中心，紧密结合各项森林防火工作进行，主要宣讲森林防火政策法规、森林防火常识，其目的是通过宣传，使公众特别是进入林区的公众，掌握基本的森林防火常识，了解森林火灾的危害，明确违反森林防火有关法律法规的后果，以提高公众对在林区内行为的自我防火约束性和参与防火的自觉性。

一、森林防火宣传的内容

1. 森林火灾的危险性、危害性

通过这些内容的宣传，使群众明确森林火灾带来的巨大损失，增强群众森林防火的自觉性。

2. 森林防火的各种规章制度

包括党和国家关于森林防火的方针、政策、法律及各地方有关森林防火的规章制度，如《中华人民共和国森林防火条例》（以下简称《森林防火条例》）《国家森林火灾应急预案》和地方关于重特大森林火灾事故行政责任追究的规定和有关政策法规等。通过这些内容的宣传，广泛提高全社会森林防火法律意识和责任意识。

3. 林火预防和扑救林火的基本知识

通过这些内容的宣传，提高群众防火自觉性和安全意识。

4. 森林防火先进典型和火灾肇事的典型案例

通过这些内容的宣传，使群众清楚违反森林防火有关规定的严重性和后果，引起人们警醒，进一步增强守法的自觉性，也对不法分子起到震慑作用。

二、常用宣传方法

森林防火的宣传要采取多种手段、多种形式进行，做到经常、广泛、深入，被群众喜闻乐见。

1. 发表具有权威性的文件、通知、命令

防火期中，各地方政府森林（草原）防火指挥部以政府命令形式发布相应的人民政府森林防火命令，发放到各市（地）、县（市）和乡镇、村屯、林场及森林旅游场所，各单位将《命令》张贴在公共场所醒目之处。有关领导发表关于森林防火的讲话、文章。

2. 做好森林防火公益性宣传

利用广播、电视、报刊等新闻媒体开展森林防火宣传教育，具有及时性、广泛性的特点。

充分利用新闻媒体，在适当版面和栏目刊播生动、鲜明、警示的森林防火公益广告，可有效增强全民的森林防火意识。

联合气象部门在电视、网络等媒体上发布森林火险天气预报。

在森林高火险期，发送森林防火警示短信，提高人们防范森林火灾的警惕性。

通过建立官方微博，及时发布森林防火有关工作，通报森林火灾有关情况，可实现政府负责、社会协同、公众参与、依法管火治火的良好格局。

3. 建立森林防火宣传牌、匾、碑等

以林区村屯、林场为宣传重点，布设防火宣传警示物及固定宣传碑（牌），保障布设密度。宣传标识要做到外形统一美观，内容规范醒目。对这些宣传牌、匾、碑要做好维护、更新。

在林区重要路口、防火检查站、森林旅游区、各林场、村屯设森林火警电话"12119"和森林防火吉祥物"防火虎威威"的宣传标识。将《森林防火条例》及有关要求置于醒目地点，警醒人们遵章守纪。

4. 发放宣传材料、举办宣传活动

印制森林防火宣传单、宣传函、宣传手册，举行森林防火知识竞赛，出动宣传车，开展森林防火宣传日、宣传周活动。举办图文并茂的森林防火图片展，宣传森林火灾的危害、森林防火法律法规、防扑火知识、林火避险自救常识和森林防火成功经验做法及扑火先进典型事迹等。

5. 悬挂森林防火宣传彩旗和火险警示旗

通过统一组织森林防火宣传彩旗工程等活动，在林区主要公路沿线和进入林区的重要路口悬挂森林防火宣传彩旗，发挥彩旗在预防森林火灾中的独特作用，营造浓厚的森林防火宣传氛围。

在村屯处根据森林火险等级，悬挂森林火险等级警示旗，向公众告知森林火险等级，提高防火意识。

6. 利用学校宣传森林防火

从少儿抓起，在小学开设森林防火教育课程，通过小学生给家长写信的形式宣传防火，提高防火的自觉性。在每年3月26日的全国中小学生安全教育日当天，可以联合教育部门开展向学生捐赠森林防火画册活动，组织开展以"写一篇森林防火作文、出一期森林防火黑板报、给家长写一封森林防火信、写一条森林防火标语、上一堂森林防火课"为内容的"五个一"森林防火宣传教育活动，形成教育一个孩子、带动一个家庭、影响整个社会的良好局面。

7. 加强森林防火警示教育

在1987年"5·6"森林大火反思日和"5·12"防灾减灾日等重要日子，各级森林防火部门在多场所、多地点播放1987年"5·6"森林大火警示片，增强人们对森林火灾危害性的认识。

通过剖析森林火灾典型案例，曝光违规用火和森林防火工作中的失职渎职行为，提高公众对违反森林防火法律法规后果的认识，增加防火自觉性。

8. 抓好重点时段和人员的宣传

在清明、"五一"、"十一"和森林高火险期等重点时段，出动宣传车巡回宣传；对重点林区、偏远村落、散居林区的农户及重点区域要进行重点宣传；对聋哑、智障、精神病等特殊人群要有专人监管，未成年人的监护人和流动闲散人员要列为重点宣传对象，专人负责。

9. 在林区提倡文明祭祀方式

通过推广献鲜花、植长青树、网上祭奠等文明祭祀方式，逐步改变烧纸、焚香、燃烛、放炮等传统上坟习俗，让"无烟上坟""文明祭祖"意识深入人心，以减少森林火灾发生。

练习思考题

1. 简述森林防火宣传的目的。
2. 简述森林防火宣传的内容。
3. 简述森林防火宣传常用的方法。
4. 简述本地区森林防火宣传的主要内容、方法。

第二节 森林防火法律法规

【知识要点】

1. 基本概念：森林防火行政负责制、一般森林火灾、较大森林火灾、重大森林火灾、特大森林火灾、森林高火险期、森林高火险区。
2. 我国的森林防火方针。
3.《森林防火条例》中对防火责任的规定。
4.《森林防火条例》中对野外用火的规定。
5.《森林防火条例》中对防火检查的规定。
6.《森林防火条例》中对森林火灾分类的规定。
7.《森林防火条例》中对违反森林防火条例有关规定的行为处罚的规定。

一、《森林法》中有关森林防火的规定

中华人民共和国森林法于 1984 年 9 月 20 日第六届全国人民代表大会常务委员会第七次会议通过，1985 年 1 月 1 日起施行。根据 1998 年 4 月 29 日第九届全国人民代表大会常务委员会第二次会议《关于修改〈中华人民共和国森林法〉的决定》修正。根据 2009 年 8 月 27 日第十一届全国人民代表大会常务委员会第十次会议《关于修改部分法律的规定》修改。

其中与森林防火有关的规定列于第三章森林保护的第十九条到第二十一条。具体条文是：

第十九条　地方各级人民政府应当组织有关部门建立护林组织，负责护林工作；根据实际需要在大面积林区增加护林设施，加强森林保护；督促有林的和林区的基层单位，订立护林公约，组织群众护林，划定护林责任区，配备专职或者兼职护林员。

护林员可以由县级或者乡级人民政府委任。护林员的主要职责是：巡护森林，制止破坏森林资源的行为。对造成森林资源破坏的，护林员有权要求当地有关部门处理。

第二十条　依照国家有关规定在林区设立的森林公安机关，负责维护辖区社会治安秩序，保护辖区内的森林资源，并可以依照本法规定，在国务院林业主管部门授权的范围内，代行本法第三十九条、第四十二条、第四十三条、第四十四条规定的行政处罚权。

武装森林警察部队执行国家赋予的预防和扑救森林火灾的任务。

第二十一条　地方各级人民政府应当切实做好森林火灾的预防和扑救工作：

（一）规定森林防火期，在森林防火期内，禁止在林区野外用火；因特殊情况需要用火的，必须经过县级人民政府或者县级人民政府授权的机关批准；

（二）在林区设置防火设施；

（三）发生森林火灾，必须立即组织当地军民和有关部门扑救；

（四）因扑救森林火灾负伤、致残、牺牲的，国家职工由所在单位给予医疗、抚恤；非国家职工由起火单位按照国务院有关主管部门的规定给予医疗、抚恤，起火单位对起火没有责任或者确实无力负担的，由当地人民政府给予医疗、抚恤。

二、森林防火条例

《森林防火条例》是森林防火的重要法规，于 1988 年 3 月开始实施。2008 年 11 月 19 日国务院第 36 次常务会议对条例进行了修订，于 2009 年 1 月 1 日正式实施。新条例共 6 章 56 条，包括：总则，1~12 条，森林火灾的预防 13~30 条，森林火灾的扑救 31~39 条，灾后处置 40~46 条，法律责任 47~53 条，附则 54~56 条。全部条例内容列于附录。

与森林消防员相关的《森林防火条例》条款有：

第二条　本条例适用于中华人民共和国境内森林火灾的预防和扑救。但是，城市市区的除外。

第三条　森林防火工作实行预防为主、积极消灭的方针。

第五条　森林防火工作实行地方各级人民政府行政首长负责制。

县级以上地方人民政府根据实际需要设立的森林防火指挥机构，负责组织、协调和指导本行政区域的森林防火工作。

县级以上地方人民政府林业主管部门负责本行政区域森林防火的监督和管理工作，承

担本级人民政府森林防火指挥机构的日常工作。

县级以上地方人民政府其他有关部门按照职责分工，负责有关的森林防火工作。

第六条　森林、林木、林地的经营单位和个人，在其经营范围内承担森林防火责任。

第二十条　森林、林木、林地的经营单位和个人应当按照林业主管部门的规定，建立森林防火责任制，划定森林防火责任区，确定森林防火责任人，并配备森林防火设施和设备。

第二十一条　地方各级人民政府和国有林业企业、事业单位应当根据实际需要，成立森林火灾专业扑救队伍；县级以上地方人民政府应当指导森林经营单位和林区的居民委员会、村民委员会、企业、事业单位建立森林火灾群众扑救队伍。专业的和群众的火灾扑救队伍应当定期进行培训和演练。

第二十二条　森林、林木、林地的经营单位配备的兼职或者专职护林员负责巡护森林，管理野外用火，及时报告火情，协助有关机关调查森林火灾案件。

第二十三条　县级以上地方人民政府应当根据本行政区域内森林资源分布状况和森林火灾发生规律，划定森林防火区，规定森林防火期，并向社会公布。

森林防火期内，各级人民政府森林防火指挥机构和森林、林木、林地的经营单位和个人，应当根据森林火险预报，采取相应的预防和应急准备措施。

第二十四条　县级以上人民政府森林防火指挥机构，应当组织有关部门对森林防火区内有关单位的森林防火组织建设、森林防火责任制落实、森林防火设施建设等情况进行检查；对检查中发现的森林火灾隐患，县级以上地方人民政府林业主管部门应当及时向有关单位下达森林火灾隐患整改通知书，责令限期整改，消除隐患。

被检查单位应当积极配合，不得阻挠、妨碍检查活动。

第二十五条　森林防火期内，禁止在森林防火区野外用火。因防治病虫鼠害、冻害等特殊情况确需野外用火的，应当经县级人民政府批准，并按照要求采取防火措施，严防失火；需要进入森林防火区进行实弹演习、爆破等活动的，应当经省、自治区、直辖市人民政府林业主管部门批准，并采取必要的防火措施；中国人民解放军和中国人民武装警察部队因处置突发事件和执行其他紧急任务需要进入森林防火区的，应当经其上级主管部门批准，并采取必要的防火措施。

第二十六条　森林防火期内，森林、林木、林地的经营单位应当设置森林防火警示宣传标志，并对进入其经营范围的人员进行森林防火安全宣传。

森林防火期内，进入森林防火区的各种机动车辆应当按照规定安装防火装置，配备灭火器材。

第二十七条　森林防火期内，经省、自治区、直辖市人民政府批准，林业主管部门、国务院确定的重点国有林区的管理机构可以设立临时性的森林防火检查站，对进入森林防火区的车辆和人员进行森林防火检查。

第二十八条　森林防火期内，预报有高温、干旱、大风等高火险天气的，县级以上地方人民政府应当划定森林高火险区，规定森林高火险期。必要时，县级以上地方人民政府可以根据需要发布命令，严禁一切野外用火；对可能引起森林火灾的居民生活用火应当严格管理。

第二十九条　森林高火险期内，进入森林高火险区的，应当经县级以上地方人民政府批准，严格按照批准的时间、地点、范围活动，并接受县级以上地方人民政府林业主管部门的监督管理。

第三十一条　县级以上地方人民政府应当公布森林火警电话，建立森林防火值班制度。

任何单位和个人发现森林火灾，应当立即报告。接到报告的当地人民政府或者森林防火指挥机构应当立即派人赶赴现场，调查核实，采取相应的扑救措施，并按照有关规定逐级报上级人民政府和森林防火指挥机构。

第三十四条　森林防火指挥机构应当按照森林火灾应急预案，统一组织和指挥森林火灾的扑救。

扑救森林火灾，应当坚持以人为本、科学扑救，及时疏散、撤离受火灾威胁的群众，并做好火灾扑救人员的安全防护，尽最大可能避免人员伤亡。

第三十五条　扑救森林火灾应当以专业火灾扑救队伍为主要力量；组织群众扑救队伍扑救森林火灾的，不得动员残疾人、孕妇和未成年人以及其他不适宜参加森林火灾扑救的人员参加。

第三十九条　森林火灾扑灭后，火灾扑救队伍应当对火灾现场进行全面检查，清理余火，并留有足够人员看守火场，经当地人民政府森林防火指挥机构检查验收合格，方可撤出看守人员。

第四十条　按照受害森林面积和伤亡人数，森林火灾分为一般森林火灾、较大森林火灾、重大森林火灾和特别重大森林火灾：

（一）一般森林火灾：受害森林面积在1hm^2以下或者其他林地起火的，或者死亡1人以上3人以下的，或者重伤1人以上10人以下的；

（二）较大森林火灾：受害森林面积在1hm^2以上100hm^2以下的，或者死亡3人以上10人以下的，或者重伤10人以上50人以下的；

（三）重大森林火灾：受害森林面积在100hm^2以上1000hm^2以下的，或者死亡10人以上30人以下的，或者重伤50人以上100人以下的；

（四）特别重大森林火灾：受害森林面积在1000hm^2以上的，或者死亡30人以上的，或者重伤100人以上的。

本条第一款所称"以上"包括本数，"以下"不包括本数。

第四十七条　违反本条例规定，县级以上地方人民政府及其森林防火指挥机构、县级以上人民政府林业主管部门或者其他有关部门及其工作人员，有下列行为之一的，由其上级行政机关或者监察机关责令改正；情节严重的，对直接负责的主管人员和其他直接责任人员依法给予处分；构成犯罪的，依法追究刑事责任：

（一）未按照有关规定编制森林火灾应急预案的；

（二）发现森林火灾隐患未及时下达森林火灾隐患整改通知书的；

（三）对不符合森林防火要求的野外用火或者实弹演习、爆破等活动予以批准的；

（四）瞒报、谎报或者故意拖延报告森林火灾的；

（五）未及时采取森林火灾扑救措施的；

（六）不依法履行职责的其他行为。

第四十八条　违反本条例规定，森林、林木、林地的经营单位或者个人未履行森林防火责任的，由县级以上地方人民政府林业主管部门责令改正，对个人处 500 元以上 5000 元以下罚款，对单位处 1 万元以上 5 万元以下罚款。

第四十九条　违反本条例规定，森林防火区内的有关单位或者个人拒绝接受森林防火检查或者接到森林火灾隐患整改通知书逾期不消除火灾隐患的，由县级以上地方人民政府林业主管部门责令改正，给予警告，对个人并处 200 元以上 2000 元以下罚款，对单位并处 5000 元以上 1 万元以下罚款。

第五十条　违反本条例规定，森林防火期内未经批准擅自在森林防火区内野外用火的，由县级以上地方人民政府林业主管部门责令停止违法行为，给予警告，对个人并处 200 元以上 3000 元以下罚款，对单位并处 1 万元以上 5 万元以下罚款。

第五十一条　违反本条例规定，森林防火期内未经批准在森林防火区内进行实弹演习、爆破等活动的，由县级以上地方人民政府林业主管部门责令停止违法行为，给予警告，并处 5 万元以上 10 万元以下罚款。

第五十二条　违反本条例规定，有下列行为之一的，由县级以上地方人民政府林业主管部门责令改正，给予警告，对个人并处 200 元以上 2000 元以下罚款，对单位并处 2000 元以上 5000 元以下罚款：

（一）森林防火期内，森林、林木、林地的经营单位未设置森林防火警示宣传标志的；

（二）森林防火期内，进入森林防火区的机动车辆未安装森林防火装置的；

（三）森林高火险期内，未经批准擅自进入森林高火险区活动的。

第五十四条　森林消防专用车辆应当按照规定喷涂标志图案，安装警报器、标志灯具。

三、地方森林防火文件

地方森林防火文件包括各地制定的地方森林防火条例、地方森林防火条例实施办法、森林防火预案、责任追究制度和森林防火命令等。森林防火命令每年由各级政府主要领导签发，这里不列出。

练习思考题

1. 名词解释

森林防火行政负责制　一般森林火灾　较大森林火灾　重大森林火灾　特大森林火灾　森林高火险期　森林高火险区

2. 简述我国的森林防火方针。
3. 《森林防火条例》中对防火责任的规定有哪些？
4. 《森林防火条例》中对野外用火的规定有哪些？
5. 《森林防火条例》中对防火检查的规定有哪些？
6. 《森林防火条例》中对森林火灾分类的规定如何？
7. 《森林防火条例》中对违反森林防火条例有关规定的行为处罚的规定有哪些？
8. 本地森林防火条例的主要内容是什么？
9. 本地主要森林防火文件有哪些？

第三节 火源管理

【知识要点】
1. 基本概念：火源管理。
2. 火源管理的原则。
3. 火源管理的具体措施。
4. 防火检查站的分类和工作任务。

火源管理是为减少防火区内的火源而采取的各种措施的综合。火源管理是预防森林火灾的重要措施。

一、火源管理原则

火源管理主要针对各种火源，通过各种管理手段，减少森林火灾火源，降低林火发生的可能性。由于我国95%以上的森林火灾是由人为火源引起的，火源管理的主要对象是人为火源。为管好火源，必须遵守下列原则：

1. 认清形势

在发展社会主义市场经济的新形势下，人为火源明显增多。开垦耕地，开发农田烧荒，入林从事副业生产、旅游、狩猎野炊等不断增加，野外吸烟、上坟烧纸等屡禁不止，故意纵火也需要警惕，这些都是火源管理需要面临的新问题。

2. 落实责任

要通过签订责任状、防火公约、树立责任标牌等形式，把火源管理的责任落实到人头、林地。一般采取领导包片、单位包块、护林员包点。加强火源管理的责任心，严格检查，杜绝一切火种入山，消除火灾隐患。

3. 抓住重点

通过进一步完善火源管理制度，有针对性强化火源管理力度。火源管理的重点时期是防火戒严期和节假日，火源管理的重点部位是高火险地域、旅游景点、保护区、边境。火源管理的重点人员是进入林区的外来人员、小孩和痴呆人员。

4. 齐抓共管

火源管理是社会性、群众性很强的工作，必须齐抓共管、群防群治。各有关部门要在当地政府的领导下积极抓好以火源管理为主要内容的各项防火措施的落实。在发挥专业人员、专业队伍的同时，发动群众实行联防联包，自觉地做到"上山不带火，野外不吸烟"。

二、火源管理具体措施

（1）在林区进入防火季节，要严防闲杂人员进山。
（2）在防火季节实行持证入山制度，以加强对入山人员的管理。
（3）在进山的主要路口设立森林防火检查站，依法对进山人员进行火源检查，防止火种进山，严禁未安装防火装置和配备灭火器材的车辆入山。
（4）严格禁止在野外吸烟和野外弄火，防火期中严禁在林内上坟烧纸、烧香、点烛、燃放鞭炮、点放孔明灯等。

（5）不发放入山狩猎证，禁止在野外狩猎。

（6）严格执行野外用火审批制度，在防火关键时期，林区严禁一切生产用火和野外作业用火。

（7）严禁火车、汽车等交通工具的司乘人员和乘客向车外抛扔烟头等火种。

（8）对铁路弯道、坡道和山洞等容易发生火灾的地段，要加强巡护和瞭望，以防森林火灾发生。

（9）森林消防员在林区进行巡护，对非法用火等火源进行制止管理。

（10）严格实行用火管理制度。

《森林防火条例》第二十五条规定："森林防火期内，禁止在森林防火区野外用火。因防治病虫鼠害、冻害等特殊情况确需野外用火的，应当经县级人民政府批准，并按照要求采取防火措施，严防失火；需要进入森林防火区进行实弹演习、爆破等活动的，应当经省、自治区、直辖市人民政府林业主管部门批准，并采取必要的防火措施；中国人民解放军和中国人民武装警察部队因处置突发事件和执行其他紧急任务需要进入森林防火区的，应当经其上级主管部门批准，并采取必要的防火措施。"

森林防火期内，禁止森林防火区野外用火，但以下几种情况例外。一是因防治病虫鼠害、冻害等特殊情况确需野外用火的，经县级人民政府批准，并按照要求采取防火措施，严防失火。这是在防火安全前提下满足特殊生产需求所作出的特许和审批规定。二是需要进入森林防火区进行实弹演习、爆破等活动的，虽然不是直接进行林区野外用火，但也可能因此类活动引发意外森林火灾。遇有此类事项时，一般由进行实弹演习、爆破等活动的单位向活动所在地县级森林防火机构申请，并安排好必要的防火措施，由县级林业主管部门报省、自治区、直辖市人民政府林业主管部门批准。三是中国人民解放军和中国人民武装警察部队因处置突发事件和执行其他紧急任务需要进入森林防火区的，应当经其上级主管部门批准，并采取必要的防火措施。森林防火期内，进入森林防火区从事野外用火的，或者可能引起失火的，都要依法办理批准手续，以确保森林资源安全。

关于被批准在森林防火区内野外用火的单位或个人采取的措施。被批准在森林防火区内野外用火的单位或个人，应严格依法、依照批复要求做好以下事项：一是开好防火隔离带；二是预备好应急扑火力量；三是准备好扑火工具；四是三级以上风不作业；五是制订用火负责人在场；六是用火后有专人看守，熄灭余火，确保安全后人员才可撤离。对于违反规定的，由县级以上人民政府林业主管部门依法查处。

按照各地关于野外用火的规定，严格执行申请、审批制度。

三、防火检查站

防火检查站是火源管理的重要机构和设施。防火检查站有两种形式：一种是季节性检查站，即只在防火期设立，非防火期不设立；一种是常年性固定检查站。其职责是：对来往行人、车辆驾驶员进行登记、防火和制度教育；检查行人入山证，检查来往车辆防火装置是否合格，对无证入山、防火装置不合格者禁止入山；指导附近的野外用火，对不经请示用火者有权制止，对玩火烧林者，轻者按照规定罚款，重者送交有关部门处理。

练习思考题

1. 名词解释

火源管理

2. 简述火源管理的原则。
3. 简述火源管理的具体措施。
4. 简述防火检查站的分类和工作任务。
5. 简述本地森林火源管理的措施。

第四节　计划烧除

【知识要点】

1. 基本概念：计划烧除、点烧窗口、带状点烧法、棋盘式点烧法、"V"形点烧法、中心点烧法、顺风点烧法、逆风点烧法、侧风点烧法。
2. 计划烧除用火地段。
3. 计划烧除用火时段的选择。
4. 计划烧除的轮烧年限。
5. 计划烧除的烧除标准。
6. 计划烧除的点火条件。
7. 计划烧除的用火方法。
8. 计划烧除安全注意事项。

计划烧除是减少森林可燃物载量、降低森林火灾强度、提高扑救效率、减少森林火灾损失的重要手段，也是可燃物管理的重要内容，是森林火灾预防的重要任务。

一、计划烧除的概念

计划烧除，又称规定火烧或计划火烧，是在规定的区域内，利用一定强度的火来减少森林可燃物的载量，以满足降低潜在林火强度和其他森林经营要求。

计划烧除中火的强度有一定限度，一般都比较低，其火强度通常为低强度火（不超过 $350\sim700\mathrm{kW/m}$）。这种火由于强度较低，烟是散布和飘移的，不产生对流烟柱，对森林环境不良影响较小，有利于维护森林生态系统的稳定和发展。

二、计划烧除技术

计划烧除技术主要包括用火地段的选择、用火时段的选择、用火的条件、用火的方法及点烧标准等。森林消防员要重点掌握各种点烧方法。我国从北到南气候条件、可燃物条件差异很大，具体的点烧方法有一定的差异，但前述计划烧除所需掌握的环节相同。下面分别介绍以黑龙江省和云南省为例，介绍典型的计划烧除方法，其他地区可根据当地的具体气候、可燃物条件和有关计划烧除的规定进行计划烧除。

北方计划烧除方法——以黑龙江省为例

1. 用火地段和不能用火地段

（1）可用火地段

① 林内　平均胸径在6cm以上的天然次生林、平均胸径在8cm以上的人工针叶林林地、堆放两年以上枝桠堆的林分、拟更新的采伐迹地、杂草覆盖的林内便道或冻板道、经过测报病情为Ⅲ级以上（含Ⅲ级）、虫口密度15头/株以上（含15头/株）、鼠害为Ⅱ级以上3种单独危害或交叉危害的林地。

② 林外　沟塘草地、沼泽地、大片荒山、灌丛、牧场、国铁、森铁、公路一侧或两侧。

大面积农田残茬、柞蚕场、果园和留有残茬的林区分散小片开荒地、村屯、厂矿、打靶场、采石场、小煤窑、养鱼池、旅游景点宿营地、临时作业点设施周围，其他重要设施周围。

③ 林缘　胸径在6cm以下的针阔叶林、火烧迹地、保护区外围缓冲地带的林缘地段等。

（2）不能用火地段

炸药库、油库等危险品设施周围1000m以内，坡度超过45°（含45°）的林地，陡坡林缘与大沟塘接壤的地段，未经国家同意点烧的国境防火线，沟塘与大片幼树接壤的地段，其他危险地段。

2. 用火时段

选择用火时段主要根据不同林分类型因组成差异等造成的可燃物含水率的差异、干枯程度不同，进而造成其燃烧性差异而进行。一般可以根据不同植被对降雨、霜、雪等发生后的含水率变化情况进行选择。

（1）春季融雪期

对于有降雪的地区，当阳坡林缘积雪融化1~2m宽以上，可直接点火烧林缘控制线，将林地与草地分开。

阳坡林地有10%~15%残存积雪，山脊有明显的"雪线"，林外阳坡草地无残雪。早春植物谷柳花芽开放初期，林地化冻2~3cm，河沟出现涎流水等物候相时，可点烧阳坡、沟塘及道路、村屯等防火线。

点烧阴坡时段比阳坡晚7~10d，林地应有10%~15%残存积雪，且在毗连的阳坡和沟塘已经开设出隔离带，并采用相应的人为控制措施后用火。

（2）雪后阳春期

初冬第一场降雪（≥5cm）后，东北、内蒙东南部林区正常年份将出现回暖期，阳坡积雪随之融化，有的年份阴坡积雪也会部分融化，可点烧阳坡林缘、阳坡林地和干燥的枝桠堆。

（3）无雪隆冬期

个别年份秋季雨水正常或偏多，林内表土含水率较大。至"大雪"前后地面积雪很少，低温在-20℃以下，可在10∶00时点烧林地和沟塘草地或枝桠堆，夜间因低温，火会自行熄灭。

(4) 秋季枯霜期

第一场枯霜后，沟塘、草地大部分草本植物枯黄，林内草本、灌木仍为活的绿色植物，这个时段可点烧有老草母子的沟塘和有条件的林外、林缘地段。

(5) 盛夏期

降水正常的年份，可在盛夏期一次中雨后一周点烧林内枝桠堆。该时段选择方法适用于全国各地。

(6) 谨慎用火时段

在干旱年份的秋季，点烧大面积宽沟塘、国境防火线和麦茬地易产生地下火。点烧后要认真清理火场和火边，不留死角。如点烧地段有较宽的裂缝，必须用铁锹挖出点烧后与未烧处衔接的可燃物，预防和处理地下火。

雨量少，土壤干燥到夏秋季，表土在"干"或"润"两个档次，即便冬季降水量正常，也不能进行春季点烧。

树木基本进入萌动期，即便降大雪，也不能以雪作依托进行林内点烧。

森林火险4级以上高火险时段，不能进行计划烧除。

3. 轮烧年限

① 复层林　15~20年。

② 单层林　4~6年。

③ 人工针叶林和母树林　7~10年。

④ 沟塘、草地　2~3年。

⑤ 幼林林缘　每年点烧，直至林木达到可以进行林内点烧的径级。

⑥ 道路、村屯、厂矿、采石场、小煤窑、烧炭点、养鱼场、打靶场、湿地保护区、旅游景点宿营地、临时作业点和其他重要设施周围等各类防火线　每年或隔年点烧。

⑦ 柞蚕林　2~3年。

⑧ 控制森林病虫鼠害　连续点烧2~3年。

⑨ 森林更新地段　点烧后，当年进行更新，并利用综合措施在更新地段周围作控制线每年点烧，直至林木达到可点烧的径级。

4. 可燃物烧除标准

① 人工针叶林　烧除可燃物60%~70%，可留约10%的"花脸"。

② 天然复层林和过伐林　烧除可燃物50%~60%，应留约15%的"花脸"。

③ 沟塘和草地　烧除主沟塘（永久性沼泽地）可燃物的80%以上，基本不留"花脸"。

④ 幼林林缘、道路、村屯等防火线　应烧除90%以上可燃物，"花脸"不超过5%。

⑤ 控制森林病虫鼠害　根据疫情，必须烧除70%以上的地表可燃物，"花脸"面积应小于10%。

⑥ 农田残茬和小片开荒地　基本烧尽。

⑦ 国境防火线　不准留花脸，不准出现断条。

5. 用火条件

(1) 土壤条件

用手感法测土壤含水率，在阳坡地段，将土样抓到手，可测出5个等级。

① 干　土样置于手中，没有阴凉感觉，土体碎后不能捏成块，用嘴可吹起尘土，含

水率约5%。

② 润　土样置于手中，有凉的感觉，用手捏成团，用嘴吹不起尘土。

③ 潮　用手捏土样时，手上留有湿的印痕。

④ 湿　置于手中土样，可使手湿润，但挤不出水。

⑤ 极湿　用手捏土样，可挤出多量的水。

林地土样含水率为"干"时，不能用火；林地土样含水率为"润"时，应慎重用火；林地土样含水率为"潮""湿"或"极湿"时均可用火。

(2) 可燃物条件

用手感法测可燃物含水率，凭手搓碎可燃物来确定其含水率。一般测定两个数据，枯枝落叶抓到手中，能搓成粉末，含水率20%~30%，最适宜点烧；能搓成块状，且有潮湿感，含水率60%~70%，能点烧，但不易蔓延。

6. 用火方法

(1) 选择点烧窗口

点烧窗口是指符合计划烧除用火安全要求的时段和地段。由于林火物候中气象、水文、物候相的时差、位差、生态和地形条件等因子差异，在可以用火的各个时段，将开放型的林区，变成有边界条件限制，有连续可燃物分布并能燃烧的封闭型地段。营林用火须选择在点烧窗口中进行。

(2) 带状点烧法

在平坦林地下风头找到合适的依托后，往上风头方向，每间隔25~30m逐次点烧；5°~30°坡地从山脊往山脚方向顺次点烧，火线间距20~25m；30°~45°的坡地，从山脊往山脚方向顺次点烧，火线间距不得超过15m；45°以上险坡不准用火。

在没有间断的沟塘采用带状点烧法时，间距可延长至5~10km，但需对点烧结果进行复查，若有花脸和断条，需要补烧达到全线贯通。

(3) 棋盘式(斑点式)点烧法

在"点烧窗口"内，从一侧往另一侧点斑点火，点火的点行距为40~60m，这种方法多为飞机点烧采用。

(4) "V"形点烧法

在有坡度的林地内，从山脊凸起部位向山脚缓慢拉出一条或几条火线，使拉出的火线与林缘边垂直，燃烧的火线都是"V"形。

(5) 中心点烧法

平坦地面或20°以下的缓坡地段，在准备作火烧区的中心位置首先点一圈火，当燃烧产生一个上升的对流柱时，再在其外缘点第二圈、第三圈火，这些火圈连接后，其主火向均被吸向中心的高温区，然后缓慢地再向边缘蔓延，这种方法适于可燃物载量大的皆伐迹地。

(6) 顺风点火法

顺风方向点火使其自然蔓延，适应于点烧长的沟塘。但点烧时段应选在雪后阳春期和春季融雪期点烧阳坡地段，需要注意的是，在沿沟塘有30°以上的陡坡，要在点烧前作出控制线。

（7）逆风点烧法

逆着风向点火，使火沿着风向相反方向蔓延，这种方法通常用来加宽进行点烧的"点烧窗口"的控制线。操作时采用抽条法。

（8）侧风点烧法

介于顺风和逆风点烧方法之间的方法。根据风向和山型、地势，常用这种方法将"点烧窗口"烧出若干段，它属不等间距带状点烧法。

（9）林内枝桠堆的点烧

林内枝桠堆必须按规范化要求堆放。经过两年以上的干燥，可逐堆点烧，第一次要间隔点烧，第二次全部烧完。

7. 注意事项

点烧技术的基本依托是积雪、降雨、枯霜及不同群落之间含水率的差异，点烧时地面必须有积雪或降霜；有河流、道路、农田等自然依托和人为开设的依托更安全。

点烧时以物候相作为主要依据，但要考虑气象要素和可燃物含水率。必须通过实地踏查后才能制订用火方案。用火方案包括用火目的、时段、面积、方法等，特别要强调安全用火的有关注意事项。

点烧须有依托。无论采取哪种方法点烧，面积多大，形状如何，都必须在"点烧窗口"内用火，即周边要有自然或人为的依托。

点烧后的检查。要像扑救森林火灾后一样检查火边。点烧后一周之内，沿火边检查是否有余火，面积大的点烧现场，需要派人逐段检查。

南方计划烧除方法——以云南省为例

《云南省计划烧除规程》(2009年)对云南省开展计划烧除的可用火地段、不可用火地段、用火时段、轮烧年限、点烧方法、审批程序等进行了规定。

1. 可用火地段和不可用火地段

（1）可用火地段

林冠下烧除，应在10年生以上，林相整齐的云南松、高山松、栎类林分、7年生以上思茅松林分进行，烧除的林分平均胸径16cm以上，树高6m以上，枝下高2m以上。

（2）不可用火地段

风景林、名胜古迹林、自然保护区（缓冲区林缘及野生动物食园区除外）、水源林、国道、省道公路干线两侧、城镇面山、国境线5km范围内。

10年生以下（思茅松7年以下）的各种幼林地。

2. 用火时段

除3~4月戒严期外的时段。每年11月到翌年2月为集中计划烧除用火期。元旦、春节、两会、清明、五一等重要时段和四级以上火险天气或三级以上大风天气，禁止计划烧除。

3. 轮烧年限

根据可燃物载量适时烧除，一般2~3年烧除一次。

4. 用火方法

根据地形地势，将计划烧除作业区划分为多个地块作为点火单元，每个单元面积控制在50~100亩*，外围要预先设置防火隔离带，用点火器沿着等高线从山顶向山脚水平或垂直带状点火，用风力灭火机控制外线火和两翼，沿火线从外向里吹，采取边烧边清分块烧除，点燃时间一般在11：00前或16：00后。

烧除林缘杂草或林区防火线时，由专业扑火队员组织实施，配备点火器、风力灭火机、二号工具、砍刀。5人一组，1人点火，2人吹火，2人清理，采取分段点烧，带宽20~30m，按照边烧边清的原则，控制火翼，稳步推进，彻底烧除可燃物。

5. 注意事项

在点火作业前要组织力量，进行清山清林，将烧除区的人员及各种牲畜转移到安全地方，在确保人民群众生命财产安全的情况下实施计划烧除。每个单元烧除完毕，要彻底清理余火，做到火灭人离，防止发生复燃和安全事故。如遇异常大风或风向变化等不利天气，必须立即停止用火，迅速将火扑灭，看守好火场，严禁跑火酿成森林火灾。

实施点火作业时，县市森林防火部门要派人到现地指导、监烧，与实施单位保持通信畅通，及时掌握烧除进度及开展情况。现场要安排记录员，记录每天烧除情况，为总结提供依据。

练习思考题

1. 名词解释

   计划烧除　点烧窗口　带状点烧法　棋盘式点烧法　"V"形点烧法　中心点烧法　顺风点烧法　逆风点烧法　侧风点烧法

2. 简述计划烧除用火地段的选择方法。
3. 简述计划烧除用火时段的选择方法。
4. 简述计划烧除的轮烧年限。
5. 简述计划烧除的烧除标准。
6. 简述计划烧除的点火条件。
7. 详述计划烧除的用火方法。
8. 简述计划烧除安全注意事项。
9. 比较南北方计划烧除的方法。

---

* 1亩 = 667m²。

第五章 林火监测

我国的林火监测主要有4种模式：地面巡护，瞭望塔（台）探火、航空巡护、卫星林火监测。瞭望塔探火又可分为人工瞭望塔探火和视频林火监测2种。森林消防员主要从事地面巡护和瞭望塔人工探火工作。在卫星发现热点后，需要进行地面核查。为此，本章主要介绍地面巡护和瞭望塔人工探火，对视频林火监测、航空巡护和卫星林火探测作简单介绍。

第一节 地面巡护

【知识要点】
1. 基本概念：地面巡护。
2. 地面巡护的主要任务。
3. 地面巡护的组织形式。
4. 地面巡护的装备。
5. 地面巡护时间的确定方法。
6. 地面巡护路线的确定方法。

地面巡护是指护林员、森林消防员等步行或乘坐交通工具，在分管责任林区内巡查、预防、发现森林火灾的措施。

一、地面巡护的主要任务

1. 严格控制火源，消除火灾隐患

（1）依法检查和监督来往行人、林区居民以及森工企业执行和遵守森林防火法律、规章制度情况，进行防火宣传，并制止违章用火和各种危害森林的行为。

（2）严格控制非法入山人员，特别是盲目流动人口，入山人员必须持有入山许可证。必要时采用搜山的方式。

（3）检查野外生产、生活用火等各种火源情况，防止引起林火。坚决制止违反森林防火法律和规章制度的行为和其他不法行为。在防火期内，对野外吸烟、上坟烧纸、烧荒等野外弄火人员，视情节轻重，给予批评教育或依法处理。

（4）清查林区，严防人为故意纵火行为。

2. 及时发现火情，迅速报告，积极组织扑救

（1）在进行地面巡护时，如果发现火情，要尽快确定火的位置、种类、大小等情况，并迅速向防火指挥部报告；同时应积极组织扑救，力争尽快将火扑灭。

（2）随时报告火场的变化和火势的发展趋势。如果火场面积较大不能扑灭，应想办法控制火势，立即请求指挥部派人支援。

3. 配合瞭望塔全面监护火情

巡护人员要深入到林区瞭望塔观测的死角、盲区区域进行巡逻，以此来弥补瞭望塔监测的不足，实现森林火灾的全方位地面监测，提高林火监测覆盖率。

二、地面巡护的组织形式

1. 护林员

《中华人民共和国森林法》中规定："护林员可以由县级人民政府委任。护林员的主要职责是巡护森林，制止破坏森林资源的行为。"护林员要履行地面巡护的任务。

2. 森林警察驻点小分队

在防火季节中，森林警察部队派出小分队，进入森林火险较高的地区驻点执勤。在交通要道上设立岗哨，严加防范。各森林警察驻点小分队，在其管辖范围内，要建立警民联防责任制，明确各自的巡护范围和职责，互相支援，主动配合，严格控制火源。

3. 摩托巡护队

摩托巡护队是由专业扑火队员组成，在护林防火指挥部直接领导和指挥下，承担巡护和扑救双重任务。摩托巡护队下设若干小分队。每个小分队配备有摩托车、扑火机具和对讲机。这支队伍常布置在较高火险和边远地区，白天巡逻，晚上集中待命。一有火情，可及时出动，将火扑灭。

4. 水上巡逻队

水上巡逻队也是由专业扑火队员组成，承担水上巡护和"三清"等任务。通常需要3~4人，并可装备轻便消防水泵、油锯、喷水灭火器及其他灭火机具、对讲机或电台等。

防火巡护队伍组织形式可根据各地实际情况选用一种或几种。事实证明，凡地面巡逻组织实施得好的地区，对控制野外火源起到决定性的作用，减少了森林火灾的发生。

三、地面巡护装备

1. 交通工具

在风景林和天然公园内，游人较多，可采用步行巡逻。在公路网密度大、交通方便的地方，可乘自行车、摩托车、汽车巡护。没有公路的地块，可骑马巡逻。在水路较多的地方，可乘摩托艇或汽艇沿河岸或水库岸边巡护。

2. 防护装备

进行地面巡护的人员应配备通信设备，保障发现火情后能及时上报；对于专业巡护队还应配备扑火机具，保障发现火情尽早扑救，做到"扑小、扑早、扑了"。

3. 监管设备

地面巡护人员配戴卫星定位追踪终端器后，可通过卫星定位追踪系统对巡护人员进行随时定位，轨迹查询，巡护人员"围栏"报警管理以及考察出勤等。确保杜绝因漏岗带来的森林火灾隐患。

四、地面巡护时间和路线的确定

1. 地面巡护时间的确定

在防火期间内，巡护人员每天都应进行地面巡护，巡护时间以 3.5~4.0h 为宜，在 8h 的工作时间内，巡护人员可以两次通过同一巡护地段。巡护时可根据火险天气状况和管辖区责任地段的火险等级高低，增加或减少巡护的时间。在高火险天气或在防火戒严期间，对高火险的地段，要进行昼夜巡护。

2. 地面巡护路线的确定

地面巡护任务可由单人或 2 人以上组成的巡护组来承担，巡护路线要在巡护前根据管辖区内各地段的森林火险等级高低及火源可能出现的次数确定。巡护路线尽量选择能够通过高火险地区和火源出现频繁的地段，并深入到瞭望塔观测的死角区域进行巡护，以弥补瞭望观测的不足。

地面巡护路线长度可由下式确定：

$$S = vt$$

式中，S 为地面巡护路线长度(km)；t 为巡护时间(h)；v 为步行或乘坐运输工具的速度(km/h)。

地面巡护路线长度是所用运输工具的平均速度乘以巡护时间 3.5~4.0h。每次巡护区段长度见表 5-1。

表 5-1　各种运输工具巡护区段长度表

运输工具	在路上的平均速度(km/h)	路线的大约总长度(km)
步行	2	10~12
骑马	5	15~20
机动自行车	8	25~30
摩托车	15~20	50~70
汽车	15~20	50~70
机动船	10~15	30~40

在高火险天气或火源频繁出现的地区，应增加地面巡护路线长度。

练习思考题

1. 名词解释

地面巡护

2. 地面巡护的主要任务是什么？
3. 地面巡护的组织形式有哪些？
4. 地面巡护的装备有哪些？
5. 如何确定地面巡护的时间？
6. 如何确定地面巡护的路线？

7. 本地地面巡护的组织形式、巡护路线和任务是什么？

第二节 瞭望塔人工探火

【知识要点】
1. 基本概念：森林防火瞭望塔、交叉定位法。
2. 瞭望区的选择方法。
3. 瞭望塔密度的确定方法。
4. 瞭望塔选址原则。
5. 瞭望塔高度。
6. 瞭望塔的结构和种类。
7. 瞭望塔建设标准。
8. 瞭望塔人员和设备的配备要求。
9. 瞭望塔业务准备工作内容。
10. 瞭望技术。
11. 火情判断。
12. 火场定位3种方法。
13. 火情报告方法和内容。
14. 瞭望安全常识。

森林防火瞭望塔是建于高山顶上，用于人工观测发现或视频设备自动发现森林火灾的建筑，也称瞭望台。瞭望塔探火是林火监测的重要手段之一。

一、瞭望塔建设

核心要求是增大观测的覆盖面，减少盲区。

1. 瞭望区选择

瞭望区根据各地块的火灾出现密度、火源多少、森林火险等级高低来确定。一般选择火灾经常出现、森林火险等级较高、火源多的地块作为瞭望区。以此作为初始瞭望区，逐步向外扩展。瞭望区一般位于村屯附近和道路网密集的地区。

2. 瞭望塔密度的确定

目前，瞭望塔都配备望远镜，观察半径可达20km。即使有太阳光的影响（观察半径背光为25km，逆光为10km），两个瞭望塔之间的不间断观察距离也可达35~40km。

瞭望塔上如果配备有红外线探火仪，其扫描半径为20~30km。

在山区，由于地形的影响，盲区面积增大，两塔之间的距离往往要小于40km。一般来说，北方地势平缓，瞭望塔可15~25km设置一个。

3. 塔址选择和高度确定

总的原则是，瞭望塔尽量选择较高的山顶或地段，设计较低的瞭望塔高度，以增加瞭望面积，降低成本。

在瞭望区内，根据瞭望塔密度确定瞭望塔的数量和分布。一般是在地形图上找出若干个山顶和山脊，再根据交通特点、水源条件和瞭望要求的高度，权衡利弊，最后做出最佳塔址选择，同时确定瞭望塔的建造高度。

平坦地区瞭望塔高度要超过当地成过熟林最大高度2m以上；丘陵的漫岗上可建造得低一些；山区制高点上，视野广阔，可不设塔架只建造房屋和观测平台。

4. 瞭望塔的结构和种类

瞭望塔有木质、金属和砖石3种结构。建立永久性瞭望塔，一般采用金属和砖石结构。钢结构的由塔基、塔座、塔架、瞭望室、升降系统(阶梯或升降机)、配重系统、安全系统、避雷系统组成；砖石结构的由塔基、塔身、瞭望室、上下系统(阶梯、阶梯平台、阶梯栏杆等)、安全系统(护栏、扶手等)、避雷系统等部分组成。

瞭望塔在外形上可分为座塔式和直梯式2种。

5. 瞭望塔建设标准

瞭望塔塔基周围应保证有足够的覆盖土层，塔基土或石层应具有一定强度、刚度和稳定性。塔身高度一般应根据地势和林木生长高度及控制范围等条件确定。平缓地区，塔上瞭望室必须高出周围最高树冠2m以上；丘陵山区塔的高度一般为10~26m；突起的高山顶端，无视线障碍的地方，可不设塔架或塔身，只建瞭望室即可。中、幼龄林瞭望塔的架设高度应按成熟林架设塔高度考虑。钢结构瞭望塔必须结构合理，部件组合严密，连接牢固可靠，其塔身应采用定型分节、角钢接口联接的装配方式，每节高度一般不大于4m。瞭望塔凡采用自动升降系统的，应配有电源或配重设施；采用阶梯式的，应分层次，一般层高不应大于4m，梯节间应设有休息台，阶梯应设有扶手栏杆。钢结构的阶梯宽度不小于0.5m；砖石结构的阶梯宽度不小于0.8m。

瞭望室应结构简单、体轻、坚固耐用。室内面积2~6m²为宜，每平方米承载力不得小于150kg。室壁宜采用钢架轻型墙板，四周通视。瞭望室外设有瞭望平台的，平台宽度不应小于0.8m，平台外缘应设有牢固的防护栏杆，防护栏杆高度不应低于1.1m。钢结构的瞭望塔，应设有安全拉线。安全拉线必需沿塔体对角设置，拉线仰角不得大于45°。拉线基础必须牢固。四角拉力必须相等。

防火瞭望塔必须设有避雷装置。接地电阻最大不得超过10Ω，避雷装置的接地引线与避雷针之间必须紧密衔接，不允许有脱离断裂现象。接地引线必须留有0.5m左右的余量。避雷接地装置，在地面应有明显标志，装置上部必须保持0.8~1.0m的覆盖土层，覆土后的地表不得低于周围地面。

二、瞭望塔人员、设备配备

1. 瞭望塔人员的配备

每个瞭望塔一般要配备瞭望员3~4人。主要任务为观察火情和报警以及气象观测等。

2. 瞭望塔设备的配备

(1) 观察设备，包括10×及40×高倍望远镜、立体望远镜、计时器等。有条件的地方，可以配备红外线探火仪，其扫描半径可达20~30km，也可以安装有线或无线电视监测系统。

(2) 定位设备和地图，包括罗盘仪或定位经纬仪，地形图、林相图等。

(3) 通信设备，包括电话、短波或超短波无线电对讲机。

(4) 发电设备，太阳能电源或风力发电机。
(5) 扑火工具，包括二号工具、灭火钢刷、铁锹、斧头等。
(6) 气象观测设备，主要是便携式综合气象观测箱或小气候观测设备。
(7) 办公用品和生活必需品，包括记录簿、绘图用品、收音机、防御武器、净水器等其他生活用品。
(8) 防御设施，包括防风、防雨、取暖设施等。
(9) 其他附属设施，包括食宿室、仓库等。食宿室和仓库等如与瞭望塔分建时，距离宜近不宜远，一般不应超过100m。

三、瞭望人员素质和岗位要求

1. 瞭望人员素质要求

瞭望塔能否发挥应有的作用取决于瞭望人员的业务素质和责任心。具体要求如下：
(1) 身体健康，视力良好，具有高度的责任心和良好的工作态度。
(2) 具有一定的观察分析判断能力。
(3) 掌握一定气象、防火和通信知识，具有一定的绘图和测算能力。
(4) 能熟练使用和维护瞭望塔的观测和通信仪器设备。
(5) 具有较好的观测技术。
(6) 熟悉火情报告的基本内容，能记录、分析和整理火情资料。

2. 瞭望人员岗位要求

(1) 熟悉观察区

熟悉和掌握观察区的基本情况，可以提高瞭望员观察水平，正确判断出现的各种异常情况、预见可能发生林火方位、地点，合理的安排一个时期或一天中的观察重点、准确判定林火方位、地点，从而改变过去"上塔盲目看，着火看着标"的做法。

(2) 熟练观察技术

瞭望员应熟记相应林班位置及具有典型特征的地理标记、小地名和各种参照物；能熟练操作瞭望塔的各种观测仪器、通信设备、发电机，掌握一般的维修技术；会使用地形图，能及时记录各类瞭望报表，掌握有关防火知识。

(3) 维护设备设施安全

瞭望员应按期检查瞭望塔结构的安全性能，发现隐患及时维修，做好防护。瞭望员应经常检查避雷装置，接地电阻不大于10Ω。在防火期开始时要测试散电能力，遇有雷电天气及时向上级报告，切断台上电源，关闭通信设施，严防雷击。

四、瞭望业务准备工作

瞭望业务准备工作是在正式进行塔上林火探测之前需要进行的业务准备工作，主要是熟悉瞭望区，了解瞭望区的地形、植被、地物特征、气象条件、森林火灾发生情况、人员分布等，为迅速发现火灾和火场定位等提供基础。准备工作分进塔前准备和进塔后准备两类。

1. 进塔前的业务准备工作

在进入瞭望塔探测林火前，瞭望员应做好下列准备工作。

(1) 了解瞭望塔的地理坐标、高程、观察区范围，四周与本责任区毗邻的界限，林业局、林场(县、乡)名称。

(2) 观察瞭望区内的居民区、村屯、工厂、电厂、铁路、公路数量、位置、走向，河流、水系流向、湖泊数量、出产，林场、工段、野外作业点的数量、人数、位置、使用的工具、活动范围，铁路、公路、生产点上使用及行驶的机械类型等。

(3) 观察瞭望区内的植被构成、分布、载量、山副产品、矿藏的种类分布，主要的野生动物生活习性、活动规律。

(4) 了解掌握历年来发生的人为火和自然火的时间、地点、规律。

(5) 了解掌握历年防火期间的平均温度、湿度、降水、风向、风速的基本情况及旬、月的中、长期天气预报。

2. 进塔后的业务准备工作

进塔后的主要业务准备工作是在瞭望塔上观察并熟悉观察区的全面情况。要完成下列准备工作。

(1) 测定瞭望塔的方位、坐标，观察责任区的界限，熟悉地貌地物。

(2) 绘制瞭望观测图。按比例尺大小准备一张白纸、一个直尺、圆规和一个量角器和几支彩笔。根据瞭望塔监测区域，把1:10万或1:50 000的平面图透视在白纸上(在透图桌或玻璃窗上进行)。按比例关系和规定符号，把主要界标和地物标画在图上并注明其方位、垂直角和距离，还应标出各营林区的边界、分路、河流等。一旦发现火情，可迅速测定其方位和距离，并向指挥部提供通往着火地点的路线。还要把地图上没有注明的公路、铁路、居民区、野外生产单位(工段、筑路点、采石点…)，特别是电厂、工厂、砖窑厂等一些固定或间歇性冒烟的地方，都要按着地理方位准确的标绘在地图上。以瞭望塔地理坐标原点为中心，画出南北和东西方向线，每隔1cm划一个刻度，表示距离。以瞭望塔为圆心，以5、10、15或20km距离为半径，分别画出需要的几个圆。并在每个圆周上都划出5°和10°不同的方位角，在最大的圆周上，以真北为0°，按顺时针标出不同点的方位角(用阿拉伯数字注明)。根据历年所发生的林火时间、次数，在图上用不同颜色的彩笔标出人为火和雷击火区域。(按着比例关系把地理坐标的经线和纬线描绘在图纸上)把比例尺和图例绘制在瞭望观测图的一角。

(3) 按瞭望观测图上的内容，逐个对号，熟记方位、距离。在不同方位、不同距离上选择出明显的地貌地物做参考点，并在图上量取方位、距离，记在笔记本或瞭望观测图一侧。参考点选的越多，估测的林火近似距离误差也就越小。

(4) 观察允许用火的"合法"烟雾形态、方位、距离和时间规律。观察行驶机械在不同路段所产生的灰尘颜色和消散变化。

(5) 观察在不同时间、不同方位和不同强度的阳光下，不同植被与背景的反差作用所产生的异常点，并熟记之。

(6) 观察生产工人、打渔、狩猎和滞留人员的生活规律和用火时间、地点。

(7) 观察雷雨云与其他云的区别。

(8) 观察物候变化与火险等级和林火的关系。

所有的观察内容都应做好详细记载，一是以备临时查用；二是便于总结林火观测经验；三是为研究林火规律提供宝贵资料。

五、瞭望塔林火监测技术

一个合格的瞭望员必须掌握瞭望火情的基本技术并能够对火情进行判断。

1. 瞭望技术

在防火季节，熟练而勤奋地进行观察是瞭望员的主要任务。瞭望员必须按规定的标准掌握观察技术并不断提高自己的技术水平。瞭望技术包括瞭望扫描技术和火情发现技术。

（1）瞭望扫描技术

瞭望扫描又称扫视，是用眼睛或借助望远镜注视在远处物体上慢慢移动的观察过程。在扫视中捕捉与往常不同的现象或烟雾。遇到异常情况则需要仔细并延长观察时间直到搞清楚为止。扫视的方法有下列几种：

① 四周环视　四周环视是在塔顶转动身体扫视或在瞭望室外周围缓慢移动扫视。四周环视的目的是观察和掌握整个区域的情况。应隔一定时间环视一次，时间间隔可根据火险等级高低而定。

② 扇形扫视　扇形扫视一般是在瞭望室内进行的。目前瞭望塔的瞭望室一般为六角形或八角形，有6个或8个窗口，每个窗口面对一个扇形区域。扇形扫视就是依次在这些窗口由近至远进行左右扫视。

③ 重点观察　重点观察是对在四周环视或扇形扫视中发现的一些可疑区域，用望远镜仔细地观察。对火险高的区域也可进行重点观察。

（2）火情的发现技术

林火发生后，可燃物燃烧会形成烟雾或烟柱。烟雾或烟柱是瞭望员观察所需捕捉的目标，是火情出现的标志。火情观察就是看有无烟雾或烟柱的出现。一般小火燃烧形成的烟雾较少，不易被发现。为了在有火发生时尽快发现火情，及时报警，瞭望员在观察时要注意以下问题：

① 四周环视和扇形扫视结合　瞭望员上岗后首先环视四周，看有无烟雾或其他可疑现象。然后再分片扫视扇形区域，分层仔细观察。一般来说，4~5级火险天气，每10~20min观察一次；2~3级火险天气，每30min观察一次。对近期刚刚扑灭的火场要特别注意监视，以防余火复燃。

② 观察时要有重点区域和重点时间　每个瞭望区都要根据当地火源情况，划分重点观察区和一般观察区，结合天气情况，确定重点观察时间。特别需要注意的重点区域有：山产品（木耳、药材等）多的地段，捕鱼者常去的河套、旅游或野游宿营地，火车经过的地段，易发生火灾的草地和采伐迹地等。重点区域的重复观察次数要多于一般区域。重点观察时间为：旅游者增多的季节、周末、捕鱼和狩猎季节、每日的9：00~18：00时，特别是中午。重点时间内要缩短观察的时间间隔。

③ 高火险天气下的昼夜连续观察　在连续干旱的天气条件下出现大风天气，火灾最易发生并酿成大火灾。在这种情况下，瞭望员应特别注意，增加观察次数，并昼夜轮流值班，连续观察。

④ 掌握真烟和假烟的区别　掌握一些假烟的特征，把它与真正的火灾烟雾区别开来，是十分必要的。常见的"假烟"有下列几种：

"固定"烟雾：这种烟雾是制材厂、铁路、工业生产、家属住宅区等产生的。瞭望员了解并记录了这种情况,即可区别。

柱状蒸汽:柱状蒸汽出现在寒冷地区,形状与烟柱相似,所不同的是,蒸汽为白色,而且升空后很快消散。

烟雾状灰尘:这种灰尘一般由"尘卷风"或土路上行车造成的,但仅短时间的现象。

⑤ 监测雷电活动 雷电活动与雷击火的发生有着极其密切的关系。瞭望员要随时测定并记录每次闪电的方位和距离。雷击过后,在几天内对雷击区域进行连续观察,看是否有火情发生。

2. 火情判断

在瞭望塔上通常根据烟的态势和颜色等大致可判断林火的种类、距离和火势。

在北方林区,可根据烟团的动态判断火灾的距离。烟团生起不浮动为远距离火,其距离约在20km以上;烟团升高,顶部浮动为中等距离,约15~20km;烟团下部浮动为近距离,约10~15km;烟团向上一股股浮动为最近距离,约5km以内。

根据烟雾的颜色可判断火势和种类。白色断续的烟为弱火,黑色加白色的烟为一般火势,黄色很浓的烟为强火,红色很浓的烟为猛火。另外。黑烟升起,风大为上山火;白烟升起为下山火;黄烟升起为草塘火;烟色浅灰或发白为地表火;烟色黑或深暗多数为树冠火;烟色稍稍发绿可能是地下火。

南方林区可根据烟的浓淡、粗细、色泽、动态等判断火灾的各种情况。一般用火烟色较淡,火灾烟色较浓。生产用火烟团较细,火灾烟团较粗。生产用火烟团慢慢上升,火灾烟团直冲。未扑灭的山火烟团上冲,扑灭了的山火烟团保持相对静止。近距离山火,烟团冲动,能见到热气流影响烟团摆动,且火的烟色明朗;远距离的山火,烟团凝聚,火的烟色迷朦。天气久晴,火灾烟色清淡;而久雨放晴,火灾烟色则较浓。松林起火,烟呈浓黄色;杉木林起火,烟呈灰黑色;灌木林起火,烟呈深黄色;茅草山起火,烟呈淡灰色。晚上生产用火,红光低而宽;而森林火灾,红光宽而高。

南北方林区在瞭望塔上监测火情的情况可以互相参考。

六、火场定位方法

发现火情后准确测定其方位、距离,进而确定林火发生的地理位置,是瞭望员业务工作的一个核心部分。确定火灾地点的方法有:火灾定向定位仪法、瞭望塔全景照片法和交叉定位法。

1. 火灾定向定位仪法

火灾定向定位仪是在瞭望塔上确定火灾位置的专用仪器。在使用火灾定向定位仪之前,瞭望员必须熟悉仪器并掌握其操作规程,能熟练使用仪器,运用自如,准确无误。森林消防员应详细掌握,具体见相应的技能训练章节。

2. 瞭望塔全景照片法

瞭望塔全景照片在瞭望塔上四周水平拍摄的实景照片,共计8张,装订成册。这些照片非常有用,它可以帮助新手熟悉观测区情况,确定着火点的位置,通过无线电台用这些照片与指挥部讨论火灾情况等。

(1)瞭望塔全景照片的摄制

用一台装在经纬仪基座上的专用照相机,准确调平后,按方位角0°、45°、90°、

135°、180°、225°、270°、315°为中心分别向四周拍摄。冲洗成照片后，在照片上标记地物参考点的准确方位角和距离。再制成带有方位角和垂直角线构成方格的透明塑料膜，覆盖于照片上，装订成册。

（2）用瞭望塔全景照片确定着火地点

首先，把发生烟雾方向的照片与实际地段联系起来，用软铅笔在照片上标出火灾位置或烟雾目标。再把带格塑料膜覆盖在照片上。根据塑料膜上的水平角线测定着火地点的方位角，记录度和分；根据垂直角线测定着火点的垂直角，记录度和分。根据火点与参照物、参考点的距离进行估测。

3. 交叉定位法

在瞭望塔上用交叉定位法来确定森林火灾的方位和距离，需要由2～3个瞭望塔共同来完成。

具体做法是在发现火情后，邻近两个瞭望塔同时用罗盘仪观测起火地点，记录各自观测的方位，相互通报对方，并报告防火指挥部。防火指挥部根据测定的方位角，在地形图上就可以确定森林火灾发生的地点。

一般情况下，在瞭望塔上是用火灾定向定位仪和瞭望塔全景照片来确定火灾发生地点的。这两种方法互相补充，互相参照，同时使用，缺一不可。如果测定条件不具备或没把握，可用无线电台索取邻近两个瞭望塔测定的方位角，在地图上进行交叉定位。用3个瞭望塔测定的方位角在地图上交绘。可以得到着火点的准确位置。但如果方位角有误差，交绘后也会产生较大的地面偏差。

七、火情报告

快速而准确地向指挥部报告火情是瞭望员最重要的职责之一。瞭望观察时发现火情，应迅速测定火场位置，并填写火情报告表，核对无误后，立即向森林防火指挥部报告。

1. 火情初报

火情初报是首次发现森林火灾后向后方防火指挥部进行的火情报告。火情初步应报告下列内容：

（1）瞭望塔名称，瞭望员姓名。

（2）发现火情的时间（时、分、秒）。

（3）火情（烟雾）的位置即水平方位角、垂直角、到瞭望塔的水平距离。

（4）估测火的种类。

（5）火场的大小，烟雾基部两侧立位角及差角、烟雾基部宽度。烟雾基部宽度由公式：$2 \times 距离 \times \tan(差角/2)$ 求出。

（6）烟雾的特点包括颜色（浅灰、中灰、深灰、黑），烟型（大烟柱、小烟柱、散烟、断断续续），烟雾的状况（直上、高飘、低飘）。

（7）天气条件包括风向，风速，能见度。

（8）其他情况。

瞭望塔火情记录表除记载上述内容外，还需记录：发现火情的日期（年、月、日）；火情报送的单位；实际着火位置（方位角、垂直角、水平距离）；火灾实际面积和火的种类；火灾的扑救情况；火灾扑灭的日期和时间。

2. 补充报告

火情初报后，瞭望员对火灾的发展情况要继续进行观察，随时报告林火的移动方向，对飞火的产生情况等火灾形势以及风向风速的变化，同时记录各次报告的时间和内容要点。扑灭火灾后，要继续观察火场情况，如火复燃，须及时报告，随时准备回答指挥部询问的情况。

八、瞭望安全常识

（1）上塔前务必检查瞭望塔避雷系统的安全。检查所有导线的连接情况，确保不断路；检查各部连接点是否生锈，如有，应卸下除锈后重新紧固；检查接地线是否正确连接，并用摇表（兆欧表，即为了避免事故发生，用于测量各种点起的设备的绝缘电阻的兆欧级电阻表）测试导电性能，必要时需洒水，以保证避雷系统的安全作用。

（2）雷雨天要远离金属部件和导线，离开窗户和墙壁，不要使用电台和收音机，以防雷电击伤。

（3）严格遵守防火规定，在外不吸烟。并备有灭火工具。

（4）准备足够的常用和急救药品，以防生病和外伤感染。

（5）瞭望人员在任何时候均不得一人擅自外出采集山产品，外出时需两人以上，先请示，回来后要报告。采摘野菜、蘑菇时应特别小心，不认识的，千万不可冒险食用，以防中毒。

（6）通向瞭望塔的便道应加以清理，并做好明显标记。夜间上、下塔要带手电，大雾天气最好不要外出，以防迷路。

（7）在塔上工作时，人多不要动手打闹，更不要站在或坐在扶手外面，防止出现意外事故。

练习思考题

1. 名词解释

    森林防火瞭望塔　交叉定位法

2. 如何选择瞭望区？
3. 如何确定瞭望塔的密度？
4. 瞭望塔选址原则是什么？
5. 如何确定瞭望塔的高度？
6. 简述瞭望塔的结构和种类。
7. 简述瞭望塔建设标准。
8. 简述瞭望塔人员和设备的配备要求。
9. 详述瞭望塔业务准备工作内容。
10. 详述瞭望技术。
11. 详述火情判断的方法。
12. 简述火场定位3种方法。
13. 详述火情报告方法和内容。
14. 简述瞭望安全常识。

第三节 其他林火监测方法

【知识要点】
1. 基本概念：视频林火监测、航空巡护、卫星林火监测。
2. 视频林火监测的优点。
3. 航空巡护的任务。
4. 航空巡护的优缺点。
5. 卫星林火监测的特点。

本节主要介绍林火视频监测方法、航空巡护和卫星林火监测等3种林火监测方法。

一、视频林火监测

视频林火监测是指利用红外或可见光镜头对林区进行自动扫描，从扫描图像中实时自动识别林火并报警的林火监测方法。视频林火监测系统能够对森林火灾实施24h的实时自动监测，在第一时间内发现火情，实现了林火监测的自动化，减少了瞭望塔人工观测成本，已在我国得到了一定的应用和发展。

1. 视频林火监测的优点

（1）监测范围大

通过林区各制高点架设的全天候摄像机，对初发火情，做到及时发现、及时救护，监测范围广。

（2）全天候监测

能实现全天候工作，以保证在森林发生火灾时能第一时间把现场的图像传回指挥中心。指挥中心通过远程监测的画面指挥调度救火，最大限度地减小火灾造成的损失。

（3）人力投入少

相较于瞭望监测每塔都要配备3~4人的人员需求，视频林火监测无需人员值守，大大提高了工作效率，节约了人力成本。同时，视频林火监测系统还解决了一些偏远地区，瞭望人员上塔困难的问题。

（4）监测智能化

视频林火监测系统可进行烟火智能识别报警，对起火点的准确地理位置确定等功能，实现林火监测智能化。

2. 视频林火监测系统的组成

视频林火监测系统通常是由采集前端、传输端和显示端3部分组成。

（1）采集前端

采集前端主要由摄像机、镜头、室外一体化云台、防雨罩、供电系统（或电源），以及整个前端的避雷、铁塔和基础设施等组成。

摄像机安装在森林制高点，要求视野宽、无障碍、监测面积大。为了减少远距离图像的抖动，摄像机的安装也要确保牢固稳定。在选择摄像机时应关注其夜视监控功能以及透雾功能，保证夜间监测效果和林区雾气弥漫的情况下保证视距。镜头应选用日夜两用型大变焦范围的镜头,使单个摄像机监控范围尽量大,以减少摄像机设置数量,降低建设成本,减少野外维护工作量。云台选用螺杆传动的室外一体化云台,能进行360°转动扫描,旋转拍摄。

供电系统性能优劣直接决定监测前端系统的成败。常采用太阳能供电系统,最少要保证在阴雨天,能给每一个监测点的前端所有设备提供24h的电力。也可采用风光互补的方式,即风力发电与太阳能发电相结合的方式,当阳光不足时用风力发电进行供电。

(2)传输端

因林区地形条件很复杂,无法使用有线传输模式,视频林火监测系统使用电磁波中频率高、容量大、抗干扰性能好的微波进行图像传输。微波图像传输端由"图像发射/数据接收机"、发射天线、接收天线等发送设备,以及滤波放大器、卫星接收机、接收天线等接收设备组成。整个微波传输系统采用点对点传输。

(3)显示端(中心部分)

显示端用于显示采集前端获得的图像,同时也可结合森林火灾信息系统等连接。显示端能提供全面的、清晰的、可操作、可录制、可回放的现场实时图像。显示端由滤波放大器、卫星接收机、数传发射机、矩阵控制器、监视墙、硬盘录像机、主监视器、主/分控键盘等组成。数字硬盘录像机,能满足一幅画面同时观看多幅画面的需要,配有大容量硬盘,具有报警连动及人工录像网络传输功能。而森林火灾信息系统则能实现森林烟火智能识别和预警、根据云台返回的角度对森林烟火目标实现精确定位等。

二、航空巡护

航空巡护就是利用飞机沿一定的航线在林区上空巡逻,观测火情并及时报告基地和防火指挥部的森林火灾监测方法。

1. 航空巡护的任务

航空巡护主要用于人烟稀少、交通不便的偏远原始林区,即地面巡护和瞭望塔观察所不及的地区。其中重点是森林价值较大、火险等级较高、大火经常发生的地区。航空巡护对及时发现火情,详尽侦察火场起着极为重要的作用。航空巡护根据巡护任务的不同可分为一般巡护和特殊巡护。通常情况下,多采用一般巡护,执行一般巡护任务是固定翼飞机按规定航线可在9:00和13:00定点安排巡护,包括巡逻报警、侦察火场等飞行。特殊巡护一般在高火险天气或紧急情况出现时应用,包括循环巡护、直升飞机载人(专业森林消防队或森林部队)巡护飞行和升高瞭望等。

2. 巡护航线和时间的选择

受巡护飞机滞留空中时间有限的限制,航空巡护须选择最佳航线和最佳巡护时间。

(1)巡护航线

巡护航线是指巡护飞机在一定区域林区上空的飞行路线。为提高航空巡护的火情发现率,应根据当地森林火灾发生的特点和火险等级,机动灵活地选择最佳航线。选择航线的依据有3点:一是抓住关键地段和重点火险区,使航线在火险较高的区域通过;二是尽可能增加巡护面积,减少或消灭空白区域。巡护面积的大小,主要取决于航线的长度、形状、飞行高度及大气能见度;三是使飞机飞行时间短,火情发现率高,节约资金。对某一区域飞机巡护时间的长短,主要取决于飞机的巡航速度和大气能见度。航线长度主要根据飞机的性能来确定。航线的最大长度要小于飞机最大航程的80%，在保证完成巡护任务的前提下，应尽量缩短航线，避免无效飞行。

（2）巡护时间

巡护时间应根据林火发生发展的规律，抓住最佳时机，适时进行安排。选择最佳巡护时间时，一要加强关键时期，特别是防火戒严期的巡护飞行；二要在高火险时段12：00～15：00期间增加巡护飞行次数；三要根据林火预报，加强在高火险天气的巡护飞行。

3. 火情与火场的观察

（1）火情的观察

飞机进入航线后，飞行观察员必须集中精力，细心观察瞭望，在区别烟、雾、霾的同时，根据以下几种主要迹象正确判断火情的发生，并立即用无线电向防火部门报告。

① 无风天气，地面冲起很高一片烟雾。

② 有风天气，远处出现一条斜带状的烟雾。

③ 无云天空，突然发现一片白云横挂空中，而下部有烟雾连接地面。

④ 风较大，但能见度尚好的天气，突然发现霾层。

⑤ 干旱天气，突然发现蘑菇云。

（2）火场观察

巡护飞行发现火情后，飞机应低空侦察，在判断火场的概略位置后，前往火场观察处理。如果火场在国境线我国一侧的10km范围内，必须请示上级批准后再去观察；如同时发现多起林火，要本着先重点、后一般的原则，逐一观察处理。

火场观察时要确定火场的准确位置，勾绘火场区域图，观察火势和火的发展方向，判断风力和火场发展方向，判别火灾种类和主要被害树种，估算火场面积。

4. 航空巡护的优缺点

航空巡护的优点是巡护视野宽、机动性大、速度快，同时对火场周围及火势发展能做到全面观察，可及时采取有效控制措施。其缺点是受能见度、天气和时间的限制，在夜间、大风天气、阴天能见度较低时难以起飞。例如，侧风超过7级，固定翼飞机不能起飞进行巡护；侧风超过7级直升机不能起飞。航路云低（600m）、有雷电等都不能起飞巡护。航空护林飞机在日出30min后可以起飞，在日落前30min必须返场落地。租用的民用航空公司飞机日累计飞行不得超过8h，租用部队的飞机日累计飞行不得超过7h。受航线、时间的限制，一天只能对某一林区进行一次观察，如错过观察时机，当日的森林火灾就观察不到，容易酿成大灾，需要定点瞭望来弥补不足。

三、卫星林火监测

卫星林火监测，即利用人造卫星空间平台上的光谱传感器，获取地球地物的光谱图像，通过地面接收站接收，经过图像数据处理系统的增强处理，发现火点的森林火灾监测技术。

1. 卫星林火监测原理

具有一定温度的物体都会产生辐射。辐射波长包括可见光波段、红外波段和微波波段。把地面物体和火焰视为黑体，它的热辐射由自身温度决定而与物质的性质无关，而且物体温度越高，热辐射的峰值波长越短。因此，可根据卫星接收到的不同波长的辐射，来推算物体温度。由于森林火灾火焰的一般温度都在600℃以上，而林地植被的地表温度一般仅为20~30℃，甚至更低，与火焰有较大的反差，所以，在图像上可清晰地显示出来。

2. 卫星林火监测的特点

（1）节约时间及费用

从卫星上接收数据，到对数据进行加工、处理成图像，如果各终端站能够及时接收，整个过程不超过20min，其费用远远低于航空巡护和瞭望塔探火所需的费用。

（2）动态跟踪、直观方便

卫星林火监测系统在防火期内24h不间断地接收处理卫星轨道数据，发现热点及时通报相关防火部门进行核实，如反馈结果是林火，监测人员将对其进行连续跟踪监测，同时根据热点的大小、云烟方向判断林火的发展速度及蔓延趋势，为扑火前指提供科学、可靠的火情图像信息。

（3）观测范围广、时间频率高

卫星监测地面覆盖面积大，特别是对一些地处偏远、森林资源丰富的原始林区森林火灾的监测，弥补了地面监测的盲区，扩大了森林火灾监测的范围。

通过卫星监测，可以达到对全球任一地区一昼夜至少扫描4次，弥补了航空巡护每天一般只1次，瞭望塔夜间观测不方便的不足。

3. 卫星林火监测系统的组成

卫星林火监测系统的组成与视频林火监测系统类似，只是采集前端变成了存在于太空轨道上的卫星，传输端将卫星信号传输给地面卫星接收处理系统，显示端则为根据不同客户需求生成的各种图像和数据资料。

（1）林火监测卫星

目前用于林火探测的卫星主要为我国风云系列和美国国家海洋大气局的NOAA系列气象卫星。其他卫星数据也陆续在森林火灾监测中使用。

（2）地面卫星接收处理系统

目前，我国多地的森林防火部门已设立卫星林火监测接收站或终端站，已经形成了以国家林业局卫星林火监测处为中心，遍布全国各林区的卫星林火监测网。

练习思考题

1. 名词解释

视频林火监测　航空巡护　卫星林火监测

2. 简述视频林火监测的优点。
3. 简述航空巡护的任务。
4. 简述航空巡护的优缺点。
5. 简述卫星林火监测的特点。

第六章

火场定位与通信

本章主要介绍与火场定位有关的地图使用知识、定位设备使用方法和森林防火通信设备的使用。

第一节 地图

【知识要点】
1. 基本概念：地图、地形图、专业地图、经度、纬度、比例尺、图例、方位角、等高线、可燃物类型图、森林火险等级图、林相图、森林分布图、火场示意图。
2. 地形图上地貌判读的方法。
3. 地形图上高程判定的方法。
4. 地形图上坡度的计算。
5. 林相图的要素构成。
6. 林相图小班注记。
7. 林相图林班注记。

本节主要介绍地图的基本知识、地形图的使用方法以及森林防火中常用的专业图。

一、地图基本知识

1. 地图概述

地图是地球表面的缩写，是按照一定的数学法则，用特定的图式符号、颜色和文字注记，将地球表面的自然和社会现象，经过一定的制图综合测绘于平面图纸上的图。

地图的种类很多，分类方法也不一样。通常按其比例尺、内容、制图区域范围、用途和使用形式等标志划分。地图按其内容可分为普通地图和专业地图两大类。

（1）普通地图

普通地图就是人们常见的地图。它综合地反映地球表面地理景观的外貌，比较全面地表示自然条件、社会经济要素以及人们改造自然的成果。地形图就是普通地图的一种，也是森林消防员常用的地图之一。

（2）专业地图

专业地图又称"专门地图"或"主题地图"。它是以普通图为底图，着重表示某一个专业内容的地图，如森林防火工作常用的林相图、可燃物类型图等。

2. 地球概述

地球形状大体上是一个椭球体。其自然表面分布着高山、丘陵、平原、江河和湖海，高低起伏变化很大。在测量计算中，用一个长、短半径与地球的形状、大小极为接近的椭圆来代替它。

（1）纬度

地球表面某点铅垂线方向与赤道面间的夹角，即该点的纬度。以赤道为0°，向南、北至极点各90°。赤道以北为北纬，以南为南纬。

（2）经度

地面某点子午面与首子午线面间的夹角，即该点的经度。由首子午面起向东、西量度，各有0°~180°。在首子午面以东为东经，以西为西经。

3. 比例尺

地球表面面积很大，要把它展绘在平面图纸上，就必须缩小。缩小时，地图上的长度与相应实地长度必须保持一定比例关系，这种比例关系是两者之间的量算尺度，称为地图比例尺，即图上某线段的长与相应实地水平距离之比。

$$地图比例尺 = 图上长/相应实地水平距离$$

比例尺是一种没有单位的比值，因此，相比的两个量单位必须相同，单位不同不能比。地图比例尺的分子通常用1表示。以便了解地图缩小的倍数。如1:5万即缩小5万倍；1:10万即缩小10万倍。

地图比例尺的大小按比值大小来衡量，比值的大小可按比例尺分母确定，分母小则比值大，比例尺就大；分母大则比值小，比例尺就小。如1:2.5万大于1:5万大于1:10万。

地图比例尺通常绘注在地图廓的下方，其表示形式有以下3种。

①线段式　用图形加注记形式表示的比例尺（图6-1）。

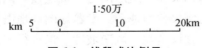

图6-1　线段式比例尺

②数学式　它是用比例式或分数式表示的。如1:5万或1/50 000。

③文字式　它是用文字叙述的形式加以说明的。如"百万分之一""二万五千分之一"或"图上1cm相当于实地500m"等。

森林消防员用的地图（地形图）的比例尺一般为1:5万。

4. 地图上的方向

一般地图，上北下南，左西右东。有指向地图，则根据指向标指向。经纬网图，经线定南北，纬线定东西。

5. 地图图例

地图图例（图6-2）是地图上表示地理事物的符号。它有助于用户更方便的使用地图、理解地图内容，是集中于地图一角或一侧的地图上各种符号和颜色所代表内容与指标的说明，有助于更好的认识地图。它具有双重任务，在编图时作为图解表示地图内容的准绳，用图时作为必不可少的阅读指南。图例应符合完备性和一致性的原则。地图符号一般包括各种大小、粗细、颜色不同的点、线、图形等。符号的设计要能表达地面景物的形状、大小和位置，而且还能反映出各种景物的质和量的特征，以及相互关系。因此，图例常设计成与实地景物轮廓相似的几何图形。

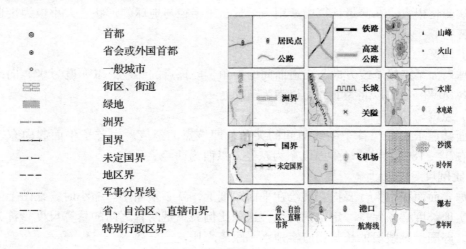

图6-2 地图的图例

二、地形图的使用

地形图是指比例尺大于1∶100万的着重表示地形的普通地图（根据经纬度进行分幅，常用有1∶100万，1∶50万，1∶25万，1∶15万，1∶10万，1∶5万等）。由于制图的区域范围比较小，因此能比较精确而详细地表示地面地貌水文、地形、土壤、植被等自然地理要素，以及居民点、交通线、境界线、工程建筑等社会经济要素。地形图根据地形测量或航摄资料绘制，误差和投影变形都极小。地形图是经济建设、国防建设和科学研究中不可缺少的工具；也是编制各种小比例尺普遍地图、专题地图和地图集的基础资料。森林消防员利用地形图可以确定方位角、判读地貌、测定坡度、确定行进路线等。

1. 确定方位角

方位角是地形图的数学要素之一。扑火队可根据方位角在现地判定方位、标定地图、指示目标以及保持行进方向等，方位角是从某点的指北方向线起，依顺时针方向到目标方向线之间的水平夹角。它用密位或度来表示。从某点坐标纵线起，依顺时针方向到目标方向线之间的水平夹角，称为该点的坐标方位角。图6-3中，从 B 点到 F 点的方位角即为正北方向的线段 BB' 与线段 BF 之间的夹角。

2. 地貌判读

地表面平坦高低起伏的自然状态称为地貌。地图上表示地貌的方法很多，主要有：等高线法、晕渲法、分层设色法、写景法以及组合法（如等高线加晕渲）等。其中，等高线法是地图中最重要、最常用的地貌表示方法，森林消防员应熟练掌握从该描述法中获取地貌信息的方法。下面介绍从该法表示的地图中获取地貌信息的方法。从其他表示方法的地图中获取地貌信息与此法相似，不再赘述。

（1）等高线表示地貌

等高线是地面上高程相等的各点连接而成的曲线。等高线法是现代地形图表示地貌的

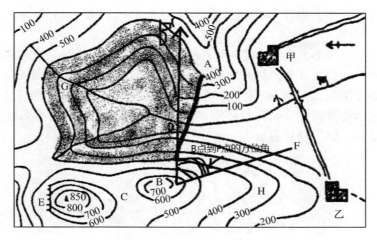

图 6-3　方位角判读

主要方法，虽然缺乏立体效果，但能科学地反映地面起伏形态及其特征，准确地测定地面点的高程和坡度；能判定山脉走向、地貌类型及微型地貌等（如小山顶、凹地、沟谷等）。

① 等高线表示地貌的方法。

② 等高线表示地貌的原理　假想把一个同地模型（图6-4），从底到顶，按相等的高度，一层层的水平切开，模型表面上便开成若干大小不同的，弯弯曲曲的截口线，由于同一截口线上各点的高程都相等，所以叫等高线。再把这些等高线垂直投影到平面上，就形成一圈套一圈的等高图。地图上用等高线表示实地的地貌状态，就是根据这个道理，将实地地形测绘到图纸上的。

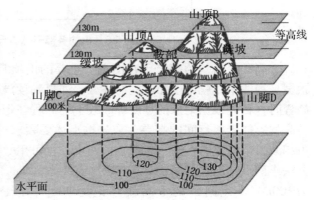

图 6-4　等高线地形图的绘制原理

③ 等高线表示地貌的特点　图上每一等高线都表示实地的一定高程，并自闭合，而且同一等高线上的各点都同高。在同一幅图上，等高线多，山就较高，等高线少，山就较低。在同一幅图上，等高线的间隔大，斜面较缓，间隔小，斜面较陡。等高线的弯曲形状和实地地貌的形状相似。等高距就是两等高线间的垂直距离。在1∶25 000 地图上，等高距规定为5m，在1∶50 000 的地图上，等高距为10m。

等高线依用途可分为：基本等高线（首曲线）、半距等高线（间曲线）、辅助等高线（助曲线）和计数等高线（计曲线）4种。

（2）等高线地貌判读

① 识别山的各部形态　图6-5给出了山顶、山脊、鞍部、山谷、陡崖等山的各部形态与等高线的关系，具体判读方法是：

山顶、凹地：山顶是图上等高线最小的环圈，环圈外常有示坡线（即与等高线垂直的短线）。如示坡线在环圈内，则表示为凹地。

山脊、山谷：在图上以山顶为准，等高线向外凸出的表示山脊，向内凹入的表示山谷。

鞍部：在图上，鞍部为表示山脊的等高线和表示山谷的等高线靠拢的地方。

斜面、防界线：斜面有等齐斜面、凸形斜面、凹形斜面和波菜斜面 4 种。防界线是斜面上凸出的倾斜变换线，它低于山脊线，在该线上能展望其下方的一部或全部斜面，故适于设置观察所和射击阵地等。此外，还有一些不能用等高线显示的变形地，如冲沟、光沟、断崖、绝壁等，则用符号表示。

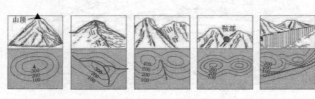

山顶	山脊	山谷	鞍部	陡崖
闭合曲线中心(点)	等高线向山脚突出(线)	等高线向山顶突出(线)	两个山顶之间低地(点)	等高线重合的地方(线)

图 6-5 山的各部形态与等高线的关系

②高程及高差的判定　在图上，重要的山顶常有高程注记，根据高程注记，就可以知道它的高程。如果判读没有注记的点的高程时，首先根据附近的点或等高线上的高程注记，推算出某点的高程。如求两点间的高差。首先按上述要领求得两点的高程，再相减得出高差。在同一斜面上的两点，也可用数等高线间隔的方法求两点的高差。图 6-6 中 B 点等高线为 100m，B 点的高程约为 100m，A 点附近的等高线注记为 300m，该图的等高距为 100m，则 A 点的高程估计为 350m，AB 两点的高差为两点高程之差，即 $350-100=250m$。

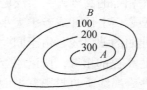

图 6-6 两点高程和高差的求算

③测定坡度　坡度是斜面对水平面倾斜的程度。量取坡度时，应以基本等高线的间隔为准，如果等高线的间隔相等时，一次可以量 2~3 个间隔，再把量得的宽度，拿到坡度尺上相应的间隔去比，但必须注意在图上量几十等高线间隔，在坡度尺上也要和几个间隔的线段相比，图 6-7 中，根据等高线计算，A、B 两点的垂直为 40m，两点的图上距离为 1cm，该地图的比例尺为 1∶1 万，则 AB

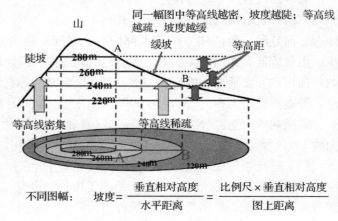

图 6-7 地图上的坡度计算

两点的实际水平距离为100m,所以,AB 两点之间的坡面角的正切为 40/100 = 0.4,则该坡度为 arctan(0.4)≈22°。

三、专业地图

森林防火或扑火指挥中涉及最多的是可燃物类型图和火险等级图。目前许多地方没有制作专门的可燃物类型图,往往用林相图替代。下面介绍这几种图。

1. 可燃物类型图

可燃物类型图是将整个管理区域的森林可燃物,按一定的方法进行类型划分后,将其在图上表现出来所形成的专业图。不同的可燃物类型用不同的颜色来表示。图 6-8 给出的是黑龙江省森林可燃物类型划分图。

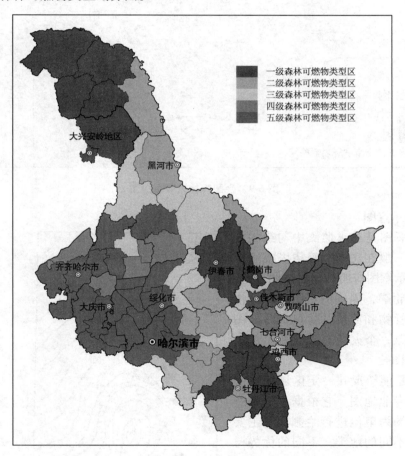

图 6-8 黑龙江省森林可燃物类型图

2. 森林火险等级图

森林火险是表征林火发生的可能性、发生后的火行为情况和扑救难易程度的指标。森林火险等级图是将某一地区的某一时刻或时期的森林火险用不同的颜色在图面上表现出来的专业图。图 6-9 给出的是 2016 年 4 月 23 日全国森林火险气象等级预报图,图中黄、橙、红分别表示较高、高和极高 3 个火险气象等级。

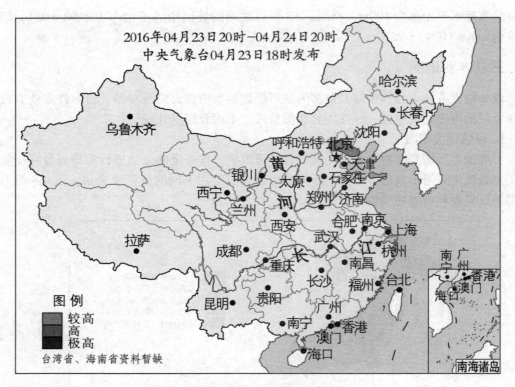

图 6-9 全国森林火险等级图

3. 火场示意图

火场示意图是林火监测中勾绘的火场位置图，一般在飞机、瞭望塔或地面进行。火场示意图应明确表明正北方向，火场的大致轮廓，周围的道路、河流情况，明显地标物和简单的比例尺等。图 6-10 给出了某一个火场的示意图。

4. 林相图

林相图是能够反映一定区域的不同林分特征的专业地图。它根据小班调查材料，以林场为单位进行绘制。它主要的特点是按不同的地类，不同的优势树种，不同的龄组、小班分别绘着不同的颜色。因此，林相图能清楚的反映整个林区的地物、地类及森林按优势树种及

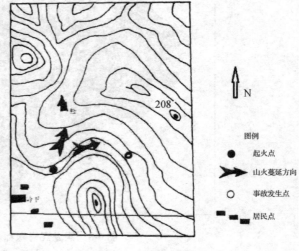

图 6-10 火场示意图

龄组的分布特征，也能清楚的反映各个小班的林分及土地生产力的特征。地类和各优势林分以不同的颜色表示。各优势林分的龄组以颜色的深浅表示，幼龄林较浅，中龄林稍深，近熟林、成熟、过熟林最深。图 6-11 给出了一个林场的林相图的示意图。以前许多地方没有制作专门的可燃物类型图，往往用林相图替代。森林消防员应熟悉林相图的使用。

林相图是以林场为成图单位,内容除表示自然地理及社会经济要素外,着重反映森林林分结构和各土地类型,综合显示林场的森林面貌。

林相图主要是为编制森林经营方案、总体规划设计、开发方案及确定经营措施和开发林业科研等提供图面资料。比例尺一般为 1∶25 000 或 1∶50 000。

林相图包括自然地理、社会经济、林业 3 大要素。林业要素包括林业区划、林相、林业机构。林业区划有林业局界、林场界、作业区(营林区界)、林班界、小班界。林相以《林业地图图式》中的林相色标为依据,以小班为单位,按树种组合并着色。林业机构有林业局、林场、管林段(工段)、木材检查站、楞场、贮木场、木材加工厂、机修厂、护林防火站、瞭望台、学校、医院等。

林相图中有林班注记和小班注记,给出林班和小班的信息。林班注记以粗等线体阿拉伯数码标注林班号(图6-11 右图)。有林地小班(除经济林、薪炭林、竹林)注记内容为小班号、起源、龄级、立地类型、郁闭度。起源分别以 T 和 R 代表天然林和人工林;龄级用罗马数字表示;立地类型用罗马数字表示;郁闭度用阿拉伯数字表示。采用分子式注记,分子为小班号、龄级,分母为立地类型、郁闭度,分子式右侧为起源(图6-11 右图)。疏林地小班注记内容为小班号和优势树种符号。经济林和竹林小班注记内容为小班号、树种或竹种符号,先小班号,后树种符号,一字形排列注记。薪炭林小班注记内容为小班号和林种符号。灌木林地、采伐迹地、火烧迹地、未成林造林地地域内均匀而稀疏地加绘相应的地类符号,面积较小的小班,至少也填绘一个符号。

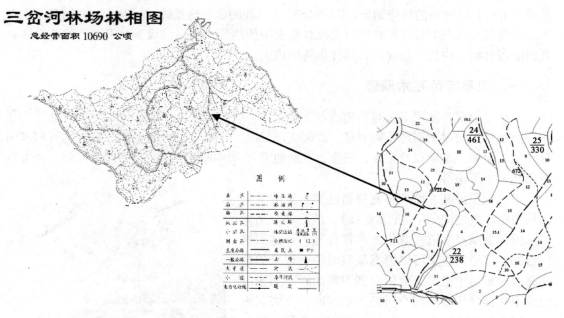

图 6-11　林相图示意图

练习思考题

1. 名词解释

地图　地形图　专业地图　经度　纬度　比例尺　图例　方位角　等高线　可燃物类型图　森林火险等级图　林相图　森林分布图　火场示意图

2. 如何从地形图上判读地貌？
3. 如何从地形图上判定高程？
4. 如何从地形图上计算坡度？
5. 简述林相图的要素构成。
6. 简述林相图小班的注记方法。
7. 简述林相图中林班的注记方法。

第二节　卫星定位设备

【知识要点】
1. 常用的卫星定位工具。
2. 定位设备在森林防火中的具体应用。

卫星定位设备是森林消防员的重要装备。目前常用的卫星定位设备有美国的全球定位系统（GPS）、俄罗斯的格络纳斯（GLONASS）、欧洲的伽利略系统（Galileo）和我国自主生产的北斗定位系统（BDS）等。我国目前森林防火中使用最多的定位设备是 GPS，北斗系统在我国的森林防火中也开始应用，且比例逐渐增大。

一、卫星定位基本原理

卫星定位就是使用卫星对某物进行准确定位。该技术可以保证在任意时刻，地球上任意一点都可以同时观测到 4 颗卫星，以便实现导航、定位、授时等功能。该技术可用来引导飞机、船舶、车辆以及个人，安全、准确地沿着选定的路线，准时到达目的地，还可以应用到手机等追寻。

卫星定位的基本原理是测量出已知位置的卫星到用户接收机之间的距离（图6-12），然后综合多颗卫星的数据就可知道接收机的具体位置。要达到这一目的，卫星的位置可以根据星载时钟所记录的时间在卫星星历中查出。而用户到卫星的距离则通过纪录卫星信号传播到用户所经历的时间，再将其乘以光速得到距离。由于大气层电离层的干扰，这一距离并不是用户与卫星之间的真实距离，而是伪距。

当卫星正常工作时，会不断地用 1 和 0 二进制

图 6-12　卫星定位导航系统原理示意图

码元组成的伪随机码(简称伪码)发射导航电文。定位系统使用的伪码一共有 2 种,分别是民用的 C/A 码和军用的 P(Y)码。C/A 码频率 1.023MHz,重复周期 1ms,码间距 1μs,相当于 300m;P 码频率 10.23MHz,重复周期 266.4d,码间距 0.1μs,相当于 30m。而 Y 码是在 P 码的基础上形成的,保密性能更佳。导航电文包括卫星星历、工作状况、时钟改正、电离层时延修正、大气折射修正等信息。它是从卫星信号中解调制出来,以 50b/s 调制在载频上发射的。导航电文每个主帧中包含 5 个子帧,每帧长 6s。前三帧各 10 个字码;每三十秒重复一次,每小时更新一次。后两帧共 15 000b。导航电文中的内容主要有遥测码、转换码、第 1、2、3 数据块,其中最重要的则为星历数据。当用户接收到导航电文时,提取出卫星时间并将其与自己的时钟做对比便可得知卫星与用户的距离,再利用导航电文中的卫星星历数据推算出卫星发射电文时所处位置,用户在 WGS - 84 大地坐标系中的位置速度等信息便可得知。

定位导航系统卫星部分的作用就是不断地发射导航电文。然而,由于用户接收机使用的时钟与卫星星载时钟不可能总是同步,所以除了用户的三维坐标 x、y、z 外,还要引进一个 Δt,即卫星与接收机之间的时间差作为未知数,然后用 4 个方程将这 4 个未知数解出来。所以如果想知道接收机所处的位置,至少要能接收到 4 个卫星的信号。

卫星定位导航系统的接收机可接收到可用于授时的准确至纳秒级的时间信息;用于预报未来几个月内卫星所处概略位置的预报星历;用于计算定位时所需卫星坐标的广播星历,精度为几米至几十米(各个卫星不同,随时变化);以及 GPS 系统信息,如卫星状况等。

接收机对码的量测就可得到卫星到接收机的距离,由于含有接收机卫星钟的误差及大气传播误差,故称为伪距。对 0A 码测得的伪距称为 UA 码伪距,精度约为 20m 左右,对 P 码测得的伪距称为 P 码伪距,精度约为 2m 左右。

接收机对收到的卫星信号,进行解码或采用其他技术,将调制在载波上的信息去掉后,就可以恢复载波。严格而言,载波相位应被称为载波拍频相位,它是收到的受多普勒频移影响的卫星信号载波相位与接收机本机振荡产生信号相位之差。一般在接收机钟确定的历元时刻量测,保持对卫星信号的跟踪,就可记录下相位的变化值,但开始观测时的接收机和卫星振荡器的相位初值是不知道的,起始历元的相位整数也是不知道的,即整周模糊度,只能在数据处理中作为参数解算。相位观测值的精度高至毫米,但前提是解出整周模糊度,因此只有在相对定位、并有一段连续观测值时才能使用相位观测值,而要达到优于米级的定位精度也只能采用相位观测值。

按定位方式,定位分为单点定位和相对定位(差分定位)。单点定位就是根据一台接收机的观测数据来确定接收机位置的方式,它只能采用伪距观测量,可用于车船等的概略导航定位。相对定位(差分定位)是根据两台以上接收机的观测数据来确定观测点之间的相对位置的方法,它既可采用伪距观测量也可采用相位观测量,大地测量或工程测量均应采用相位观测值进行相对定位。

在 GPS 观测量中包含了卫星和接收机的钟差、大气传播延迟、多路径效应等误差,在定位计算时还要受到卫星广播星历误差的影响,在进行相对定位时大部分公共误差被抵消或削弱,因此定位精度将大大提高,双频接收机可以根据两个频率的观测量抵消大气中电离层误差的主要部分,在精度要求高、接收机间距离较远时(大气有明显差别),应选用双频接收机。

二、定位设备在森林防火中的应用

目前在我国森林防火中使用的定位设备有 GPS 和北斗卫星定位系统。其中，GPS 系统是目前最常用的定位导航系统，民用型 GPS 定位仪（图 6-13）的单机精度一般为十几米到几米。森林消防员利用 GPS 可以进行定位、导航和测量等。下面以 GPS 为例，介绍定位设备在森林防火中的应用，其他定位设备也能实现同样的作用。

1. 定位

GPS 可以给出所在点的地理坐标，实现定位功能。只要将 GPS 赋以"定位"操作，在几分钟内 GPS 的显示屏就可以提供给用户一个所在位置的地理坐标。如果应用差分技术，如实时差分 DGPS 等，坐标位置精度可以达到厘米级。

扑火队员或飞机在执行扑火任务或巡护飞行时，经常会遇到发现新的火点的情况，可以利用 GPS "定位"功能及时将新火点的地理坐标（位置）测

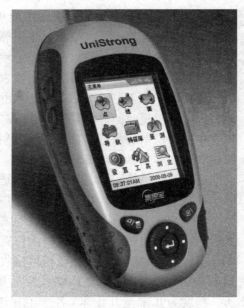

图 6-13　GPS 手持机（集思宝）

定出来，通知航站或指挥部以便及时部署新的扑火力量。还可以用 GPS 定位功能，沿火场边界火线定位并将各定位点数据存储，可以通过通信手段将数据报告指挥部，指挥部可以及时掌握火场动态，对于扑救战略的决策和扑火力量的部署都有重大的参考作用。

如果火场较大，在补救过程中需及时补给、燃油、机具等物资或需转移运出伤病人员，利用 GPS 的定位功能，可以准确提供待补给点或机降点的位置坐标，以便于运输机（车）尽快到达实施投放接送任务。

2. 导航

只要给出目的地的位置（坐标），GPS 就可给出从当前位置到目的地的行进路线，消防员就可按 GPS 的导引行进到目的地。在森林火灾扑救中，扑火队员获得火场坐标后，输入 GPS，即可用 GPS 引导到火场。如果这条航线从出发点到目的点（火场），途中需要乘一段汽车或在林内需涉水过河等，则应将这些下车点、浅滩点的地理坐标也作为这条航线中间的航路点，分别赋以航路点号并输入和贮存这些点号的地理坐标，从而形成一条完整的航线。该航线是指挥部根据地形资料等有关资料综合考虑所选择的最好路线，是理论上最佳的路线。

利用 GPS 导航功能，可以通过最短的路线，用最少的时间到达火场，在根本无路的茫茫林海复杂环境中能避免迷路，不走"弯路"，节约了时间，节省了扑火队员的体力。同时，GPS 实时提供导航信息，使行进中的扑火队员心中有数，为扑火队员创造了一个良好的心理环境，使其能集中精力以高昂的斗志投入到扑救林火的战斗中去。

扑火队员在行进中还可以利用通信工具将 GPS 显示的行进状况的各种信息及时报告给指挥部，便于指挥部及时掌握扑火队动态并能及时做出调整部署的计划和指令，掌握组织

领导和指挥扑救工作的主动。

在实施机降(或索降)灭火行动过程中，受地形条件等限制，飞机往往只能在距火点(火场)一定距离的地方降落或索降，机降或索降扑火队员受地形或距离限制，不能很快找到火点，这时，可利用事先输入的火点地理坐标与降落地点地理坐标(可以利用定位功能迅速测出)建立一条直达航线，利用 GPS 的导航功能指引扑火队用最快的速度抵达火场。当扑火队伍完成该火场的扑救任务后，给 GPS 导航功能以返航指令，GPS 可以将还原输入航线的所有航路点"翻转"并指引扑火队伍从最后一个航路点依次返回到出发地。

3. 测量

火灾损失调查中，火场面积调查是重要的任务之一。利用 GPS 的定位功能可完成火场面积的测量。对于面积不是过大的火场(不足 1000hm^2)，手持 GPS，沿火场周围走一遍，在转弯地方进行定位并存储数据，内业时将其所有航迹点调出并转绘到地图上，即可求得火场位置和面积。一些 GPS 还具备直接计算面积的功能，无需另行转绘。当火场内部有未燃部分时，可分别测量、标绘、计算。大的火场面积(大于 1000hm^2)可以预先分割为若干公里网格(或经纬度分值网格)，分成几组、分块独立测量后再综合绘制火灾位置和面积图。

练习思考题

1. 常用的卫星定位工具有哪些？
2. 简述卫星定位设备在森林防火中的具体应用。

第三节　火场通信设备

【知识要点】
1. 通信系统的组成。
2. 通信信号的传输方式。
3. 森林防火通信方式。
4. 森林防火常用的通信工具。
5. 对讲机的工作特点。

森林防火工作中，通信设备是不可缺少的装备，是各种信息传递的工具，在林火监测和扑救中极其重要。本节主要介绍扑火队员常用的通信设备。

一、通信基础知识

通信是把有价值的信息或消息从一个地方传递到另一个地方的过程。根据传递信息的线路或媒质不同，通信系统又分为利用导线(或光纤、光缆)完成信息传送的有线通信和利用无线电波(或光波)在空间传播来完成信息传送的无线通信 2 类。

1. 通信系统的组成

一个完整的通信系统由信源、信宿、发端设备、收端设备、信道及噪声源等几部分组成，如图 6-14 所示。

图 6-14　通信系统示意图

2. 信号的传播与频段

通信信号的传输方式分 2 种：以电磁波辐射的形式向空间传输，通过导线传输或通过含放大器的线路传输。不同的传输方式要选用不同的频率范围。可供通信选用的整个频率范围称为通信频谱，而按电能传播性能划分的若干频率范围，则称为频段。

根据通用的国际标准，可将频谱划分若干个频段类型，见表 6-1。

表 6-1　电磁波频谱分类表

波段名称		频率范围（Hz）	波长范围（m）	频段名称	应用范围（举例）
极长波		30~300	1000~10 000k	极低频 ELF	部分乐器和话音频率
		300~3000	100~1000k	音频 vF	话音频率的主要部分
超长波		3~30k	10~100k	甚低频 VLF	海岸潜艇通信，海上导航
长波		30~300k	1~10k	低频 LF	大气层、地下岩层通信，海上导航
中波		300~1500k	200~1k	中频 MF	广播，海上导航
短波		1.5~30M	10~200k	高额 HF	远距离短波通信，短波广播
超短波	米波	30~300M	1~10k	甚高频 VFIF	电离层散射通信，流星余迹通信，人造电离层通信，对大气层内、外的飞行体通信
	分米波	300~3000M	0.1~1k	超高频 UHF	中、小容量微波中继通信及对流层散射通信，分米波的高端也称为微波
微波	厘米波	3~30G	0.01~0.1k	特高频 SHF	大容量微波中继通信及数字通信、卫星通信
	毫米波	30~300G	0.001~0.01k	极高频 EHF	再入大气层时的通信、波导通信
激光		1000G 以上	0.0003k 以下		大气激光通信(10.6gnu)、光纤通信

3. 森林防火通信方式

森林防火通信分无线通信和有线通信 2 种方式。无线通信根据无线电波的波长和频率可分为短波通信、超短波通信和微波通信。根据信道中继方式又可划分为气球通信、卫星通信、地面中继接力通信等。根据传递的信息形式可分为声音、数字、图表文字等。目前扑火队员使用最多的工具是对讲机，其次还有手机、电台、卫星电话等。

二、常用火场通信设备

1. 对讲机

对讲机（图6-15）是一种双向移动通信工具。对讲机在没有任何网络支持的情况下，就可以通话，没有话费产生，适用于相对固定且频繁通话的场合，也适用于固定范围内的移动通信。对讲机提供一对一、一对多的通话方式，一按就说，操作简单，令沟通更自由，特别在紧急调度和集体协作工作的情况下，这些特点非常重要。

无线对讲机是森林防火中保证及时通信，准确调度和保持紧密联系的工具。对讲机的"自动联系"功能可为各对讲机之间自动保持联系，一旦超出通信范围，对讲机还能自动发出声音提醒工作人员以免失去联系，在森林防火工作中起重要作用。

对讲机为正在执行任务的扑火队员等单独工作环境下的使用者提供安全保障。对讲机要求方便易用，音质洪亮清晰，通话距离远（开阔地可达6km），性能稳定可靠，并且具有防水、防尘、抗震、抗摔等性能。

对讲机是森林消防员最常用的通信工具，应熟练掌握其使用。

图 6-15　对讲机图片　　　　　　图 6-16　车载台
（艾可幕 IC – V80E）

2. 车载台

车载台（图6-16）是既可以安装在汽车上，又可以安装在室内，由车上电源或室内电源供电和使用车上天线或外部天线的无线电对讲机。车载台的功率不小于10W，一般为25W。VHF的车载台最大功率为56W、UHF的为50W，有个别车载台在频段的功率达到75W。车载台其电源为13.8V，因为车载对讲机发射功率较大，所以通话距离比常规手持对讲机要远的很多。通信距离可达到20km以上，在无线通信网络中，通过中转台通信距离明显增大，可达数十千米。车载台是森林防火中重要的通信设备，常用于指挥车中或瞭望塔上。

3. 卫星电话

卫星电话（图6-17）通过国际公用电话网和卫星网连通实现通信。其通信不受高山等地形条件影响，具有覆盖面广的特点。森林火灾的发生地多在山高路远、交通与通信不便的地区，移动电话信号系统往往没有覆盖。此时，只有使用卫星电话才能进行通信。通过卫星电话可进行语音通信，还可向森林防火指挥机构传输图片和视频图像、进行视频电话等。

4. 移动指挥台（背负式对讲机）

背负式对讲机（图6-18）由车载台、大容量锂电池组集成而成，用镁铝合金背架和防雨背包集成为一体，通信距离远，工作时间长，机动性强，广泛应用于通信移动组网中的中继需求，无需安装架设开机即可使用。适用于扑火指挥的超短波远距离移动通信终端。

图6-17 海事卫星电话

图6-18 移动指挥台（背负式对讲机）

练习思考题

1. 简述通信系统的组成。
2. 简述通信信号的传输方式。
3. 简述森林防火通信方式。
4. 森林防火常用的通信工具有哪些？其功能是什么？
5. 简述对讲机的工作特点。

第七章
森林火灾扑救

我国森林防火的方针是"预防为主，积极消灭"。积极消灭是指森林火灾一旦发生，各级人民政府和有关部门必须把握战机，采取各种措施，有效扑救森林火灾，做到"打早、打小、打了"，最大限度地减少人员伤亡和财产损失。本章介绍森林火灾扑救的原理、方法和技术、森林火灾扑救的工具和扑火安全知识。

第一节 森林火灾扑救原理、原则和程序

【知识要点】
1. 森林火灾扑救原理。
2. 扑火的基本原则。
3. 森林火灾扑救的程序。

本节介绍扑救森林火灾的基本原理、原则、程序等。

一、森林火灾扑救原理

森林燃烧需要具备3个条件：森林可燃物、氧气和火源。这三者构成燃烧三要素，缺少其中一个，燃烧就会停止。扑救森林火灾就是破坏其中至少一个要素而使火熄灭。因此，灭火的基本原理有3条：隔离可燃物、隔绝空气、降低温度。

1. 隔离可燃物

通过人工、机械、爆破、洒水等措施使燃烧的可燃物与未燃的可燃物分开，使火熄灭。例如，开设防火线、挖防火沟、利用索状炸药炸出生土带、利用飞机或水车洒水、洒化学阻火剂、泡沫灭火剂等都起到了隔离可燃物的作用。

2. 隔绝空气

通过隔绝燃烧所需要的氧气来阻止火势的发展和蔓延。

当空气中氧的浓度低于14%~18%时，燃烧现象就会停止。用土覆盖、用化学灭火剂（化学灭火剂受热分解，产生不燃性气体，使空气中氧气浓度下降，从而使火窒息）、泡沫灭火剂等都是利用此原理灭火。

3. 降低温度

采用降温的办法使燃烧停止。例如：喷洒水、覆盖湿土等都降低了可燃物的温度。

二、森林火灾扑救原则

扑火基本原则是："三打"，即"打早、打小、打了"。还要注意科学扑救，以人为本。

"打早"是前提,指扑火行动快;"打小"是核心,抓住初发火易扑救的有利时机,将火消灭在最小范围内;"打了"是目的,就是迅速将火扑灭,并彻底清除余火。

为了更好地贯彻"三打"原则,还应做到"三早""两快"和"两做到"。

1. "三早"

(1) 早准备

首先要做好扑救森林火灾的思想准备,组织好扑火队伍,同时还要做好各类扑火工具、通信工具、运输车辆等准备工作。

(2) 早发现

瞭望台、值勤点、巡逻哨等必须严密监视火情。在防火戒严时期,要增加巡逻密度,一旦发现火情,立即报告。

(3) 早上人

发现火情,扑火队伍应立即出动,迅速赶到火场扑救。

在防火期间,各林区白天应准备一定数量的扑火队伍和运输工具,发现火情,马上出发,不贻误打火时机。

2. "两快"

(1) 领导上得快

接到火情报告,不管是小火、大火、远火或近火,当地主要领导应迅速带领扑火队奔赴火场,亲临火场第一线指挥扑火。

(2) 扑火行动快

扑火队伍到达火场后,要迅速明确任务并投入扑火战斗,力争在最短的时间内将火扑灭。

3. "两做到"

(1) 力争做到小火不过夜,即小火、初发火在不超过第二天早 8:00 前扑灭。

(2) 对大火应做到在低火险时段结束前予以扑灭。通常,夜间风速小,火势弱,是扑灭森林火灾的良好时机。

4. 科学扑救,以人为本

要求森林火灾扑救中时刻以人的生命安全作为第一要务,不能以牺牲生命为代价去扑火。因此,扑救中要充分考虑天气条件、火行为等,不能盲目扑火,不能死打硬拼。

三、森林火灾扑救程序(过程)

根据扑救森林火灾过程,森林火灾扑救程序可分为 5 个阶段:

1. 准备阶段

准备阶段是从接到火情报告开始,直到扑火队伍到达火场,开始进行扑火之前这一阶段。

该阶段主要任务是制订扑火方案和调动扑火队伍。

扑火方案有 2 种:一是每年在防火期之前制定的扑火预案;二是火情发生后,防火指挥部根据当时的火情及可燃物、气象等条件,参考扑火预案,临时制订的扑火实施方案。然后调动扑火队伍。扑火指挥员根据扑火实施方案集结、调动扑火力量(扑火队伍、扑火机具、交通运输工具、通信设备等)和赶赴火场。

2. 扑火阶段

扑火阶段是从扑火开始，直到把整个火场火线全部扑灭，火线不再向外扩展蔓延为止的阶段。

该阶段首先应选择合适的扑火路线。路线的选择主要考虑扑火安全。要从火尾接近火场，不要直接扑打火头。不要从山上向山下打火。不要从窄谷、三面环山的山谷、鞍部接近火场。

扑火队伍到达火场后，根据火场面积和火势大小，集中力量封锁火头，限制火的发展，把火控制在一定范围内。如果火场面积已经很大，或者火势很大，应该扑打火翼，逐渐逼近火头，降低火势，直至将火线全部扑灭。

3. 消灭余火阶段

火场控制后，要及时、彻底地消灭火场内的余火，即清理火场，此时为消灭余火阶段。

清理火场必须十分重视，做到"三分扑，七分清"。明火扑灭后，应安排参加扑火30%力量投入清理火场。对原始林和采伐迹地的火场，清理力量可增加到50%。若火场面积大，应动员林区职工参加清理和看守火场。

4. 看守火场阶段

火灾扑灭后，要留下部分人员看守火场，此阶段为看守火场阶段。该阶段中，发现余火立即消灭，并定时在火场周围巡逻。两三天后没有火情，方可撤离火场。

5. 撤离火场阶段

撤离火场阶段为从验收火场开始，直到全部扑火人员从火场返回原地为止。森林火灾扑灭后，在扑火队伍撤离之前，扑火指挥员要再次赶赴火场，检查火场是否已经达到"三无"，即无火、无烟、无气。当指挥员验收合格后，扑火队伍才能全部撤离火场。

练习思考题

1. 简述森林火灾扑救原理。
2. 扑火的基本原则是什么，如何实现？
3. 森林火灾扑救的程序有哪些？

第二节 森林火灾扑救方法

【知识要点】

1. 基本概念：直接灭火、间接灭火、风力灭火机、点迎面火、机降灭火、索降灭火。
2. 森林火灾扑救方法分类。
3. 森林火灾扑救的常用方法。
4. 机降灭火和索降灭火的应用范围、优点。
5. 火场清理方法。
6. 地表火的扑救方法。
7. 地下火的扑救方法。
8. 树冠火的扑救方法。

一、森林火灾扑救方法的分类

扑救森林火灾的方法根据不同的属性可分为不同的类型。常用的分类有以下 4 种，在实际工作中根据具体需要具体采用。

1. 根据扑火队员是否直接扑打火焰的方法分类

根据扑火队员是否直接扑打火焰可分为直接灭火和间接灭火两种方式。直接灭火是扑火队员用灭火工具，或利用消防车、飞机等大型灭火设备直接扑救森林火灾。这一方式中，与火线直接接触的手工具直接灭火法只适用于中、弱度火的扑救。飞机等大型机具可扑救高强度火。间接灭火指扑火队员或消防机具不直接接触火，而是通过开设防火隔离带等措施间接扑灭森林火灾的方法。间接灭火方法主要用于火强度大，火场产生大量热和烟，人或消防机具不能接近火线的火灾扑救。

2. 根据扑救森林火灾时消灭火焰所用灭火介质的方法分类

根据扑救森林火灾时消灭火焰所用得灭火介质，森林火灾扑救方法可分成 8 种：手工扑打法、水灭火法、风灭火法、土灭火法、爆炸灭火法、化学灭火法、以火灭火法、隔离带法。其中手工扑打法、水灭火法、风灭火法、土灭火法、爆炸灭火法、化学灭火法为直接灭火法；以火灭火法、隔离带法为间接灭火法。

3. 根据扑火使用的工具、机具的动力性的方法分类

根据扑火使用的工具、机具的动力性，扑救森林火灾的方法可分为手持工具机具灭火法、大型机械灭火法、飞机灭火法 3 种。其中，手持机具工具灭火法主要是森林消防员用扑打工具、风力灭火机、各种水枪、水泵等进行灭火的方法。大型机械灭火法包括使用森林消防车灭火、利用推土机、开带机等大型灭火机具进行灭火的方法。飞机灭火法主要指人工增雨灭火法、飞机洒水洒药灭火、飞机载人灭火等。

4. 根据扑火作业的空间位置的方法分类

根据扑火作业的空间位置，扑救森林火灾的方法可分为地面灭火法和空中灭火法。地面灭火法指扑火队员、扑救机具、车辆等森林火灾扑救资源从地面向火场移动，在地面上扑救火线的灭火方法。空中灭火法指扑火队员、扑救机具、车辆等森林火灾扑救资源从空中向火场移动，在地面或空中向火线开展灭火作业的灭火方法。

5. 不同分类方法之间的比较

森林火灾扑救方法种类有限，从不同角度观测得到不同的结果，不同分类体系的方法之间有关联交叉，如直接扑打法、风力灭火法也属于手持机具工具灭火法，也是地面灭火法的一部分，具体的联系情况见表 7-1。

表 7-1　各种森林火灾扑救方法的分类比较

常用扑火方法	分类属性			
	是否直接接触火焰	灭火介质	扑火动力性	作业位置
二号工具、三号工具、扑火拍等灭火	直接灭火法	扑打法	手持工具机具灭火法	地面灭火
水枪、高压细水雾灭火机、脉冲枪灭火	直接灭火法	水灭火法	手持工具机具灭火法	地面灭火

(续)

常用扑火方法	分类属性			
	是否直接接触火焰	灭火介质	扑火动力性	作业位置
水泵灭火	直接灭火法	水灭火法	手持工具机具灭火法	地面灭火
消防车灭火	直接灭火法	水灭火法	大型机械灭火法	地面灭火
飞机洒水灭火	间接灭火法	水灭火法	飞机灭火法	空中灭火
人工增雨灭火	间接灭火法	水灭火法	飞机灭火法	空中灭火
风力灭火机灭火	直接灭火法	风灭火法	手持工具机具灭火法	地面灭火
人工洒土灭火	直接灭火法	土灭火法	手持工具机具灭火法	地面灭火
洒土车灭火	直接灭火法	土灭火法	大型机械灭火法	地面灭火
索状炸药、灭火弹灭火	直接灭火法	爆炸灭火法	手持工具机具灭火法	地面灭火
地表化学灭火	直接灭火法	化学灭火	手持工具机具灭火法	地面灭火
飞机洒药灭火	间接灭火法	化学灭火	飞机灭火法	空中灭火
以火灭火法	间接灭火法	以火灭火法	手持工具机具灭火法	地面灭火
人工开始隔离带、隔离沟	间接灭火法	隔离带法	手持工具机具灭火法	地面灭火
推土机、开带机开设隔离带	间接灭火法	隔离带法	大型机械灭火法	地面灭火
飞机载人灭火	兼有	兼有	兼有	空中灭火

二、森林火灾扑救方法介绍

1. 直接灭火法

直接灭火法共有6种方法。

（1）扑打法

扑火队员使用树条、二号工具等直接扑打火线。这种方法适用于扑打中、弱度的地表火。

（2）土灭火法

扑火队员利用铁锹或各种喷土机械将土覆盖在火线上，使火与空气隔绝，从而使火窒息。

这种方法适用于枯枝落叶层较厚、森林杂乱物较多的地方，特别是林地土壤结构较疏松，如砂土或砂壤土等。

以湿土灭火会同时有降低温度和隔绝空气的作用，其优点是就地取材，效果较好。在清理火场时用土埋法熄灭余火，防止"死灰"复燃也十分有效。土灭火法常用的工具和机械有手工工具（铁锹、铁镐）、喷土枪、推土机等。

（3）水灭火法

扑火队员利用水龙带、水枪、水车等工机具将水喷洒在火线上，实现灭火的方法。

水是普遍而廉价的灭火剂。在自然界中水源非常丰富，如河流、湖泊、水库、贮水池等。用水灭火效果较好，它可以缩短灭火时间，而且没有任何污染，它既可以直接熄灭火焰，又可以防止火的复燃。

水灭火根据喷洒水方式分为地面喷洒，用水枪、轻型水泵和各种载水消防车洒水灭火；空中喷洒，用飞机悬挂盛水容器或飞机直接载水灭火。

喷洒水灭火要解决水源、运载机具、喷洒机具、道路等问题。

洒水灭火应注意，扑火时要将水流对准火焰中心，充分发挥水灭火的最大效能，节约用水，防止浪费。用水灭火时，要从立脚点开始向四周喷水，不能只对准火线喷水，这样可以保证扑火人员的安全。为控制火头，或为保护村屯、建筑物或其他经济价值较高的地点就可采用喷水阻火法。为了提高水的灭火效果，有效地控制林火的蔓延，常在水中加入添加剂，使其充分发挥灭火性能。

（4）风力灭火法

风力灭火法是利用风力灭火机产生的强风，把可燃物燃烧释放出来的热量吹走，切断可燃性气体，使火熄灭的一种灭火法。一般只能扑灭弱度和中度地表火，而不能扑灭暗火和树冠火。

一台风力灭火机相当于25～30名灭火人员用手工工具的灭火效能。多年的扑火实践证明，风力灭火机不但是扑灭森林火灾的有效工具，也是计划烧除时控制火蔓延的有效工具。

（5）爆炸灭火法

爆炸灭火的原理是：爆炸可消耗大量氧气，使燃烧处空气中的氧气含量降低；爆炸时的气波可以产生比风力灭火机还要大的冲击力，炸起来的沙、石、土可覆盖可燃物，使其与空气隔绝；爆炸后形成的土坑、土沟，可以破坏森林可燃物的连续性。

爆炸灭火方法有以下几种方法：

① 穴状爆炸　穴状爆炸是每隔2～3m挖一个深20～30cm的坑，每个坑埋炸药300～600g，通电爆炸后，形成3～4m宽的生土带，并产生气浪，将火扑灭。

② 索状炸药　将炸药放入一定尺寸（通常直径40～50mm，长10～20m）的聚乙烯管中，制成索状炸药。然后，根据灭火需要，将数根索状炸药连接起来，放在火头前方一定距离处，并将电雷管用胶布或油绳拴在索状炸药一端。电雷管引出线再连接在一定长度的胶质导线上，两根导线分别接在起爆器的正负极上，待火头靠近时引爆，这样瞬间即可形成3～4m宽的隔离带，将火头扑灭或使火势大为减弱。索状炸药具有高效快速的特点，一个雷管可引爆几百米至几千米的索状炸药。实践证明，在我国南北方均可使用索状炸药来扑灭森林火灾。但是，使用人员必须进行严格培训，按操作规程使用才行。

③ 手投干粉灭火弹　手投干粉灭火弹是采用钠盐干粉灭火剂，制成灭火弹。引爆后抛撒干粉，在一定空间形成高浓度的粉雾，充分发挥干粉的灭火效能，瞬间即可灭火。常用的有DMS型干粉灭火弹。

（6）化学灭火法

化学灭火法利用化学药剂进行消灭或阻滞火灾蔓延。其优点是，灭火速度快，效果好，复燃率小，可用于直接扑灭地表火，树冠火和地下火等，用于开设防火隔离带。缺点是会给环境造成一定程度的污染。

① 常用化学灭火剂

磷铵类灭火剂：磷酸二氢铵（MPP）、磷酸氢二铵（DAP）、磷酸铵和聚磷酸铵

（APP）等。

硫酸铵类灭火剂：硫酸铵为白色或微带黄色的结晶，易溶于水，不溶于醇类。受热时发生热分解反应。

混合型灭火剂：以硫酸铵与磷酸铵混合为主剂的森林灭火药剂。以硫酸铵和磷酸铵为主剂的森林灭火剂，有某种程度的协合效应，从而提高了灭火剂的灭火效率，又降低了药剂成本和对金属的腐蚀作用。

卤化物类森林灭火剂：分为无机卤化物和有机卤化物两大类。常用的无机卤化物 $CaCl_2$、NH_4Cl、$MgCl_2$、$ZnCl_2$ 等。常见的有机卤化物如氟里昂、海龙等。

泡沫灭火剂：在水中加入发泡剂，如蛋白朊和合成发泡剂。泡沫可黏附在可燃物上，形成薄膜隔绝层，隔绝空气和热量，使火焰窒息。

烟雾灭火剂：主要指分散在空气中的固体分子团或小颗粒和液态小水滴。

干粉灭火剂：钾盐和尿素的热合成产物，如国产的钠盐干粉。

② 化学灭火剂的使用方法

用飞机喷洒化学灭火剂：主要有 2 种方式，一是倾倒式的喷洒，用于直接灭火；另一种是喷洒隔火带阻截林火的蔓延。

使用地面机具喷洒：使用森林消防车、灭火器等喷洒。

③ 化学灭火剂注意事项　化学灭火剂一般都具有一定的毒性，如大量使用，对森林环境产生一定的影响，对空气、水源产生一定污染，必须考虑灭火剂使用后的负面效应。

因某些药剂有毒，在使用时碰到皮肤上，会刺激皮肤，可能产生"发烫"感觉，必须十分注意安全。

2. 间接灭火法

（1）阻隔法

阻隔法可以分成隔离带法和防火沟法两种。

① 隔离带法　在草地或枯枝落叶较多的林地内发生地表火或树冠火火灾，蔓延迅速，扑火队员难以靠近火线直接扑救，可在火头蔓延的前方，在火头到来之前开设好隔离带，阻止火灾的蔓延。隔离带一般应为生土带。开设时可用锹、镐、铲等掘土，也可用投弹爆破，把土掀开，还可使用拖拉机开设生土带，或伐开树木、灌丛等，以阻止树冠火的蔓延。根据火灾蔓延的速度和扑火人员前进的速度在火头前方选好适当的位置，开设隔离带。为了保护大片森林，可利用自然道路、河流、湿的林中空地等有利条件，将树木伐开，把截下的树头、枝桠及可燃物尽可能推到河里或转移到安全地带。如果来不及，可将这些可燃物堆放到着火的一面。隔离带的宽度一般要为树高的 2 倍以上。此外，还可采用化学隔离带，在火头前方选择合适的距离，用飞机喷洒或人工喷洒化学灭火剂，建立隔离带，以达到阻火灭火的目的。

我国北部、东北部边境线上，多属草原森林交错分布区，风力大，地势平坦，火源传播距离远。根据当地多年的防火经验，边境（草原地带）防火隔离带开设宽度至少 100m，才能够较好地阻隔 6 级风以下的火，个别重点地段加宽到 300m 才能起到阻火、防火功能。林缘防火隔离带开设宽度 60m，林内防火隔离带开设宽度 30m，一般情况下能够较好地阻隔稳进地表火，但在大风天气条件下，特别是形成树冠火后，防火隔离带的阻火功能将基本丧失。

我国南方地形复杂，山高谷深，坡度大。一旦发生森林火灾，上山火蔓延速度快，易形成树冠火，扑火队员难以跟着火线扑打。受山谷强风影响，易发生飞火，易造成人员伤亡。所以，南方森林火灾的扑救以间接灭火为主，多使用隔离带法，在火头前方足够的距离处开始防火隔离带来阻隔控制火灾的蔓延。

② 防火沟法　这是阻止地下火蔓延的一种方法。在有腐殖质和泥炭层的地方发生地下火，可用挖沟法进行阻火。沟口宽为1m，防火沟底部宽度应大于0.5m。沟深取决于泥炭层和腐殖质的厚度。一般低于泥炭层0.5m，这样才能起到阻火作用。挖沟的腐殖质和泥炭要放在防火沟的迎火一面。有条件的地方还可以往沟内注水，阻火效果更好。当燃烧腐殖质或泥炭的地下火沿着可燃物蔓延到阻火沟，由于切断了可燃物的连续性，达到了阻火的目的。

一般用锹、镐和开沟机挖掘防火沟。使用开沟机挖掘防火沟效率高，质量好，适合于浅山农林交错地区开设防火隔离沟。

（2）点迎面火法

在火头前方一定位置，火场产生逆风时点火，使火烧向火场方向，当两个火头相遇时，火即熄灭。这种扑火方法称为点迎面火法，也称为以火攻火。

当大火逼近或遇到猛烈的树冠火，人力难以扑救，又来不及开防火线时，可采用点迎面火的方法，在火前进的方向，要注意选择安全地带和利用有利地形，利用河流、道路作为控制线，或利用生土带、化学灭火剂浇成的湿润带及火烧防火线作为控制线，当火场有逆风产生后，在火头前头点火，火便向火头方向蔓延，两个火头相接近时形成很大的气旋，火势很猛，两个火头相遇后，由于氧气迅速减少，火便立即熄灭，如果火场上逆风尚未形成，过早或过晚的点迎面火都会产生相反的效果，而且对在控制线上扑火人员有很大的危险性，应特别注意。

在利用迎面火法时，最好利用河流、道路等作为依托。如果火场上逆风尚未形成，过早点火，火不会烧向火场，而向前蔓延，达不到灭火的目的，反而会使火场扩大。如果逆风形成很久才点火，由于距离主火头很近，对点火人员有很大的危险。

3. 飞机载人灭火法

飞机载人灭火是利用飞机将扑火队员快速运送到火场附近，投放的扑火队员单独或与其他地面扑火队相配合扑救森林火灾的方法。根据队员从中到达地面的方式，飞机载人灭火分为机降灭火、索降灭火两种。

（1）机降灭火

机降灭火，是指利用直升机能够在野外起飞与降落的特点，将扑火人员、机具和装备及时送往火场扑火的方法。

机降灭火有4个优势。一是行动快，可以用最快的速度，在最短的时间内将扑火队员送到火场，是"打早、打小、打了"的最好体现；二是灵活机动，扑火队员乘坐直升机到达火场，可以越高山、跨河流，不受地面条件的限制；三是可以进行空中观察，对火场概况有一个直观、全面的了解，使扑火方案更加科学合理；四是减少扑火队员的体力消耗，增强战斗力，保证扑火队员将旺盛的精力投入到实战中，快速扑灭森林火灾。

机降灭火主要应用范围是：交通不便的林区火场；人烟稀少的偏远林区火场；初发阶段的林火及小面积火场；因某种原因扑火人员不能迅速到达的火场。

机降灭火一般的装备配备是：电台1部；对讲机3部；扑火机6~8台；水枪4~6支；组合工具4~6套；油锯3台；点火器3个。

森林消防员到达地面后的行动与地面灭火一样。森林消防员在行动中要服从指挥员的指挥，并注意下列安全事项：登机时，服从命令，听从指挥，系好帽带，从飞机左前方按序登机。登机后，不得随意走动，不乱摸、乱动机舱内设备。不准吸烟。遇到特殊情况时，服从机组人员指挥。离机时，没有指挥员命令，不得擅自行动。离机后，在飞机左前方20 m处集结。登、离机时，均不得靠近尾翼。在野外乘小型直升机时，应低姿接近和离开飞机。坡地登机时，要从低处接近飞机；离机时，向低处离去。

（2）索降灭火

索降灭火是指利用直升飞机空中悬停，使用索降器材把人或扑火装备迅速从飞机上输送到地面，实施扑火的一种方法。它能够弥补机降扑火的不足，具有接近火场快、机动性强、受地形影响小等特点，主要用于扑救没有机降场地、交通不便的偏远林区的林火。索降灭火能够充分发挥直升机突击性强的空中优势，在最短的时间内将扑火队员输送到火场，及时投入扑火战斗。对于完成急、难、险、重和特殊地形条件下的突击性任务，具有重要的意义。

索降灭火具有下列优点：一是接近火场快。主要用于交通条件差和没有机降条件的火场，在这种地形条件下利用索降布兵，扑火人员可以迅速接近火线进行扑火。二是机动性强。对小火场及初发阶段的林火可采取索降直接扑火。当火场面积大，索降队不能独立完成扑火任务时，索降队可以先期到达火场开设直升机降落场，为大队伍进入火场创造机降条件。当火场面积大、地形复杂时，可在不能进行机降的地带进行索降，配合机降扑火。当大火场的特殊地域发生复燃火，因受地形影响不能进行机降，地面队伍又不能及时赶到复燃地域时，可利用索降对其采取必要的措施。三是受地形影响小。机降扑火对野外机降条件要求较高，面积、坡度、地理环境等对机降扑火都会产生较大的影响。而索降灭火在地形条件较复杂的情况下仍能进行索降作业。

索降灭火的主要任务：对小火场、雷击火和林火初发阶段的火场采取快速有效的扑火手段；在大火场，可以为大队伍迅速进入火场进行机降扑火创造条件；配合地面队伍扑火；配合机降扑火。

索降灭火主要用于扑救偏远、无路、林密、火场周围没有机降条件的森林火灾和完成特殊地形和其他特殊条件下的突击性任务。

索降装备主要由速控器、安全背带、绳索等组成。扑火或训练时，根据使用设施的不同，可以分为机械索降和器材索降。机械索降是指利用直升机上所配备的绞车，将人员或物资输送至地面扑火；器材索降，则是指索降队员利用索降器材，由直升机上沿绳索依靠自身的重力降至地面实施扑火。

索降灭火时，要根据索降灭火实际需要确定索降队员的数量。主要由指挥员、扑火队员、报务员、油锯手等人组成。分组编排次序：1号队员为索降指挥员，2号为报务员，3号为货袋员，4号为油锯手，5、6号为索降队员，也可以结合自己的实际情况编排组织，以便在有限的时间内有次序、有条不紊地实施索降灭火。

在执行索降任务时，索降队员要注意下列安全事项：索降队员必须经过严格训练，熟悉索降程序，掌握索降灭火的基本知识。执行索降任务的索降队员，要听从索降指挥员、机械师的指挥,在指定位置坐好,确保飞机空中悬停平稳。没有索降指挥员、机械师的指令不许靠近机舱门。索降队员(即1号索降队员)索降着陆后,应注意侦察其他队员的索降作业,发现问题,及时用对讲机向索降指挥员报告或发出正确的手势信号,并负责解脱货袋索钩。熟练掌握规定的手势信号,做出正确的手势动作。索降队员在索上时,应保持与悬停的飞机相对垂直,挂好索钩,避免起吊时身体摆动。

三、火场清理方法

火场清理是森林火灾扑救的重要程序之一。只有做好火场清理,才能将火场中余火全部消灭,杜绝复燃隐患。

清理火场必须十分重视,做到"三分扑,七分清"。明火扑灭后,应安排参加扑火30%力量投入清理火场。对原始林和采伐迹地的火场,清理力量可增加到50%。若火场面积大,应动员林区职工参加清理和看守火场。

清理火场的重点是火场下风头,清理范围距火场边缘50m,它是余火复燃最危险的地段。此外,载量超过$10t/hm^2$的细小可燃物地段、站杆及倒木等重型可燃物多的地段也是清理重点。正在燃烧的站杆必须用油锯放倒处理。

对于可燃物较多,易发生余火复燃地段,应用风力灭火机沿火场边缘将可燃物吹向火烧迹地,或用耙子、铁锹往火场内方向刨出2m宽生土隔离带,并达到沿火线至火烧迹地内30~50m处无明火、无暗火、无烟。

由于暗火(隐燃火)可在地下枯树根里、泥炭层、空中腐朽木、站杆、活树的死枝或树洞里燃烧,还可能通过飞火落在火场外的站杆、倒木上,扑火队员应采用余火巡检仪等探火设备仔细巡查,彻底清理。

清理火场如遇无水地段,可采用土埋法。如果就近水源充足,应采用水车、水泵、灭火水枪取水清理火场。对可燃物积聚深厚,易有隐燃余火,复燃性大的地方,最好用水浇或用土埋。

四、不同类型森林火灾的扑救方法

1. 地表火扑救方法

(1)地表火按蔓延速度分类

地表火按蔓延速度可划分为两种类型,即急进地表火和稳进地表火。

① 急进地表火 急进地表火主要发生在近期天气较干旱、温度较高、风力在四级以上的天气条件下。多发生在宽大的草塘、疏林地和丘陵山区,火场形状多为长条形和椭圆形。其特点是:火强度高,烟雾大,蔓延速度快,火场烟雾很快被风吹散,很难形成对流柱。急进地表火的蔓延速度为4~8km/h,火从林地瞬间而过,因此,在燃烧条件不充足的地方不发生燃烧,常常出现"花脸",对林木的危害较轻。急进地表火很容易造成重大或特大森林火灾,扑救困难。

② 稳进地表火 稳进地表火的发生条件与发生急进地表火相反,近期降水量正常或偏多,温度正常或偏低,风小,这种林火多发生在四级风以下的天气。稳进地表火火强度低,蔓延速率不超过4km/h,大火场火头常出现对流柱,火场形状多为环形。稳进地表火燃烧充分对森林的破坏性较大,容易扑救。

最常用的为轻型灭火机具扑救地表火，即利用灭火机、水枪、二号工具等进行灭火。

(2) 扑救方法

① 顺风扑打低强度火　顺风扑打火焰高度1.5m以下的低强度火时，可组织4个灭火机手沿火线顺风灭火。灭火时，一号灭火机手向前行进的同时，把火线边缘和火焰根部的细小可燃物吹进火线的内侧，灭火机手与火线的距离为1.5m左右；二号灭火机手要位于一号灭火机手后2m处，与火线的距离为1m左右，吹走正在燃烧的细小可燃物，这时火的强度会明显降低；三号灭火机手要对明显降低强度的火线进行彻底消灭；三号灭火机手与二号灭火机手的前后距离为2m，与火线的距离为0.5m左右；四号灭火机手在后面扑打余火并对火线进行巩固性灭火，防止火线复燃。

② 顶风扑打低强度火　顶风扑打火焰高度1.5m以下的低强度火时，一号灭火机手从突破火线处一侧沿火线向前灭火，灭火机的风筒与火线成45°，这时，二号灭火机手要迅速到一号灭火机手前方5~10m处，用与一号灭火机手同样的灭火方法向前灭火，三号灭火机手要迅速到二号灭火机手前方5~10m处向前灭火。每一个灭火机手将自己与前方灭火机手之间的火线明火扑灭后，要迅速到最前方的灭火机手前方5~10m处继续灭火，灭火机手之间要相互交替向前灭火。在灭火组和清理组之间，要有一个灭火机手扑打余火，并对火线进行巩固性灭火。

③ 扑打中强度火　扑打火焰高度在1.5~2m的中强度火时，一号灭火机手要用灭火机的最大风力沿火线灭火，二、三号灭火机手要迅速到一号灭火机手前方5~10m处，二号灭火机手回头灭火，迅速与一号灭火机手会合，三号灭火机手向前灭火。当一、二号灭火机手会合后，要迅速到三号灭火机手前方5~10m处灭火，一号灭火机手回头灭火与三号灭火机手迅速会合，这时二号灭火机手要向前灭火，依次交替灭火。四号灭火机手要跟在后面扑打余火，并沿火线进行巩固性灭火，必要时替换其他灭火机手。

④ 多机配合扑打中强度火　扑打火焰高度在2~2.5m的中强度火时，可采取多机配合扑火，集中3台灭火机沿火线向前灭火的同时，3个灭火机手要做到：同步、合力、同点。同步是指同样的灭火速度，合力是指同时使用多台灭火机来增加风力，同点是指几台灭火机同时吹在同一点上。后面留一个灭火机手扑打余火并沿火线进行巩固性灭火。在灭火机和兵力充足时，可组织几个灭火组进行交替扑火。

⑤ 灭火机与水枪配合扑打中强度火　扑打火焰高度在2.5~3m的中强度火时，可组织3~4台灭火机和2支水枪配合扑火。首先，由水枪手顺火线向火的底部射水2~3次后，要迅速撤离火线。这时，3名灭火机手要抓住火强度降低的有利战机迅速接近火线向前灭火，当扑灭一段火线后，火强度再次增高时灭火机手要迅速撤离火线。水枪手再次射水，灭火机手再次灭火，依次交替进行灭火。四号灭火机手在后面扑打余火，并对火线进行巩固性灭火，必要时替换其他灭火机手。

2. 树冠火扑救方法

树冠火多发生在干旱、高温、大风天气条件下的针叶林内，树冠火立体燃烧，火强度大，蔓延速度快，对森林的破坏严重。按蔓延速度，树冠火可分为急进树冠火和稳进树冠火两种，按其燃烧特征又可划分为连续型树冠火和间歇型树冠火。

急进树冠火(狂燃火)，在强风的作用下，火焰在树冠上跳跃式蔓延，其蔓延速度为8~25km/h，扑救困难；稳进树冠火(遍燃火)的蔓延速度为5~8km/h。

连续型树冠火能够在树冠上连续蔓延，而间歇型树冠火在森林郁闭度小或遇到耐火树种时降至地表燃烧，当森林郁闭度大时又上升至树冠燃烧。

(1) 扑救方法

① 利用自然依托扑救树冠火　在自然依托内侧伐倒树木点放迎面火灭火。伐倒树木的宽度应根据自然依托的宽度而定，依托宽度及伐倒树木的宽相加应达到 50m 以上。

② 伐倒树木扑救树冠火　在没有可利用的灭火自然依托时，可以伐倒树木灭火。采取此方法灭火时，伐倒树木的宽度要达到 50m 以上。然后，用飞机或森林消防车向这条隔离带内喷洒化学药剂或水，如果条件允许也可在隔离带内建立喷灌带。伐倒树木的方法主要有 2 种，一是用油锯伐倒树木；二是用索状炸药炸倒树木。

③ 用推土机扑救树冠火　在有条件的火场，可以用推土机开设隔离带灭火。开设隔离带的方法，可按推土机扑救地下火和用推土机阻隔灭火的方法组织和实施。

④ 点地表火扑救树冠火　在没有其他灭火条件时，选择森林郁闭度小，适合手工具开设阻火线的地带，开设一条阻火线，等到日落后，沿手工具灭火线内侧点放地表火。

⑤ 选择疏林地扑救树冠火　在树冠火蔓延前方选择疏林地或大草塘灭火，在这种条件下可采取以下几种方法灭火。

当树冠火在夜间到达疏林地，林火下降到地面变为地表火时，按扑救地表火的方法进行灭火。如有水泵或森林消防车，也可在白天灭火。

建立各种阻火线灭火：建立推土机阻火线灭火、建立手工具阻火线灭火、利用索状炸药开设阻火线灭火、利用森林消防车开设阻火线灭火、利用水泵阻火线灭火、飞机喷洒化学药剂阻火线灭火。

(2) 注意事项

① 时刻观察，防止发生飞火和火爆。

② 抓住和利用一切可利用的时机和条件灭火。

③ 时刻观察周围环境和火势。

④ 要在夜间点放迎面火。

⑤ 在实施各种间接灭火机手段时，应建立避险区。

3. 地下火扑救方法

地下火的蔓延速度虽然缓慢，但扑救十分困难。扑救地下火除人工开设隔离沟灭火方法，还可利用森林消防车、水泵、人工增雨、推土机和索状炸药等进行灭火。

(1) 利用森林消防车扑救地下火

目前，用于扑救地下火的森林消防车常用的主要有 2 种：我国生产的 804 森林消防车和经改装的 NA-140 森林消防车。

① 森林消防车的主要性能　804 森林消防车最高车速为 55km/h，载水量为 1.5~2t，爬坡 32°，侧斜 25°，最大行程 450km，水陆两用；NA-140 森林消防车最高车速为 55km/h，载水量为 1.5~2t，爬坡 45°，侧斜 35°，最大行程 500km，水陆两用。

② 用森林消防车实施灭火　在地形平均坡度小于 35°，取水工作半径小于 5km 的火场或火场的部分区域，可利用森林消防车对地下火进行灭火作业。在实施灭火作业时，森林消防车要沿火线外侧向腐殖层下垂直注水。操作时，水枪手应在森林消防车的侧后方，跟进徒步呈"Z"字形向腐殖层下注水灭火。此时，森林消防车的行驶速度应控制在 2km/h

以下。

(2) 利用水泵扑救地下火

水泵灭火,是在火场附近的水源架设水泵,向火场铺设水带,并用水枪喷水灭火的一种方法。

① 水泵的主要技术性能　单泵输水距离随地形坡度而变化,坡度在15°以下时可输水3000m左右,坡度在15°～30°时可输水2500m左右,坡度在30°以上时可输水2000m左右,单泵输水量为18t/h左右。

② 用水泵实施灭火　火场内、外的水源与火线的距离不超过2.5km,地形的坡度在45°以下时,可利用水泵扑救地下火。如果火场面积较大,可在火场的不同方位多找几处水源,架设水泵,向火场铺设涂胶水带接上"Y"形分水器,然后在"Y"形分水器的2个出水口上分别接上渗水带和水枪。使用渗水带可防止水带接近火场时被火烧坏漏水。两个水枪手在火线上要兵分两路,向不同的方向沿火线外侧向腐殖层下呈"Z"字形注水,对火场实施合围。当与对进灭火的队伍会合后,应将两支队伍的水带末端相互连接在一起,并在每根水带的连接处安装喷灌头,使整个水带线形成一条喷灌的"降雨带",为扑灭的火线增加水分,确保被扑灭的火线不发生复燃火;当对进灭火的队伍不是用水泵灭火时,应在自己的水带末端用断水钳卡住水带使其不漏水,然后,在每根水带的连接处安装喷灌头;当火线较长,火场离水源较远,水压及水量不足时,可利用不同架设水泵的方法加以解决。

(3) 利用推土机扑救地下火

在交通及地形条件允许的火场,可使用推土机扑救地下火。在使用推土机实施阻隔灭火时,首先应有定位员在火线外侧选择开设阻火线路线。选择路线时,要避开密林和大树,并沿选择的路线做出明显的标记,以便推土机手沿标记的路线开设阻火线。开设阻火线时,推土机要大小搭配使用,小机在前,大机在后,前后配合开设阻火线,并把所有的可燃物全部清除到阻火线外侧,以防在完成开设任务后,沿阻火线点放迎面火时增加火线边缘的火强度,延长燃烧时间,出现"飞火"越过阻火线造成跑火。利用推土机开设阻火线时,其宽度应不少于3m,深度要达到泥炭层以下。

(4) 利用索状炸药扑救地下火

利用索状炸药扑救地下火,是目前在我国扑救地下火中速度最快,效果最好的方法之一。在使用索状炸药扑救地下火时,可按照爆破灭火中扑救地下火时的使用方法实施。

(5) 人工扑救地下火

人工扑救地下火时,要调动足够的兵力对火场形成重兵合围,在火线外侧围绕火场挖出一条1.5m左右宽度的隔离带,深度要挖到土层,彻底清除可燃物,切不可把泥炭层当作黑土层,把挖出的可燃物全部放到隔离带的外侧。在开设隔离带时,不能留有"空地",挖出隔离带后,要沿隔离带的内侧点放迎面火烧除未燃物。

在兵力不足时,可暂时放弃火场的次要一线,集中优势兵力在火场的主要一线开设隔离带,完成主要一线的隔离带后,再把兵力调到次要的一线进行灭火。

以上各种灭火技术,可在火场单独使用,在地形条件较复杂的大火场可根据火场的实际情况,采取多种灭火技术合成灭火。

练习思考题

1. 名词解释

   直接灭火　间接灭火　风力灭火机　点迎面火　机降灭火　索降灭火
2. 论述森林火灾扑救方法的分类体系。
3. 详述森林火灾扑救的常用方法。
4. 简述机降灭火和索降灭火的应用范围、优点。
5. 详述火场清理方法。
6. 详述地表火的扑救方法。
7. 详述地下火的扑救方法。
8. 详述树冠火的扑救方法。

第三节　森林火灾扑救工具与机具

【知识要点】

1. 基本概念：二号工具、三号工具、风力灭火机、点火器。
2. 森林火灾扑救工具和机具的分类。
3. 直接灭火工具、机具种类。
4. 间接灭火工具、机具种类。
5. 以水灭火的特点。
6. 以水灭火的机具种类和维护方法。
7. 风力灭火机的原理、组成和维护方法。
8. 森林消防水泵灭火的特点。
9. 点火器的种类和维护方法。
10. 森林火灾扑救中油锯的作用和维护方法。
11. 森林火灾扑救中割灌机的作用和维护方法。

森林火灾扑救工具和机具按其性能和用途可分为2类：一类是直接灭火工具和机具；另一类是间接灭火工具和机具。常用的直接灭火工具和机具有手工扑打灭火的二号工具、三号工具、扑火拍、灭火水枪、高压细水雾灭火机、脉冲枪、水泵、风力灭火机、森林消防车、灭火飞机等。常用的间接灭火工具和机具有防火锹、防火镐、防火斧、手锯、油锯、割灌机、点火器、推土机、开带机等。这些工具、机具用于开设隔离带、清理余火、点迎面火等。在扑火机具中，森林消防车、推土机、开带机、灭火飞机属于大型灭火机具，操作这些机具需要专门的技能，与一般森林消防员关系不大。本节主要介绍一般森林消防员在森林火灾扑救中使用的灭火手工具、机具的性能特点和一般维护知识。具体工具的使用和保养详见相应的技能训练。

一、直接灭火工具、机具

1. 直接灭火手工具

（1）二号工具

"二号工具"是黑龙江省大兴安岭地区为了与一号工具区别开，将它命名为"二号工具"，即用汽车废旧轮胎的里层，剪成长度80~100cm、宽度2~3cm、厚度0.12~0.15cm的橡胶条20~30根，用铆钉或铁丝固定在长1.5m左右，统一直径3.5cm左右的木棒或硬塑料管材上制成（图7-1）。橡胶条的强度好，韧性强，适合在高温条件下作业。这种工具成本较低，携带方便，经济实用。

图7-1　二号工具

（2）三号工具

"三号工具"的工具杆由拍体、弹簧和握柄组成（图7-2）。拍体选用直径2.5cm×150cm铁管制作，头部由28根软钢丝绳制作。工具杆上部和中部带有握柄，使用时防滑、舒适。拍头连接处为2mm厚钢板一次冲压成型，钢丝绳尺寸为3.0mm×600mm，钢丝内包有油绳，储存时可防止钢丝生锈。钢丝头附有锣帽，可防止钢丝开岔。

"三号工具"的特点是整把工具由铁质材料制成，耐用性好，安全性高，类似二号工具可扑打地表火、地下火等，其钢丝拍头拍打沉重有力，可翻起地表的枯枝烂叶，一定程度防止地下火阴燃。

图7-2　三号工具

2. 手持以水灭火机具

（1）以水灭火机具的特点

在森林消防作业中，以水灭火占有重要地位。但分析国情，许多林区尚比较贫困，防火经费投入很有限，在众多的喷水灭火工具中，灭火水枪是较为理想的灭火工具，这种工具具有以下多种用途和优点。

① 扑灭明火效果良好　对大火虽然无效，但比树枝、二号工具等拍打型工具要高出一等，可以扑灭一人身高以下火势中等的火线，在扑火中打头阵。在没有大型喷水灭火工具，在没有风力灭火机和不适合风力灭火机灭火的地方，如大型可燃物、多枝梗灌木、过厚的可燃物等，使用风力灭火只会越吹越旺，可使用灭火水枪打头，让二号工具、树枝在后扑打残火和清理火场。在山地水源缺乏时，不能全靠用水灭火而主要用它来压低火势，把水用到关键的地方。

② 用来配合其他工具扑火　如用它把树枝、二号工具喷湿，增加它们的灭火效果，压低火势，配合风机灭火，喷湿风机手，增加他们在扑火中的安全系数等。

③ 用来彻底清理火场。

④ 在以火攻火中用来控制用火　使用灭火水枪控制用火十分灵便，而且性能可靠，效果良好。

⑤ 为扑火人员解渴　如果水袋背装的是洁净的清水，可解决扑火人员因强体力劳动

而产生的强烈的口渴。

⑥ 携带方便　因水枪结构简单、体轻（水枪部分不足0.5kg，总重只有2kg左右，背提兼可）。不装水不用时，背在身上不影响在火场承担其他扑火任务。背水袋是多用袋，在不装水时可兼作背装其他扑火用品的背袋。

⑦ 大型喷水灭火机械不可缺少的替补接力工具　如当大型水车受环境条件限制，不能靠近火线时，则必须靠人力背水，用水枪来接力替代喷水灭火。

⑧ 购置价格和使用成本低，在经济上占有绝对优势　一套灭火水枪价格，只是风力灭火机的1/10左右。

鉴于灭火水枪具有以上用途和优点，它是继风力灭火机后应用前景最好的一种扑火工具。

（2）常见的以水灭火机具

① 水袋式往复灭火水枪　水袋式往复灭火水枪由外背囊水袋、连接水管、枪体和包装背包组成（图7-3）。采用整套铝合金枪体，优质全铜制造电镀处理，前后有注塑握柄，光洁度好，抗酸碱，抗腐蚀，润滑度强。配有单喷头或者三喷头及帆布水囊，外有迷彩防水布料制成的水袋。水泵自重<0.5kg，整套水枪全重<2.8kg。最佳灭火距离2~8m，最远射程13m，水袋存水量不少于20kg，空载摩擦阻力2.8N，使用寿命达25 000个使用周期（不更换密封圈）。

图7-3　水袋式往复灭火水枪

水袋式往复灭火水枪的盛水布袋内有拉筋，袋口设有防溢装置，加水后袋口会自动封闭，外袋盛放帆布水囊（内袋）用，所使用布料里外均进行防水处理，可免除在装水过程中溢出的水沾湿队员的衣裤。连接管采用双向卡扣式，拆卸自如，背袋上还增加了3条背带，可把整个外袋捆在背上，防止晃动，安全性好。

水袋式往复灭火水枪主要用于扑灭森林火灾初发时期的低强度地表火线、清理火场及打烧防火线时控制用。使用背囊式往复式灭火水枪来配合其他工具扑火，如用它把树枝、二号工具喷湿，可大大增加灭火效果。如和风力灭火机配合灭火，灭火效率将增加数倍。在胶袋内按比例加入灭火剂，灭火效果更为理想。

② 背桶式往复灭火水枪　背桶式往复灭火水枪由水桶、连接水管、枪体组成（图7-4）。水桶采用优质PPC塑料制作而成，具有抗摔击不破碎、防冻化等特点。连接管采用双向卡扣式，拆卸自如。枪头为直接旋转式喷头，可直射、雾射、散射。喷头前后推拉能连续出水，可达到灭火不间断的效果。

背桶式往复灭火水枪的枪体采用优质全铜制造电镀处理，枪管前后有注塑握柄，光洁度好，抗酸碱，抗腐蚀，润滑度强。最大喷程>8m，最佳灭火距离>2m，直射11~13m，散射8~10m，雾射4~5m，最佳喷射距离2~5m。

③ 电动灭火水枪　电动灭火水枪由电动锂电池、充电器、枪体、连接管、水箱组成（图7-5）。充电10h后能连续使用8h以上。射程10~15m，容量不少于16L，自重7kg，耐压，不同极性部件与外壳之间可经受1000N的压力。喷头有直线及淋雾状2种喷射方法，经人体化设计后背着比较舒适。

第七章 森林火灾扑救

图7-4　WDDQ-02型背桶式往复灭火水枪

图7-5　电动灭火水枪

④ 脉冲枪　脉冲枪全名是脉冲气压喷雾水枪（图7-6）。其原理是以少量的水（也可以在水中加入水成膜发泡剂或阻燃剂）作为灭火介质，以压缩空气为动力，用雾化吸热、隔绝氧气、脉冲冲击等方法实施灭火的装备。该装备具有灭火速度快、耗水少、效率高、水渍损失小、操作简便、机动灵活等特点。

图7-6　QWMB12型背负式脉冲气压喷雾水枪

图7-7　高压细水雾灭火机

⑤ 高压细水雾灭火机　高压细水雾灭火机是采用专业设备，在最小设计工作压力下产生距喷嘴1m处的平面上、雾滴累积分布Dv0.99＜300μm的水雾。高压细水雾的主要灭火机理是快速冷却、局部窒息。细水雾遇火后迅速汽化，体积可迅速膨胀1700～5800倍，吸收大量的热，使燃烧表面温度迅速降低；同时，水汽化后形成水蒸气，将燃烧区域整体包围和覆盖，使燃烧因缺氧而窒息。高压细水雾灭火机就是能够产生高压细水雾并利用其灭火的机具（图7-7）。

(3) 以水灭火机具的一般维护

① 水枪的维护　尽可能使用洁净或含泥沙量少的水。避免泥沙对水枪的损坏。水枪拉动感觉费力时，可在内管外表涂抹少许润滑油。往复拉动几次即可正常使用。电动水枪要注意电池的电量，不使用时，将电池取出。

② 脉冲枪的维护　应保持装备外表清洁干燥，使用完毕后用清洁软布或棉纱擦拭干净。贮气瓶充气时严格按操作规程操作。贮气瓶要定期检查，如发现其外面的碳纤维有断裂严禁使用。使用时注意压力表的指示，发现压力自行降低应检查有无泄漏。必要时应请专业部门检测双路减压器。如不经常使用，最好每3个月进行一次射击操作，当发现进水阀不容易拉动时，可慢慢转动外套即可正常操作。

③ 高压细水雾灭火机　灭火机应按规定水平放置在干燥、通风、少灰尘的地方，气温不低于4℃。维护人员应每天对灭火机进行检查，主要检查：外观是否有碰伤变形、机械损坏等；高压胶管和连接软管外表面应无龟裂；汽油机的排气管口不应堵塞，散热窗内不应有异物等；水箱水量应充足。在寒冷季节，每次使用后，要完全清干高压胶管、连接软管和喷枪内的水。灭火机一旦发生故障，应请专业人员进行检修或送到指定维修点进行维修，非专业人员禁止拆卸。

3. 森林消防水泵

水泵是把原动机的机械能变为液体能量从而达到抽送液体目的的机器，是一种用来移动液体、气体或特殊流体介质的装置，森林消防水泵能将水从低处移动到高处，从而实现以水灭火的目的。

（1）森林消防水泵灭火的特点

森林消防水泵灭火是利用火场附近水源，通过架设水泵、连接管带、水枪等设备实施灭火的方法。水泵灭火具有以下特点：

① 扑救速度快，清理效果好，达到一次性彻底消灭的目的　在扑救2005年内蒙古满归"7·29"和黑龙江黑河"10·2"森林火灾中，参战的武警森林部队大量使用了水泵灭火技术，水泵分队负责的火线都是一次性扑救作业、一次性彻底扑灭。

② 兵力投入少，扑救质量高，有效防止复燃　常规方法扑救高强度地表火、树冠火和地下火难度大、风险高，采用水泵灭火则具有灭火时间短、投入人力少、安全系数高的优势。如地下火的清理十分困难。在常规灭火中，一般采取开设防火隔离带实施阻火，且人力投入多，扑救时间慢，取得的效果不明显。利用水泵可以直接扑救地下火，既彻底又迅速，有效阻止火势发展。在扑救2004年"6·22"内蒙古大兴安岭北部原始林区火灾中，武警内蒙古森林总队大兴安岭支队水泵分队采取多泵连接的办法，在坡度为30°以上的山坡上铺设管线，把水输送到火线实施直接灭火，仅出动200人就扑灭了近4000hm^2的原始林区大火。

③ 有效射程远，安全系数高　灭火队员可以在距火头较远的距离灭火（水泵射程在25m左右），避免了人员直接灭火的安全隐患。

④ 适用范围广　水泵不但在北方适用，在南方林区也得到了广泛的应用。武警云南森林总队在扑救2005年"1·4"丽江、"5·17"玉溪森林火灾中，在平均海拔3200m、平均坡度45°以上的高山林区，成功地运用了水泵串并联技术，在较短的时间内迅速控制了火势。

⑤ 不足　水泵作业受水源、地形、植被等限制较大。

（2）常见的森林消防水泵

① FYR–PAK背负式森林消防水泵　FYR–PAK背负式森林消防水泵（图7-8）是一种重量轻，方便携带并具有可调节背架的离心泵，重量仅为14.9kg。该水泵可从消火栓、接力泵、野外等多种方式取水，可将水输送到消防车等大型设备输送不到的地点，特别适用于各种山地灭火作战。

FYR–PAK背负式森林消防泵包括反冲式手拉启动器、消音器、超速保护装置、引水泵和引水泵阀等部件。发动机采用820系

图7-8　FYR–PAK背负式森林消防泵

列 POWER BEE 单缸两冲程汽油机,排量 134mL,功率 7000r/min(8 马力),燃油混合比 24:1,油耗 3.8L/h(最大工况),冷却方式为强制风冷,长×宽×高为 730mm×410mm×330mm。

② WICK-250 型手提式高压森林消防泵 WICK-250 型手提式高压森林消防泵(图7-9)整体结构紧凑,重量轻、功率高、便于携带,是森林防火良好机具。水泵的外形尺寸为 400mm×335mm×350mm,最大流量 20m³/h,重量 13.6kg,水泵进水口尺寸为 2″(50mm),水泵出水口尺寸为 1~1/2″(40mm)。

WICK-250 型手提式高压森林消防泵采用美国进口原装 820 系列单缸二冲程风冷式汽油机,燃油型号为 90#汽油与专用汽机油混合,工作容量(排量)134mL,功率 7.5kW(10 马力),燃油混合比 24:1(汽油:润滑油),最高耗油量 4L/h,启动方式为手拉启动,点火方式为电子点火,底座有橡胶垫用于防震。

图 7-9　WICK-250 型手提式高压森林消防泵

图 7-10　BJ-9 型消防水泵

③ BJ-9 型消防水泵 BJ-9 型消防水泵(图7-10)为手抬单级单吸轴向吸入离心式水泵,最大功率 8.8kW(12 马力),引水方式为旋片真空泵,吸水高度 7m,启动方式为电启动或自回式手拉绳启动,出水压力 0.46MPa,额定流量 8L/s,进出水管直径 65mm,净重 70kg,外形尺寸 580mm×780mm×520mm。

BJ-9 型消防水泵采用旋片真空泵引水装置,抽气速率大,引水时间更短。配置国际先进的四冲程 OHV 高品质火功率发动机,水压高,流量大。采用磁控无触点点火技术,工作稳定可靠。独特的凸轮轴减压装置能有效的减轻启动压力,使启动更轻便、快捷。水泵面板上的出水表、真空表实时显示出水等工况指标,可随时掌握手抬机动泵的工作情况。

④ BJ-7 型消防水泵 BJ-7 型消防水泵(图7-11)功率 6.5kW(8.8 马力),引水方式为排气自吸引水,自吸高度 7m,启动方式为手拉启动,出水压力 0.42MPa,额定流量 7L/s,进水管直径 65mm,出水管直径 65mm。

BJ-7 型消防水泵特点是重量轻,结构简单、启动迅速、使用可靠、维护方便。

(3)水泵的一般维护

水泵的维护分水泵本体和发动机两部分进行。

① 水泵部分的维护 水泵在使用后,要将泵中的水从进水

图 7-11　BJ-7 型消防水泵

口和出水口排净。存放前，从进水口倒入逾50g润滑油，拉动几次启动器，使水泵叶轮、机械密封和内部表面都蘸上润滑油。确保机件不会被腐蚀。然后将进水口和出水口盖好保护盖。在长期库存时，每年要进行一次。

② 发动机部分的维护　要定期清洗或更换发动机的空气滤网，清洗化油器，收紧起动器镙丝，清洁火花塞。每年清洗零件和除碳。具体维护方法应参照各型号的说明书。

4. 风力灭火机

风力灭火机为我国首创，是一种由单人携带操作，以小型发动机为动力，带动风机从喷射筒喷出高速风来扑灭中、低强度地表火的灭火机械。风力灭火机经过20多年的推广应用，已得到了长足发展，成为森林火灾扑救中最常用的机具。一台风力灭火机相当于25~30名灭火人员用手工具的灭火效能。风力灭火机具有重量轻、体积小、功率大的特点。在各种条件下都能使用。当前世界上各种灭火工具、机械器材的实际使用，都受交通、地形、水源等条件的限制，只要3~5人组成一组，背负1~2台风力灭火机，提上燃油和灭余火的工具，就能迅速有效地扑灭林火，在森林火灾扑救中发挥了重要的作用。

(1) 风力灭火机的原理

风力灭火机的灭火原理是利用风力灭火机产生的强风，把可燃物燃烧释放的热量吹走，切断可燃性气体，使火熄灭。一方面，风力灭火机利用高速气流带走可燃物周围的热量，降低温度，以减弱火势；另一方面，风力灭火机利用高速气流来控制火焰的蔓延路线，使其原地燃烧，或倒向已燃烧过的方向，从而控制或者切断火源。但风力灭火机只能用于扑灭明火，不能扑灭暗火，否则越吹越烈。

(2) 风力灭火机的组成和技术特点

风力灭火机主要由汽油机、离心机和多功能附件组成（图7-12）。离心式风机叶轮直接与汽油机输出轴联接，叶轮旋转时产生高速气流，风筒出口风速70m/s，风量超过为0.45m³/s。出口2m处，风速大于20m/s，可吹走两块捆绑在一起的标准码（235mm×115mm×53mm，重5kg），相当于9级大风的风速(20.8~24.5m/s)。

图7-12　风力灭火机

(3) 风力灭火机的一般维护

不同类型的风力灭火机维护要求不同。一般维护要求是：使用前要按说明书要求进行相应的检查。要定期进行清洁。定期更换相应部件。使用后，如短期存放，应让发动机冷却，将油箱排空并置于干燥处，远离火种。如长期存放，应在通风良好的地方，将燃油箱倒空，并进行清洁。

二、间接灭火工具、机具

1. 间接灭火手工具

(1) 多功能地火分离器

多功能地火分离器(图7-13)是森林防火打防火道和清理火场的多用工具。一把工具上具有多项功能。通过调节定位器和工具头，可以进行搓、砍、刨、扒等项工作，一具多用，便于携带。

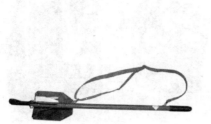

图7-13 多功能地火分离器

图7-14 折叠式军用锹

（2）折叠式军用锹

折叠式军用锹（图7-14）采用钢制锹体，可折叠成3折，折叠后体积小、重量轻、佩有便携式防水布袋，便于野外作业携带。打开后旋转开关方便固定锹头，锹与镐可以互换使用。铁锹是清理火场和扑灭地下火的主要工具，用铁锹挖土掩埋隐火，作用显著。

（3）防火斧

防火斧种类有双刃斧和单刃斧，也有大斧、小斧之分（图7-15）。砍斧的刀面采用优质钢制作而成，斧背厚2cm或2.5cm或3cm，斧刃口采用多次蘸火处理，刃口异常锋利，手柄采用腊木制作，经多次防腐防燃处理。

图7-15 单刃砍斧（左）与双刃砍斧（右）

防火斧在灭火时，可以用来砍断草木、树根、小树枝条，也可用来开设简易隔离带、防火墙、开辟行军路线、修建野外宿营地和直升飞机降落点等。

（4）折叠式手锯

折叠式手锯（图7-16）采用优质钢制成，锯齿硬、刀刃锐利，锯木速度快、轻。折叠式手锯的钢制手柄折叠后体积小，使用安全，便于野外作业携带。主要用于在植被生长较密集地区扑火时开辟道路、隔离带、防火墙、清除障碍时使用，也可用它截断火线上燃烧的立木、倒木，以便于清理火场。

（5）组合工具包

为方便携带和使用扑火手工具，目前把斧、镐、锹、刀、锯、二号工具、耙等手工具统一装入一个袋内，而且各有固定的位置，成为组合工具包（图7-17）。一个班配备一袋，队员到达火场后，临时组合。这种系列工具非常适合空运扑火队和快速扑火队使用。

图 7-16　折叠式手锯、刀锯　　　图 7-17　FZ-8 组合工具包

组合工具包外形尺寸 600mm×340mm，由组合锹、组合耙、组合拍、工具杆、手锯、斧子、砍刀组成，连接杆可与锹、耙、拍任意组合，适用广泛、携带方便。功能涵盖了砍、锯、耙、铲、拍打等各种功能，是森林防火队伍野外扑火、开设隔离带、开辟防火通道的重要工具。工具包材料采用防潮防水、防火迷彩帆布制作，能够合理放置以上 7 种工具，总重量约 6.7kg。

2. 油锯

油锯是"汽油链锯"或"汽油动力锯"的简称，是用于伐木和造材的动力锯。其锯切机构为锯链，动力部分为汽油发动机。油锯携带方便，操作简易。在森林防火中，油锯主要用于开设隔离带，开设直升飞机机降场地，清理火场倒木、枯立木等。油锯分为高把油锯和矮把油锯两种，高把油锯主要用于采伐或锯截大径级的树木，矮把油锯主要用于采伐或锯截小径级的树木。

（1）常用油锯及性能

① YD-45 型油锯　YD-45 型油锯（图 7-18）最大切割直径 455mm，采用二冲程风冷单缸汽油机，怠速 2800r，排量 45cm³，压缩比 6.1:1，额定输出功率 1.7kW/7000rpm，机油/汽油混合比为 1:25，燃油箱容积 550mL，机油箱容积 260mL。

图 7-18　YD-45 型油锯

② GZ-3500T 型油锯　GZ-3500T 型油锯（图 7-19）的发动机排量 35.2cm³，燃油箱容量 0.25L，机油箱容量 0.17L，锯链节距 3/8 吋*，薄厚 0.050 吋，导板尺寸 14 吋，动力装置自重 3.3kg。GZ-3500T 型油锯体积小、重量轻、可靠性强、经济环保，配有配比壶、防护眼镜和专用机油。

③ SL4500 型油锯　SL4500 型油锯（图 7-20）的发动机为风冷单缸二冲程汽油机，额定输出功率 1.5kW/7500rpm，怠速 2800rpm，耗油率 ≤560g/(kW·h)，排量 45cm³，最大切割直径 450mm，机油、汽油混合比 1:25，燃油箱容积 0.55L，机油箱容积 0.26L，毛/净重 7.7/6.5kg。常规配件包括导板、链条、链锯保护套。

---

* 1 吋 = 1 英寸 = 2.54cm

图7-19　GZ-3500T型油锯

图7-20　SL4500型油锯

（2）油锯的一般维护

油锯工作期间长时间全负荷作业后，让发动机做短时间空转，让冷却气流带走大部分热量，使驱动装置部件（点火装置、化油器）不至于因为热量积聚带来不良后果。定期保养空气滤清器。定期进行火花塞的检查。如果长期不使用（工作间歇时间为3个月或更长时间），要做好油箱的清洁，按规程存放油锯。

3. 割灌机

割灌机是一种小型营林机械，主要用于林地清理、幼林抚育、次生林改造和森林抚育采伐等工作中割除灌木、杂草，修枝，伐小径木，割竹等作业。森林防火中使用割灌机进行可燃物清理、开设防火线、防火阻隔带等。

割灌机通过动力不同分为电动和内燃动力，内燃动力分为二冲程和四冲程汽油机。根据传动方式分为软轴传动和直杆传动。根据发动机的供油方式又分为浮子式、泵膜式。割灌机的工作头部分有2种：刀片和尼龙头，当工作环境较好，没有石块等杂物时可用刀片，反之用尼龙头比较安全。

（1）常用的割灌机

常用的割灌机有2GC-3消防割灌机、BG-4300型背负式割灌机、BC-430型侧挂式割灌机等。其中2GC-3消防割灌机（图7-21）最大功率1.65kW/7000rpm，外形尺寸1600mm×525mm×580mm，重量10.5kg。配置二冲程发动机，重量轻、噪声小、震动低、有效降低操作者劳动强度。可偏移把手700mm，操作轻松舒适，机器油门和停火开关集成操作把手，确保操作安全可

图7-21　2GC-3消防割灌机

靠。BG-4300型（图7-22）背负式割灌机发动机型号40F-5，发动机型式为风冷二冲程单缸汽油机，发动机功率1.25kW/7000rpm，发动机排量42.7cm³，汽化品型式为浮子式，燃油比例25∶1，发动机怠速2800～3200rpm，燃油箱容积1350mL，工作杆直径26mm。BC-430型（图7-23）侧挂式割灌机发动机型号40F-5，发动机型式为风冷二冲程单缸汽油机，发动机功率1.3kW/7000rpm，发动机排量42.7cm³，汽化品型式为浮子式，燃油比例25∶1，发动机怠速2800～3200rpm，燃油箱容积1000mL，工作杆直径28mm。

（2）割灌机的一般维护

① 新出厂的割灌机从开始使用直到第三次灌油期间为磨合期，使用时不要让发动机

图7-22　BG-4300型背负式割灌机　　　　图7-23　BC-430型侧挂式割灌机

无载荷高速运转，以免在磨合期间给发动机带来额外负担。

②要定期保养空气滤清器，清洗泡沫过滤器，但不能清洗毡过滤器。损坏的滤芯必须更换。

③定期检查火花塞。检查电极距离，必要时调整。为避免产生危险，一定要将螺母旋到螺纹上并旋紧，将火花塞插头紧紧压在火花塞上。

4. 点火器

点火器是针对林区点烧防火线、计划烧除和扑火中实施以火攻火战术的需要而研制的专用点火工具，主要有滴油式点火器、脉冲式点火器、喷雾式点火器3种类型。

（1）常用的点火器性能特点

①滴油式点火器　滴油式点火器（图7-24）可用混合油，也可使用纯汽油，油桶容量一般为4L，经济耗油量≤1L/h，连续点火时间4h左右，点火速度3~6km/h，重量1kg。

滴油式点火器的油桶经打压和检验，内设回止阀，当点火器直立时，阀内钢球会自动封闭出油孔，所以密封性好，安全可靠。使用时，打开跑风阀，向点火头滴上燃油点燃。将点火器倾斜一定角度，燃油可不间断流出，即可进行点烧工作。使用完毕后可将点火头反向装入油桶内，拧紧桶盖和密封螺栓，便于运输、携带和储存。滴油式点火器重量约0.75kg，汽油机油比例为20∶1，外形尺寸350mm×φ140mm。

图7-24　滴油式点火器　　　　图7-25　脉冲式点火器

②脉冲式点火器　脉冲式点火器（图7-25）采用优质铅合金制作，点火时高压放电端会产生火花点燃燃气。脉冲式点火器分二段设计，溶气体和外壳长25cm，点火杆长40cm（或杆长20cm便于携带）。火焰调节元件旋转灵活并能控制火焰高低，且火焰稳定性良

好。电子点火器的火焰温度高达 800~1000℃。

脉冲式点火器打火数为 1 万次以上，着火率高于 90%。能持续出气燃烧达 30min，点火燃烧处不会熔化。且具有密封性、耐温性好、快捷、轻巧、体积小、方便使用等特点。

③喷雾式点火器　喷雾式点火器由喷雾器改装而成。由油箱、油管和喷头 3 部分组成。以汽油、柴油为燃料。具有体积小、重量轻、无震动、喷火强、工作方便、喷火可近可远、熄火容易等特点，是一种很实用的点火工具。汽油、柴油倒入油箱后，借助传动机构的工作，使汽室内充满汽、柴油。由于增大了大气压力，迫使汽油、柴油通过油管流入喷枪。喷火头上加制点火芯，工作人员背在身上用火柴点着火芯即可喷火。它是点烧防火线或者以火攻火常用的点火工具。

（2）点火器的一般维护

① 点火器用完后要将桶内燃油倒出存放。如带油存放，必须将封闭堵丝拧在上阀盖出油孔上，将出油孔封闭，关闭跑风阀后方可存放，以免燃油溢出发生危险。

② 使用后的点烧器存放前，要检查该装备的齐套性是否完整。如有缺失，及时和生产单位联系补充。

③ 使用后的点烧器要将点火头、油管、油嘴和上阀盖擦拭干净，将点火器上部组件反向装入油桶内，拧上压盖后再存放。这样既可以减少存放空间，又能防止部件长时间存放发生锈蚀。

④ 点烧器的部件如非必要不得随意拆卸，以免部件丢失。

⑤ 脉冲式点火器长期不使用，应将电池取出。

练习思考题

1. 名词解释

   二号工具　三号工具　风力灭火机　点火器
2. 简述森林火灾扑救工具和机具的分类。
3. 简述直接灭火工具、机具种类。
4. 简述间接灭火工具、机具种类。
5. 简述以水灭火的特点。
6. 详述以水灭火的机具种类和维护方法。
7. 详述风力灭火机的原理、组成和维护方法。
8. 简述森林消防水泵灭火的特点。
9. 详述点火器的种类和维护方法。
10. 详述森林火灾扑救中油锯的作用和维护方法。
11. 详述森林火灾扑救中割灌机的作用和维护方法。

第四节　扑火安全

【知识要点】

1. 森林火灾扑救伤亡事故的种类。
2. 火行为伤亡事故的原因。

3. 易发生伤亡的危险地形地段。
4. 易发生伤亡的可燃物条件。
5. 易发生伤亡的天气条件。
6. 火行为引起伤亡事故的预防措施。
7. 行进安全措施。
8. 宿营安全措施。
9. 用餐安全措施。
10. 火场自救措施。
11. 火场救护措施。
12. 火场脱困方法。

林火行为受气象、地形、可燃物的影响，变化复杂。在扑火中稍有不慎就会造成人员伤亡。1976年黑龙江省伊春市友好林业局团结林场为保护林场安全与大火博斗，一次就被火灾夺去31人的生命。1986年，云南省安宁和刺桐关两次森林火灾死亡80多人。触目惊心的1987年黑龙江省大兴安岭"5·6"大火，就有200余人葬身火海。1950—1987年，我国平均每年在森林火灾扑救中死亡98人，烧伤640多人。1988—1999年，共543人牺牲，2283人受伤。2000—2009年，共747人牺牲，722人受伤。为此，扑火安全是森林消防员必须认真对待和高度重视的头等大事。

一、森林火灾扑救中伤亡事故的种类

森林火灾扑救伤亡事故分为两类，一是火行为引起的伤亡事故；二是非火行为引起的伤亡事故。火行为引起的伤亡事故指在森林火灾扑救中，由火行为直接造成的伤亡，如被火高温烧死、烧伤、窒息死亡等。非火行为引起的伤亡事故指由火行为以外的因素所造成的伤亡事故，如赶赴火场途中因交通事故引起的伤亡等。非火行为引起伤亡事故又可细化为交通事故引起的伤亡事故、砸伤摔伤事故、机械伤害事故、营地等一氧化碳中毒、地下火造成的伤害及其他伤害等。

二、火行为伤亡事故的成因和预防

1. 火行为伤亡事故的成因

造成火行为伤亡事故的直接原因是火场的高温灼烧和烟雾熏呛导致的窒息。火焰的温度达到800~1000℃时，人只能生存7.5~18s。在120℃高温下，几秒钟就会丧失功能。空气中的一氧化碳含量达到1%以上，身体较弱者1min就会死亡，身体较强者2min就会死亡。在火的前方，吸入高温气体后，咽喉产生水肿堵住气管也可造成窒息伤亡。

导致扑火队员遭遇高温和窒息的根本原因是：扑火人员直接面对火头、或火行为突变导致扑火人员被火围困或遭遇下沉热气流，扑火人员应对失当造成伤害。

（1）遭遇危险火行为的原因

扑火队员或队伍在扑火过程中遭遇危险火行为有主客观两个方面的原因。

① 主观原因，扑救决策错误　这是造成火行为伤亡事故的人为因素。具体包括：盲目直接扑打火头：火头是火场中林火强度最高、蔓延速度最快的地方。在高温时段、高强

度林火地段、特殊地域采取直接的方法扑救林火火头，往往易出现伤人情况。进入火场位置错误：如翻越山脊向下接近火场，迎风接近火场，从悬崖、陡坡、鞍部、山口接近火场，从密集、易燃可燃物处接近火场。在错误的地方扑火：在上坡方向开设隔离带，从上坡向下扑火、鞍部扑火、山脊扑火、狭窄山谷扑火、陡坡扑火。避火或休息地点选择不当：在草甸、杂灌中避火或休息。林火蔓延到草甸、杂灌地段时会产生极端的林火行为，发生急进突发火和高强度火暴，此处避火效果极差。

② 客观原因，环境条件突然变化　环境条件的突然变化，主要是天气条件、地形和可燃物3个因素的突然变化，导致火行为剧烈变化。

出现恶劣的天气条件：从气象因素方面来说，每日不同的时段和天气条件，是影响林火行为最主要的原因之一。风速突然增加和风向的突变，导致火行为突变，易形成飞火或火尾变火头，形成火旋风。

遭遇特殊地形：陡坡会改变林火行为，尤其上山火沿陡坡蔓延，蔓延速度会显著增加；狭窄地段如窄谷（图7-26）、狭窄草塘沟和闭塞的山谷河道、葫芦峪（图7-27）这些狭窄的地段中，风速因狭窄地形影响，会显著增加，会增加热空气的传导速度，容易产生新火点和火暴，同时，风向多变，易形成飞火；脊线（拱脊）即山脊线附近着火，风速大，导致林火行为瞬息万变，难以预测，易发生林火行为突变；鞍部指山脉中两个高点之间的低洼区域（图7-28），该处风速大，易产生涡流，林火在那里会快速发展，是温度极高和浓烟滚滚的险地，又是没有阻力影响的十分危险地段；具有破碎特征的地形（凸起的山岩），由于其独特的地形条件，往往产生强烈的空气涡流。林火在涡流的作用下，容易产生许多分散的、方向飘忽不定的火头。

可燃物条件变化：一是可燃物燃烧性显著增加，如林火蔓延到更易燃烧的可燃物时，火行为会剧烈增加。如在阳性杂草和易燃灌木地段，林火蔓延速度会突然增加，产生高强度的林火。在针叶幼林或可燃物垂直分布明显地段，地表火和树冠火同时发生，形成立体燃烧。大火中，前方可燃物被烘烤得十分干燥，与大风结合，多火源出现，形成轰燃。二是可燃物数量显著增加，如林火蔓延到可燃物载量大的地段，火行为会发生剧烈的变化，如上坡洼兜地方，局部可燃物数量突然增加，火行为加剧。

图7-26　曾经发生重大伤亡事故的黑龙江省绥阳林业局的窄谷

图 7-27　葫芦峪地形

图 7-28　鞍部地形

（2）被火包围的原因

① 森林火灾燃烧不均匀，火线上不同点由于可燃物、地形条件不同导致蔓延速率不同，蔓延快的点回烧导致扑火队员被包围。这种情况可发生在下山火、草甸等处。

② 出现多个火点，如大风导致的飞火、特殊地形导致的飞火，使扑火队员身后的可燃物开始燃烧，扑火队员陷入内线火。

（3）处置失当及原因

当扑火队员遭遇危险火行为或被火场包围时，处置不当会造成伤亡。具体的表现有：

① 顺风逃生　由于缺乏常识，遇有特殊情况而采取顺风逃生造成伤亡后果。

② 避火动作不规范　架设辟火罩位置不对，方法不对，逃生地点选择不对，也会形成伤亡。

③ 未设置避火区　没有事先安排避火安全区和避火途径。一旦发生险情，不知去何处避火。

④ 心理素质不好　受火场形势影响，情绪紧张。接受的任务，其目的、要求不明确，行动混乱，易进入危险地段。发生险情时，不知如何应对。

⑤ 对小火掉以轻心　小火给人以错觉，扑火安全意识淡化，往往因掉以轻心而发生意外多样化伤亡事故。

⑥ 扑火队员过度疲劳　森林火灾一般发生在偏远的山区，扑火队员经过长途跋涉到达火场，在高温、浓烟中扑救森林火灾，体力消耗极大，队员反应能力下降。一旦发生险情，队员反应不够迅速、及时，造成伤亡事故。

2. 可能发生火行为伤亡事故的环节

可能发生火行为伤亡事故的环节可归纳为"天""地""人"3个方面。

（1）"天"

① 风速增加、风向变化时。每天山谷风交替的时段，上午9：00，下午16：00。

② 当有飞火从头上飞过，有可能引起新的起火点时。

③ 温度陡升变热时。

（2）"地"

① 草丛、密灌丛、密集的幼林，特别是密度很大、整枝不好的针叶幼林。

② 陡坡、鞍部、窄谷、葫芦峪。

（3）"人"

① 在直接扑打火头时。

② 在上坡方向开设隔离带，从上坡向下扑火、鞍部扑火、山脊扑火、狭窄山谷扑火、陡坡扑火。

③ 心理紧张时，接受的任务，其目的、要求不明确。

④ 附近有火而看不到火，又不能与任何人取得联系、对火场周围情况一无所知。

⑤ 身体疲劳时。

⑥ 迷失方向时。

⑦ 没有避险计划，避险安全区。

⑧ 在草甸、杂灌中避火或休息。

3. 火行为引起的伤亡事故的预防措施

预防火行为引起的伤亡事故需要平时加强心理和扑火安全训练，在扑火过程中始终牢记扑火安全，做好安全措施。正确的行动和措施有如下几点：

（1）平时训练

平时要加强培训，掌握林火行为和安全避火常识，强化安全意识。要开展避火训练和心理素质训练。

（2）保证个人防护装备齐全

森林消防个人防护装备能够为森林消防员进行充分防护，是提高防扑火工作和人员安全防护的必备装备，也是用来保护扑火人员在灭火中避免高温、火焰和浓烟等对人身体的伤害，进行自身防护的专用装备。防护装备主要包括防火服、防火内衣、防火腰带、防火手套、防火鞋、防护头盔、防护眼镜、防火口罩和避火罩等。

防火服由衣和裤组成，一般采用有一定的阻燃、耐磨和隔热能力的织布制成，可保证扑火人员的肢体不暴露在火场中，以免受到危害。要求防火服装轻便、耐磨、阻燃、隔热性能好。扑火服装是根据森林防火、灭火工作的特殊性而设计。其具有阻燃、隔热、防尘、轻便等特点，可对森林扑火人员的上身和腿部起到保护作用；款式一般为分体式，由经过化学处理的纯棉布制作，耐磨强度好、不缩水、透气性能好、耐火效果好、阻燃性能高，便于保护四肢，可有效防止人员烫伤，增加安全性。

防护内衣与防护服配套使用，采用莫代尔材料制成，运动衣样式，圆形，半高领，领口、袖口为弹性较好的纯棉织物，具有保暖、隔热、防尘、吸湿、透气、穿着舒适、易洗涤等性能。

防护腰带可起到防护扑火人员腰部的作用，主体进行紧密度压力处理后有较高的抗拉伸强力，因此，腰带定位杆与腰带主体结合后抗拉强力明显提高，更适应扑火训练和扑火作业的需要。

防护手套是根据森林扑火、灭火工作的特殊性而设计的个人防护装备，具有防水、隔热、阻燃耐磨等功能，可以更好地保护扑火人员的双手。采用人性化的设计原理，具有戴着舒适柔软、坚固耐用等特点，可有效避免炭灰、火星溅入。

防火靴为高腰运动鞋款式，面料由进口阻燃纤维与最先进的芳纶材料组成，具有耐高温、防寒隔热效果，可长时间承受高温，里料采用阻燃纤维制造。防火靴底采用硅橡胶及碳纤维材料制造，鞋耐磨、阻燃、防刺，便于步行和扑火作业，能够保护脚、踝，防火、防寒。防护鞋存放前要进行清洗和晾晒，保持干净、干燥。

防护头盔根据森林防火、灭火工作的特殊性而设计。其具有抗击力、阻燃、防尘、轻便等特点，对森林扑火作业人员的头部、脸部、颈部都能起到保护作用。采用目前国内的最佳材料聚碳酸酯(PC)加阻燃剂制成。帽壳具有良好的抗冲击性和阻燃性，提高了帽壳顶部的强度。

防护眼镜能够在森林扑火作业中起到保护眼部的作用，用来保护扑火人员的眼睛免受火星和热辐射的危害。其具有耐高温、防刮伤、佩戴舒适、密封性好、视野清晰等优点，可有效地防止烟和灰尘的进入。镜片、镜框采用阻燃材料制作。镜片采用双层结构设计，阻燃隔热、耐高温、防雾、抗冲击、防紫外线；镜框质地柔软，佩戴时可与面部紧密贴合，执行灭火作战任务时可对眼睛起到很好的保护作用。

防护口罩内层为阻燃隔热无纺布，外层为耐高温阻燃丝，采用松紧带套于耳部固定。灭火作战时主要对口鼻进行保护。可装入密封塑料袋，放于作战服侧臂口袋中，使用前将口罩用清水润湿，当火场环境充满浓烟、火线热辐射灼热难耐以及紧急避险时使用，主要对口鼻进行保护。不使用口罩时要及时进行清洗和消毒，还要及时晾干并放入干净的塑料袋中密封保存。

避火罩是一种横截面积为三角形的罩体。用新型的铝箔复合材料与特制的玻璃纤维线缝合制成。体积小、重量轻，可以横式或竖式悬挂在腰间，携带使用方便。在被林火围困无法逃脱时，森林消防人员可按照操作规范快速展开避火罩，迅速进入罩内，俯卧在地面上避火逃生。经过培训熟练后，可在30s内完成全部操作。铝箔复合材料表面光滑，具有极强的反射性能，能反射95%以上的热辐射；封闭的罩体结构设计可隔绝高温气流和烟雾进入罩内；由于罩内人体与地表面直接接触，能有效降低体温、存留的空气可供人呼吸到清凉的空气。它是森林消防员被林火围困、无法安全撤离的特殊情况下临时避开低强度火的一种应急自救装备。避火罩严禁在燃烧的烈火中使用。

森林消防员在野外扑火中除要配备上述个人防护装备外，还要备有湿毛巾，必须备有火机或火柴、手电，并保持通信设备完好。

（3）扑火过程中的安全措施

① 扑火前的措施　扑火前必须强调安全事项。指挥员时刻掌握队伍，不能有队员脱离队伍。在突入和接近火线灭火前，要先侦察好地形、植被和火势变化发展情况，掌握火场轮廓态势。要认真检查机具装备，使机具装备都处于临战状态，并明确突入火线和接近火线的路线和方向，明确战术方法和编组作业方式。

② 接近火场时的安全措施　接近火场的方式影响着扑火人员的安全。接近火场时要做到：

第一，情况不明时不盲目接近火场。

第二，不迎风接近火场。

第三，不从山上向山下接近火场。

第四，不从悬崖、陡坡、鞍部、山口接近火场。

第五，不从密集、易燃的可燃物处接近火场。

③ 扑火时的安全措施

第一，要首先设置瞭望员，时刻注意观察天气和可燃物变化。

第二，要事先制订避火计划，确定安全避火区和脱险路线。

第三，要选择火势弱的地方（火尾、火翼）处突破，一般严禁在火头正前方近距离和无依托条件下迎火布兵。

第四，在安全地形扑火，不在上坡方向开设隔离带，不从上坡向下扑火、不在鞍部、山脊、狭窄山谷、陡坡、山坡平台处扑火。

第五，要贴近火线扑火，可随时进入火烧迹地避火。

第六，要先打外线火，内线火扑救采用点烧方法，打烧结合。

第七，以火攻火时，要设置观察员，注意火行为变化，选择安全位置和距离，注意防止点烧失控。

第八，灭火过程中排除机具故障和机具加油时，要在扑灭火线的侧后方20m处实施，禁止在火线附近和刚燃烧过的火烧迹地内加油。

第九，需要穿插时，要设置观察员，当风向不定、风力大时，不在顺风方向迂回穿插。不在陡坡、密集可燃物中穿插，确需穿插时，在火烧迹地、火尾、火翼处穿插。

第十，扑打地下火时注意地下暗火坑，防止踏入烧烫伤。最好挖沟浇水。

三、非火行为引起的伤亡事故的预防

非火行为引起的伤亡事故产生的主要原因是森林消防员在行进、宿营、用餐等方面缺乏安全意识，没有采取正确措施造成。防范这些事故需要注意行进安全、宿营安全、用餐安全、卫生急救等4个方面。

1. 行进安全

乘汽车行进时，要坚持安全第一，不抢上抢下；要服从命令，听从指挥，不能超载；要做到人坐稳，机具放牢，既要防止机具滚动伤人，也要防止机具的坏损。人员在车内不要拥挤，车辆运行中尽量不要睡觉。

摩托化开进时，严格遵守交通法规及有关规定，严禁人员、装备、油料、机具散装混乘，必须做到"人装分离"。

运输距离超过500km的要保证有2名驾驶员。

严格控制车速，保持车距。定时停车组织乘车人员适当休息。对车辆进行检查，严禁疲劳驾车和超速、超载行驶。

乘飞机运载时，运送扑火队员的汽车停放位置应与飞机降落点有一定距离。装载时要按顺序登机，严禁从飞机尾翼处走动。上飞机后机具要放稳，严禁在飞机上吸烟，不要来回走动，尖锐器和风力灭火机用油要放在安全位置。依次下飞机后要迅速离开飞机起降区域。

过桥和涉河时，对一些木桥、林内路涵、过水路面一定要先仔细踏查，要特别注意桥、涵的承载能力。确需要涉水，一定要探明水深、流速、河宽、河底结构，不要单凭以往的经验或地图的注记涉渡江河。

林内徒步行进时，注意避开"树挂"，防止树条抽伤。人员在林内不要私自离开队伍，以防人员丢失或意外事故的发生。

携带灭火机具，尽量用"手提式"或"背枪式"，不要放在肩上，防止转动时碰伤人。

山路行进时，防止滚石伤人。

夜间行进时，注意脚下安全。夜间长时间林内行进时，注意做好人员清点，防止劳累困倦而掉队。

在清过林（指抚育间伐过的森林，也是指森林很难行进时，对于林内灌木等进行清理，方便作业人员干活等）的林内行进时，要预防树楂扎脚，防止摔伤。

在火场行进时，要防止地下火烧烫伤。

防止火场中孤立木砸人。

2. 宿营安全

火场宿营地一般选择在离道路近，吃水、取柴方便的河边、沙滩、火烧迹地等安全地方，不要选在大面积塔头甸子、狭窄的草塘沟、半山坡、山谷风口处、高大枯立木下等地方，不要选在火头顺风方向两侧，不要设在草地和密实灌丛中。禁止在燃烧火线边缘未燃烧区内组织休息。

选择宿营地以后，要设立帐篷，开设防火隔离带和防雨水沟，架设好电台。人员要集中宿营，灭火装备在帐篷附近集中摆放。夜间设立岗哨，做好保卫工作，防止意外事故的发生。

营地要有标记、插旗、立牌。要防蛇、兽、毒虫（蜱虫、毒蜂）侵咬。防止一氧化碳中毒。帐篷用塑料布防寒封闭太严，或在里面取暖，或在发动的汽车内休息，易造成一氧化碳中毒。

在宿营休息时要防冻伤、防风湿，防止取暖、做饭和吸烟烧毁被装、烧伤人员，还要注意防止生活用火引起新的火灾。

宿营时必须安排人员进行安全、通信值班。休息前要进行安全教育和相关检查。

飞机空投物资时，要选好空投地点（开阔、平坦、无大树）。地面设空投地标（插旗、燃火堆等），要组织地面人员在安全地段，确保空投安全。

3. 用餐安全

灭火队一般携带1d的食品，以熟食品为主，携带足够的饮用水。一天后的给养，由基地（火场前指）负责统一供应。野餐要熟食品、罐头、蔬菜、稀饭相结合，特别注意多携带咸菜，防止长时间单吃甜酸或油腻食品。

做饭时一定要做熟，不要吃夹生饭和生吃不干净的蔬菜。

4. 卫生医疗工作

灭火出发前，要认真检查。有慢性病的人员需留守治疗。卫生员把火场常用药、外伤绷带消毒品、消炎药品等带齐全。

队员灭火中脱掉的外衣（大衣、雨衣等），尽量派专人集中携带，完成灭火任务休息或返回时，及时穿上，防止感冒。

宿营休息时尽量喝开水，如习惯喝凉水，可饮河水和流动的溪水，并注意消毒。开水和凉水不要混用。

睡觉时，注意封闭帐篷通风处，盖好被子，特别盖好腹部。

扑火队要携带常用药、外伤绷带和消炎药、止痛药品，对不能参加扑火的伤病员及时撤离火场送驻地医。

四、火场脱险

扑火人员一旦被大火围困、受到大火袭击时,要果断决策,按下列程序,采取正确的方法进行解围脱险。

1. 迅速转移

一旦被火围困,首先要判断是否有时间能够转移脱险。只要判断出时间条件允许,应快速进入避火安全区。

2. 点火解围

如果不能转移脱险,考虑点火解围。在较开阔的平坦地,可以河流、小溪、道路为依托,使用点火器点迎面火,用灭火机中速送风助燃,使新火头向大火头方向蔓延,阻挡火锋解围。

如无河流、小溪、道路为依托时,在时间允许的情况下,使用点火器点顺风火,用灭火机高速强风助燃,扑火队员跟火进入火烧迹地避火,并用手扒出地下湿土,紧贴湿土呼吸或用湿毛巾捂住口鼻防止一氧化碳中毒。

3. 卧倒避火(烟)

在点火解围来不及时,选择附近有河流(河沟)、无植被物或植被物稀少的迎风平坦的地段,用水浸湿衣服蒙住头部,两手放在胸部,卧倒避烟(火)。卧倒避烟(火)时,为防止烟雾呛昏窒息,要用湿毛巾捂住口鼻,并扒个土坑,紧贴湿土呼吸,可避免烟害。

如果时间允许,可以使用避火罩避火,避火罩应铺设在平地上,四边压严,防止热流进入。不要在不平的地面架设避火罩。

4. 强行顶风穿越火线

当点火或其他条件都不具备时,切忌顺风跑。要选择已经过火或杂草稀疏,地势平坦的地段,用湿毛巾、衣服蒙住头部,控制呼吸量,快速逆风冲越火线,进入火烧迹地即可安全脱险。

五、迷山自救

迷山是进入林区迷失方向,既不能到达目的地,也不能返回出发地的现象。在扑救林火时,因远离城乡、林场、公路、铁路,稍有不慎,就有迷山的危险,甚至还会造成人员伤亡。

迷山事故的发生多是因为思想麻痹大意,过于自信造成的。因此,一定要提高警惕,防止发生迷山。一旦发生迷山,不要过于紧张,要沉着、冷静,要有坚强的毅力和信心,采取自救,保存生命。

1. 迷山初期自救

当发现自己迷失方向时,如果是在火烧迹地内,始终朝着一个方向走,就会走到火线边缘,然后,再沿火线走就可以找到灭火队伍。如果不是在火烧迹地内,要立即停止前进,但是不要过于紧张、害怕。要沉着冷静,找个地方休息一下,有意识地放松自己,使紧张的心情平静下来,然后再想办法。

计算一下自己走出的时间和路程,到高处查看一下周围的山形、地势或火场的烟雾,然后分析、判断自己走过的路线是否正确。如果正确可继续前进。不正确时,如能按原路返回，就要养足精神，立即返回。不能按原路返回，就要先住下来再想新的办法和出路。住下时，要注意防寒、防雨、防雪，必要时可搭临时窝棚。

在没有把握返回驻地时，千万不可着急乱闯、乱走，这样会给救生带来更大的困难和危险。当自己没有把握返回时，在一个地方住上几天也是非常必要的，这是一种救生的好办法。如果这时还在林内，就要找一个开阔地带点起篝火等待救援，同时还可以采取下列办法：

① 如果有枪，可鸣枪报警，但不准随意鸣枪。鸣枪时，最好是选择在山顶向天空鸣枪。不要在山谷内鸣枪，防止回音给寻找人员造成错觉。

② 夜间要在高山顶上点火报警。用火时，在注意安全的同时，要注意观察四周是否有火光，如果有火光，应向火光方向行进。

③ 白天要注意是否有飞机巡护或有飞机盘旋找人。如有，要迅速点火报警。在来不及点火时，可用小镜利用太阳光反射照向飞机驾驶仓，引起机组人员的注意。

④ 妥善保管火柴、打火机等，防止受潮及丢失。

2. 迷山后期自救

迷山人员经过3天还找不到出路时，绝不能心灰意冷、悲观失望，一定要有信心，顽强奋斗，保存生命，靠自己的智慧、胆量和力量寻找生路。

（1）判明方向

迷山3天后还不能从森林中走出来时，说明还没能判明方向。有指北针或GPS时，直接用其判断方向。在没有指北针和GPS的情况下，可采取以下方法判明方向：

① 时针辨向法　在有太阳的情况下，把手表放平，时针对准太阳，在时针和十二点的中间，即是南方。以此为起点，顺时针方向每隔十五分钟就是一个方向。使用这个方法辨向，春、夏、秋、冬各有变化，要注意纠正误差。

② 看树辨向法　看树辨向时，以看孤树为准，枝桠多、大、长、生长茂盛，多数长枝所指的方向是正南，与此相反一侧枝桠少又短的一面是正北。没有孤树时，在林间空地边缘多看几棵树也可。

③ 树轮辨向法　主要是看伐区林缘树墩上的年轮。树的年轮宽的一面是正南，树轮密的一面是正北。

④ 北极星辨向法　在晴朗的夜间，北极星辨向法是最快、最简单的辨向方法。北极星辨向法有2种，一是先找到大熊星座（勺子星），从勺子星的勺把向前数到第6颗星即天极星，然后目测天极星和第7颗星天旋星的距离，向前大约5倍远的天空有一颗和它们同等亮度的星，就是北极星，这个方向是北方。二是先找到大熊星座对面的仙后星座，它是由5颗较亮的星组成的，这5颗星中的中间一颗星前方与大熊星座之间的星为北极星。

（2）摆脱险境

方向判明后，有时可能突然来了灵感，清楚了来路和去向，这时恐慌、紧张的心情变得振奋起来，可以立即摆脱困境。但是有的人虽然判明了方向，可是还搞不清楚出发地的位置和自己所在地的方位。这时应采取以下方法摆脱险境。

① 回忆自己走过来的方向，特别是横越过的铁路、公路的方向，把这个方向判明后就可以朝这个方向走去。在人烟密集和交通发达的林区，只要定准一个方向走，就一定会遇到村屯、林场、工段和公路、铁路等。

② 如果穿山越岭没有把握时，可以顺河流走。顺河往上游走，地势越来越高，不是分水岭就是分山岭；顺河往下游走，地势越来越低，必然是小河流入大河。这时要根据平时掌握的情况来决定是往上游走还是往下游走。一般情况，河流的下游人烟较多，是应选择的方向。

③ 边走边听，主要是听火车和汽车的鸣笛声、森林消防车在林内行驶时的发动机声音和风力灭火机的声音，在林区特别是清晨声音会传的很远，几十千米以外都可听到。这时可以朝有声音的方向走，但是一定要冷静，慎重判断，千万不可把方向判断错。

④ 行进时，要注意观察巡护飞机，注意听寻找队伍或其他人员在林内活动的声音。遇上观察、巡护飞机时要立即找一个开阔地带点火报警，并注意安全。听到有人叫喊或鸣枪时要立即做出反应，如无能力喊出声音，可鸣枪或点火报警。

六、火场救护

森林火灾扑救救护主要有一氧化碳中毒救护、出血救护、骨折救护和烧伤救护4种。

1. 一氧化碳中毒的救护

一氧化碳中毒的主要症状是：呼吸困难、胸闷、头痛、四肢无力，严重者神智不清。如果发现以上症状，应立即将患者移到空气新鲜的地方进行人工呼吸。如果卫生员在场，则交给卫生员处理。中毒严重者应立即送往医院治疗。

2. 外伤出血处理

（1）少量出血时，用急救包中的绷带、创可贴或干净的纱布包扎伤口。不要用药棉或有绒毛的布直接覆盖在伤口上，也不要用其他任何止血物品覆在伤口上。

（2）出血严重时，用干净的纱布垫或布（棉）垫直接按在伤口上。如果一时没有干净的布垫，救护者可用干净的双手按压在伤口的两侧，保持压力15min以上，不要时紧时松。如果患者的血渗透了按压在伤口上的布垫，不要移开，可以加盖一块布垫继续加压止血。用绷带或布条将布垫固定。若伤口在颈部，则不宜用绷带固定，可用胶布固定。如果伤口在四肢，固定以后要检查患者肢体末端的血液循环情况，若出现青紫、发凉，可能是绷带扎得过紧，要松开重新缠绕。当伤口内有较大的异物（如刀片或玻璃碎片等）难以清理时，不要盲目将异物拔出或清除，以防止严重出血和加重组织损伤。

3. 骨折处理

当消防员火场骨折时，处理方法是：

（1）发现伤口出血时要立即止血，止血方法同上。

（2）用夹板固定骨折的部位。如果没有固定夹板，可用木棍、桦树皮代替。受伤部位不要绑得过紧。

（3）将伤者立即送医院治疗。如果伤者不能自行行动，可在林内砍粗大的枝条做成简易担架，由两名消防员抬到交通工具处。

4. 处理烧伤

（1）不要弄破烧伤处的皮肤或水泡。

（2）及时敷烧伤药，如果没有药品，可用清水洗。

（3）烧伤严重时，应及时送往医院。

练习思考题

1. 森林火灾扑救伤亡事故的种类有哪些?
2. 论述火行为伤亡事故的原因。
3. 易发生伤亡的危险地形地段有哪些?如何导致伤亡?
4. 易发生伤亡的可燃物条件有哪些?
5. 易发生伤亡事故的天气条件有哪些?
6. 详述火行为引起伤亡事故的预防措施。
7. 简述行进安全措施。
8. 简述宿营安全措施。
9. 简述用餐安全措施。
10. 详述火场自救措施。
11. 详述火场救护措施。
12. 详述火场脱困方法。

第八章
森林火灾调查

森林火灾调查包括森林火灾损失调查和森林火灾火因调查。森林消防员应能在技术人员的指导下开展两类调查的野外调查工作，进行简单的森林火灾损失评估。

第一节 森林火灾损失调查与评估

【知识要点】
1. 基本概念：过火面积、受害森林面积、森林火灾直接损失、森林火灾间接损失。
2. 森林火灾林木损失调查的内容。
3. 森林火灾面积调查方法。
4. 森林火灾林木损失标准地调查方法。
5. 森林火灾林木损失计算方法。
6. 林木损毁评价标准。

广义森林火灾损失包括森林火灾直接损失和间接损失两部分。森林火灾直接损失是指森林火灾造成的林木材积损失和扑火费用。森林火灾间接损失是指森林火灾对森林旅游、森林生态系统服务功能等方面造成的损失。狭义的森林火灾损失仅包括森林火灾直接损失。其中，森林火灾造成的林木损失调查是森林火灾损失调查的最重要内容。对于面积不大的森林火灾，其林木损失主要通过地面标准地调查进行。大面积森林火灾损失调查一般通过遥感技术实现。森林消防员应掌握面积不大的森林火灾林木损失调查的野外调查方法。该调查包括森林火灾过火面积调查和林木损失标准地调查两个内容。高级消防员还应能够进行简单的火灾损失计算。

一、森林火灾面积调查

森林火灾面积包括过火面积和受害森林面积两种。过火面积是指整个火场的面积，包括森林、草甸、灌丛等不同类型可燃物的火场面积。受害森林面积是指火场中森林受害部分的面积。森林受害的评判根据国家有关标准进行。确定森林火灾面积是估计森林火灾林木损失的首要工作。面积不大的森林火灾过火面积的调查方法有估测法、勾绘法、罗盘仪和经纬仪测定法、GPS 调查法等。估测法、勾绘法、罗盘仪和经纬仪测定法精度不高且需要在图上计算面积，不如 GPS 法方便。下面简要介绍 4 种方法，其中森林消防员应熟练掌握 GPS 调查方法。

1. 估测法

在林火面积不大，调查精度要求不高时，可由有经验的人绕火场步行一周，勾绘出火场略图来确定火场总面积，其中包括火烧森林面积、受害森林面积（包括原始林、次生林、人工林）、荒山荒地和草地面积等。

2. 勾绘法

火场面积较大时，沿整个火场外围边缘步行前进，将沿线主要地物标志勾绘在大比例尺地图上，再将整个火场内部情况逐个勾绘在图上，绘制成火场图，然后在图上求算面积。

3. 实测法

火烧迹地面积较大，调查精度要求较高时，可用罗盘仪和经纬仪测定火场图。在火烧迹地总面积中，测出成灾森林面积，然后绘制成火烧迹地平面图，然后在图上求算面积。

4. GPS 调查法

利用 GPS 的"面积计算"功能，沿火场走一遍，凡是转角地方定位一次并将数据存贮起来，走完一周，即可显示出火场的面积。同时，可以用数据线将其调入电脑中，显示在电子地图上，即可知道火场位置，使火场面积更直观。当火场内部有"绿岛"分布时，可分别测量、计算。对于面积大于 $1000hm^2$ 的大火场，可以先将其分割为若干个公里网格（或经纬度分值网格），分组、分块独立测量面积。

二、森林火灾林木损失标准地调查

标准地是一块能反映待测林分各指标平均状况的地段，它是整个林分的缩影。用于火烧迹地调查的标准地，是整个火烧迹地的缩影。从过火的火强度而言，既不能单纯选火强度大的地段，也不能单纯选火强度小的地段，而是要选能够代表整个火烧迹地平均火强度的地段。表现在林木受害的程度和外观表现上也是如此。如果过火面积内的火烧强度差异很大，面积还较大，可以考虑进行分层采样。采样方法、标准地的选择及数量由技术人员确定，在此不予以解释。下面介绍标准地的大小、形状、位置和数量要求及标准地调查方法。森林消防员应掌握标准地林木损失的野外调查方法。

1. 标准地的大小和形状

森林火灾损失调查中采用的标准地常用是正方形或长方形，由于火烧迹地林下通视条件良好，也可以采用圆形标准地。

为能反映林分的结构规律和保证必要的精度，标准地内必须要有足够数量的林木。标准地的面积大小与标准地形状有关，正方形可为 20m×20m、30m×30m、40m×40m 等，长方形可设为 30m×20m、30m×40m、40m×20m 等。

2. 标准地位置选择

① 过火均匀，火烧强度适中，能代表整个火烧迹地基本状态。
② 在不同可燃物类型的火烧迹地分别设置一定数量的标准地。
③ 标准地必须在同一林分内设置，不能跨越林分。
④ 标准地不能跨越小河、道路或伐开的调查线，且应离开林缘 10~20m。

3. 标准地数量

标准地数量根据调查的森林火灾过火面积和调查精度要求确定。

4. 标准地调查

森林火灾林木损失标准地调查的任务是对标准地内达到起测径级的每株林木进行胸径和树高的测定，即每木检尺，然后判断各检测树木的受损情况，将结果填入火烧迹地标准地每木调查表（表8-1）。

起测径级是指每木检尺的最小径级。在近熟、成熟、过熟林内，起测径级一般应为5cm。在中、幼龄林可用平均胸径的0.4倍作为起测径级。

（1）胸径测量

胸径测定无需测定到具体的数值，而是确定其属于的径阶。径级是胸径的整化范围。一般标准是：当标准地平均胸径（估计值）在12cm以上时，以4cm为一个整化径级；当标准地平均胸径6~12cm时，以2cm为一个整化径级。整化径级以该径级的中值为记录标定值，例如，表8-1中的8径级，是指胸径在6~10cm范围内所有的树木（4cm为一个径级）。如果2cm为一个径级，标定值同样是8径级，则是指胸径在7~9cm范围内的所有树木。实践中，在幼龄林进行每木检尺时，大多用2cm为一个整化径级，在中龄林、成熟林则多使用4cm为一个整化径级。

（2）树高测量

树高测量，不用每株树木测树高，而是标准地每木检尺的基础上，把各树种、各林层的胸径测定值（或径级）按照一定的间隔进行分组，并根据各径阶株数比例分配需要测定树高的数量，然后确定标准地或全林的平均树高。树高可以采用测高器测量，也可用超声波或激光测距仪测定。

（3）林木受损程度确定

林木受损程度根据树冠、树干形成层和树根受害情况来确定，具体划分标准为：

① 烧毁木　树冠全部烧焦，树干严重被烧，采伐后不能作为用材的树木。

② 烧死木　树冠2/3以上被烧焦，或树干形成层2/3以上烧坏（呈棕褐色），树根烧伤严重，树木已无恢复生长的可能，采伐后尚能做用材的树木。

③ 烧伤木　树冠被烧1/2或1/4，树干形成层尚保留1/2以上未被烧坏，树根烧伤不严重，还有可能恢复生长的可能的树木。

④ 未伤木　树冠未被烧，树干形成层没有受伤害，仅外部树皮被熏黑，树根没受伤害的树木。

具体的调查应分别成林（平均胸径大于5cm）和幼林开展。成林分别按烧毁木、烧死木、烧伤木和未伤木作每木调查，以计算材积损失。对幼林可以只统计株数，即烧死、烧伤、未烧伤的株数。具体测量中，为保证每木检尺中不重测和漏测，必须按一定顺序进行每木检尺，在山地条件下，通常可以沿等高线方向"之"字形行进。用划"正"字的方法填写每木调查表（表8-1）。

三、森林火灾林木损失计算

森林火灾林木损失（S）包括幼龄林损失（S_1）和非幼龄林林木损失（S_2）两部分，$S = S_1 + S_2$。下面分别介绍其计算方法。

表 8-1　火烧迹地标准地每木调查表（示例）

标准地号：　　　　树种：　　　　林层：

径级中值(cm)	烧毁木	烧死木	烧伤木	未伤木	备注
幼树					
8 以下					
8					
12					
16					
…					

调查者　　　　记录者　　　　　　　　　　　　　　年　月　日

1. 幼龄林林木损失(S_1)

S_1 指郁闭前的人工林和天然林的价值损失。计算公式如下：

$$S_1 = A_1 P_1 \beta$$

式中，A_1 为幼龄林毁林面积(hm^2)；P_1 为营林生产成本价格(元/hm^2)；β 为价值损失系数。

幼龄林毁林面积通过火烧迹地面积测量取得，营林生产成本价格根据当地造林成本和管护成本计算，价值损失系数视实际被烧毁程度确定。

2. 非幼龄林林木损失(S_2)

S_2 包括人工林和天然林郁闭后的幼龄林、中龄林和成过熟林的损失。计算公式为：

$$S_2 = (V_1 + 0.7V_2 + 0.4V_3) A_2 P_2$$

式中，V_1、V_2、V_3 分别为标准地调查中所得非幼龄林中烧毁木、烧死木和烧伤木的单位面积蓄积量(m^3/hm^2)；A_2 为非幼龄林火场面积(hm^2)；P_2 为林木林价(元/m^3)。

V_1、V_2、V_3 通过标准地调查数据获得，A_2 可通过火场面积调查获得，林价可视林龄采用重置成本法、历史成本调整法、收获现值法、木材价倒算法等计算。

练习思考题

1. 名词解释

　　过火面积　受害森林面积　森林火灾直接损失　森林火灾间接损失

2. 简述森林火灾林木损失调查的内容。
3. 详述森林火灾面积调查方法。
4. 详述森林火灾林木损失标准地调查方法。
5. 详述森林火灾林木损失计算方法。
6. 简述林木损毁评价标准。

第二节 火因调查

【知识要点】
1. 森林火灾火因调查基本原则。
2. 森林火灾火因调查基本方法。
3. 起火点的确定方法。

《森林防火条例》第四十一条规定,"县级以上人民政府林业主管部门应当会同有关部门及时对森林火灾发生原因、肇事者、受害森林面积和蓄积、人员伤亡、其他经济损失等情况进行调查和评估,向当地人民政府提出调查报告;当地人民政府应当根据调查报告,确定森林火灾责任单位和责任人,并依法处理"。我国目前森林火灾的火案调查主要由森林公安部门负责。作为森林消防员,应了解火因调查的主要方法,以便在火灾扑救等工作中注意帮助收集、保护火案证据,以便火案处理。

一、火因调查的基本原则

1. 实事求是

做到客观公正,不能有丝毫的主观武断,不可偏听偏信,要以火场调查事实为依据,对每一项调查要素,不夸大,不缩小,以实事求是的态度搞好每项调查,准确判断起火原因。

2. 反复调查

对火因调查要素有异议或模棱两可或数据不确定者,要反复多次勘查。对起火点的调查,因火烧迹地面积大,山势凸凹起伏变化多,火场环境复杂,对火因调查需多次才能确定。如有疑点或新问题,则需反复到现场勘查,排除疑点和误差,确保事实和数据准确无误。

3. 迅速及时

林火发生后,调查火因工作务求快速及时。若下雨或人流杂乱易损坏现场,则难取得第一手资料,另外肇事者可能回避出逃,不利于火因调查。森林消防员第一时间到达火场,应注意火场证据的收集。

二、火因调查的基本方法

1. 调查知情人

要及时调查火情报告人、周围群众以及相关人员。注重知情人反映的真实情况,同时要注意其与起火点勘查情况相吻合。知情人提供的情况(包括起火时间、起火地点、肇事者等)有可能作为证据,要认真询问清楚,并要与起火现场吻合,不可图省事、简易,仅凭肇事者或知情者口供为依据。

2. 调查火灾现场当天气象因子

要对当天风速、风向、气温、雷电等气象因子调查清楚。如有雷电天气,应考虑雷击火的可能。注意当天火场风向,了解火场走向与风向变化的情况。风向与风力决定林火蔓延方向、火势大小及燃烧程度。起火点燃烧时一般是向四周蔓延，在风力的作用下，顺风燃烧快，火势大，火烧迹地树木和杂灌残枝的弯曲方向作顺风向，一般以逆风方向查找起火点大致位置。

3. 查找和确定起火点

在调查火因时，查找和确定起火点是关键。寻找起火点方法有：

（1）根据林火的发生、发展规律，寻找和确认起火点

任何火灾都有一个发生发展的过程，由隐燃、起火、缓速蔓延，达到一定程度后才能形成稳定蔓延。森林火灾通常是从起火点向四周蔓延。在无风且地形条件影响不大时，火场发展成圆形或椭圆形，起火点在中间位置。火灾初起时，因火势弱，在起火点附近区域的地面上往往会留下许多未燃烧的植物。当火场发展到一定面积时，一般说不再按圆形或椭圆形发展。风速、坡度及可燃物类型和载量的变化，还有天然屏障和其他障碍物都直接影响着火的蔓延速度和火势大小，火场形状一般不再是圆形或椭圆形。这些变化都会使火灾在地面上留下很明显的标志，可帮助找到起火点。

（2）根据火烧迹地植被和地面物体的受害状况来确定林火发展方向，寻找起火点

林火蔓延后，都会在树木、杂草、岩石上留下火疤，可根据火疤的状态和火疤的分布确定火因和起火方向。其方法有：

① 杂草被害状指示　林火过后，草木变色，体积缩小，绝大部分杂草被烧断，使草梗倾倒向被烧的一面，即向来火的方向倒伏。如果火强度低，燃烧速度慢，一般只能烧毁一簇杂草的一侧，而留下另一侧，被烧毁的一侧便是来火的方向。

② 倒木、树桩指示　倒木或树桩过火后，只有一侧被烧，留下"鱼鳞疤"，被烧的一侧指示来火的方向。

③ 岩石指示　岩石过火后，有一面呈黑状，黑面即为来火的方向。

④ 树干和树冠指示　顺风上山的地表火，在树干基部留下的火疤，其上侧斜线和角度比山坡的角度大；逆风下山的地表火，在树干基部留下的火疤，其上侧斜线几乎与山坡平行；树冠火，在来火的方向一侧的树木，被烧树冠较长，而被烧树干高度渐低。另外，树枝也能表示火烧方向。林火过后，树枝、树叶干枯并向来火方向倾斜。

（3）根据火场及周围地物环境判断起火地点

① 察看火场附近是否有寺庙，判断起火地点是否在烧香的寺庙或鞭炮燃放点。

② 察看火场附近是否有道路，判断起火地点是否在路边，是否机动车辆喷火漏火、烘烧发动机或过路人员在路边点火。

③ 察看火场附近是否有农田、果园，判断起火地点是否在地边或果园，烧地边草或烧秸秆点等。

④ 察看火场附近是否有工矿作业点，如烧炭、烧窑、采石场等，判断起火地点是否在工矿作业区。

⑤ 察看火场附近是否有坟墓区，判断起火地点是否在坟头。

⑥ 察看火场附近是否有新鲜的罐头盒、饮料瓶、篝火堆等野炊活动痕迹，判断起火地点是否在野炊点。

⑦ 察看火场附近是否有高压线，判断起火地点是否在高压线断开点或短路点。

⑧ 察看火场附近是否有树干或树枝劈裂，判断起火地点是否在树周围，结合天气状

况，判断是否雷击火引起火灾。

总之，要根据火灾现场及周围地物环境、活动情况或残弃物，认真分析和判断起火点，从而找出起火原因。

（4）检查起火点，确定火因

起火点确定以后，就可在起火点区域内及周围进行分段分区或分片的仔细检查，寻找所有可能的起火物质或痕迹——火源证据。

对于一切可能引起火灾的残余物质，都要尽可能地查找出来，以作为引起火灾的火源证据，尤其是对烟头、火柴杆、烟灰、油渍、罐头盒、篝火堆、垃圾、脚印、车迹、食品盒（袋）、鞭炮皮、新鲜牛羊粪便等，更要注意留心查找。找到火源证据后，首先要保护好现场，然后从不同角度和距离对起火点和火源物证拍照。与此同时，还要用钢尺、指南针测定距离和方位，准确勾画好起火点区域草图。

4. 综合分析

综合分析是森林火灾发生原因调查的最后一个步骤。经过现场勘查，虽然已经查明和搜集到引起火灾原因的证据，但最后把火灾原因确定下来，还必须有当事人和见证人的陈述材料作为佐证。只有当时现场勘查和技术鉴定的发火源同各种调查材料完全一致时，火灾原因才能最后确定。因此，搞好综合分析十分重要。

在综合分析时，应对调查访问、现场勘查和技术鉴定取得的材料进行科学的综合分析和慎重推理，排除那些缺乏事实根据、与实际情况有出入的原因，肯定确凿证据，要做到认定有据，否定有理，正面能认定，反面推不倒。总之，森林火灾发生原因的最后确定，要严肃慎重，要重证据，重调查研究，防止主观、轻率下结论。

练习思考题

1. 简述森林火灾火因调查基本原则。
2. 详述森林火灾火因调查基本方法。
3. 简述起火点的确定方法。

下篇

技能训练

第九章　森林火灾预防技能
第十章　森林火灾瞭望观测技能
第十一章　森林火灾扑救技能
第十二章　扑火安全技能
第十三章　火场调查及损失评估技能
第十四章　扑火设备使用技能
第十五章　机降灭火技能

第九章
森林火灾预防技能

技能一　森林防火宣传

一、技能要求

熟悉森林防火法律法规的主要内容，熟悉森林火灾预防的基础知识，熟悉当地的森林火灾预防和扑救的常识。

能够完成森林防火宣传材料的发放、文件张贴、向群众口头宣传森林防火要点的任务；能够完成向责任区内居民和作业点的森林防火宣传工作；能够向公众宣传森林防火法律法规和森林火灾预防的基础知识。

二、技能训练

1. 熟悉森林防火法律法规

森林消防员应熟悉需向公众和森林经营单位宣传的《森林防火条例》和地方性森林防火法规的条文。

（1）《森林防火条例》中的相关规定

第三条　森林防火工作实行预防为主、积极消灭的方针。

第五条　森林防火工作实行地方各级人民政府行政首长负责制。

县级以上地方人民政府根据实际需要设立的森林防火指挥机构，负责组织、协调和指导本行政区域的森林防火工作。

县级以上地方人民政府林业主管部门负责本行政区域森林防火的监督和管理工作，承担本级人民政府森林防火指挥机构的日常工作。

县级以上地方人民政府其他有关部门按照职责分工，负责有关的森林防火工作。

第六条　森林、林木、林地的经营单位和个人，在其经营范围内承担森林防火责任。

第二十条　森林、林木、林地的经营单位和个人应当按照林业主管部门的规定，建立森林防火责任制，划定森林防火责任区，确定森林防火责任人，并配备森林防火设施和设备。

第二十一条　地方各级人民政府和国有林业企业、事业单位应当根据实际需要，成立森林火灾专业扑救队伍；县级以上地方人民政府应当指导森林经营单位和林区的居民委员会、村民委员会、企业、事业单位建立森林火灾群众扑救队伍。专业的和群众的火灾扑救队伍应当定期进行培训和演练。

第二十二条　森林、林木、林地的经营单位配备的兼职或者专职护林员负责巡护森林，管理野外用火，及时报告火情，协助有关机关调查森林火灾案件。

第二十三条　县级以上地方人民政府应当根据本行政区域内森林资源分布状况和森林火灾发生规律，划定森林防火区，规定森林防火期，并向社会公布。

森林防火期内，各级人民政府森林防火指挥机构和森林、林木、林地的经营单位和个人，应当根据森林火险预报，采取相应的预防和应急准备措施。

第二十四条　县级以上人民政府森林防火指挥机构，应当组织有关部门对森林防火区内有关单位的森林防火组织建设、森林防火责任制落实、森林防火设施建设等情况进行检查；对检查中发现的森林火灾隐患，县级以上地方人民政府林业主管部门应当及时向有关单位下达森林火灾隐患整改通知书，责令限期整改，消除隐患。

被检查单位应当积极配合，不得阻挠、妨碍检查活动。

第二十五条　森林防火期内，禁止在森林防火区野外用火。因防治病虫鼠害、冻害等特殊情况确需野外用火的，应当经县级人民政府批准，并按照要求采取防火措施，严防失火；需要进入森林防火区进行实弹演习、爆破等活动的，应当经省、自治区、直辖市人民政府林业主管部门批准，并采取必要的防火措施；中国人民解放军和中国人民武装警察部队因处置突发事件和执行其他紧急任务需要进入森林防火区的，应当经其上级主管部门批准，并采取必要的防火措施。

第二十六条　森林防火期内，森林、林木、林地的经营单位应当设置森林防火警示宣传标志，并对进入其经营范围的人员进行森林防火安全宣传。

森林防火期内，进入森林防火区的各种机动车辆应当按照规定安装防火装置，配备灭火器材。

第二十七条　森林防火期内，经省、自治区、直辖市人民政府批准，林业主管部门、国务院确定的重点国有林区的管理机构可以设立临时性的森林防火检查站，对进入森林防火区的车辆和人员进行森林防火检查。

第二十八条　森林防火期内，预报有高温、干旱、大风等高火险天气的，县级以上地方人民政府应当划定森林高火险区，规定森林高火险期。必要时，县级以上地方人民政府可以根据需要发布命令，严禁一切野外用火；对可能引起森林火灾的居民生活用火应当严格管理。

第二十九条　森林高火险期内，进入森林高火险区的，应当经县级以上地方人民政府批准，严格按照批准的时间、地点、范围活动，并接受县级以上地方人民政府林业主管部门的监督管理。

第三十一条　县级以上地方人民政府应当公布森林火警电话，建立森林防火值班制度。

任何单位和个人发现森林火灾，应当立即报告。接到报告的当地人民政府或者森林防火指挥机构应当立即派人赶赴现场，调查核实，采取相应的扑救措施，并按照有关规定逐级报上级人民政府和森林防火指挥机构。

第三十四条　森林防火指挥机构应当按照森林火灾应急预案，统一组织和指挥森林火灾的扑救。

扑救森林火灾，应当坚持以人为本、科学扑救，及时疏散、撤离受火灾威胁的群众，并做好火灾扑救人员的安全防护,尽最大可能避免人员伤亡。

第三十五条　扑救森林火灾应当以专业火灾扑救队伍为主要力量;组织群众扑救队伍扑救森林火灾的,不得动员残疾人、孕妇和未成年人以及其他不适宜参加森林火灾扑救的人员参加。

第三十九条　森林火灾扑灭后,火灾扑救队伍应当对火灾现场进行全面检查,清理余火,并留有足够人员看守火场,经当地人民政府森林防火指挥机构检查验收合格,方可撤出看守人员。

第四十条　按照受害森林面积和伤亡人数,森林火灾分为一般森林火灾、较大森林火灾、重大森林火灾和特别重大森林火灾:

(一)一般森林火灾:受害森林面积在 $1hm^2$ 以下或者其他林地起火的,或者死亡 1 人以上 3 人以下的,或者重伤 1 人以上 10 人以下的;

(二)较大森林火灾:受害森林面积在 $1hm^2$ 以上 $100hm^2$ 以下的,或者死亡 3 人以上 10 人以下的,或者重伤 10 人以上 50 人以下的;

(三)重大森林火灾:受害森林面积在 $100hm^2$ 以上 $1000hm^2$ 以下的,或者死亡 10 人以上 30 人以下的,或者重伤 50 人以上 100 人以下的;

(四)特别重大森林火灾:受害森林面积在 $1000hm^2$ 以上的,或者死亡 30 人以上的,或者重伤 100 人以上的。

本条第一款所称"以上"包括本数,"以下"不包括本数。

第四十八条　违反本条例规定,森林、林木、林地的经营单位或者个人未履行森林防火责任的,由县级以上地方人民政府林业主管部门责令改正,对个人处 500 元以上 5000 元以下罚款,对单位处 1 万元以上 5 万元以下罚款。

第四十九条　违反本条例规定,森林防火区内的有关单位或者个人拒绝接受森林防火检查或者接到森林火灾隐患整改通知书逾期不消除火灾隐患的,由县级以上地方人民政府林业主管部门责令改正,给予警告,对个人并处 200 元以上 2000 元以下罚款,对单位并处 5000 元以上 1 万元以下罚款。

第五十条　违反本条例规定,森林防火期内未经批准擅自在森林防火区内野外用火的,由县级以上地方人民政府林业主管部门责令停止违法行为,给予警告,对个人并处 200 元以上 3000 元以下罚款,对单位并处 1 万元以上 5 万元以下罚款。

第五十一条　违反本条例规定,森林防火期内未经批准在森林防火区内进行实弹演习、爆破等活动的,由县级以上地方人民政府林业主管部门责令停止违法行为,给予警告,并处 5 万元以上 10 万元以下罚款。

第五十二条　违反本条例规定,有下列行为之一的,由县级以上地方人民政府林业主管部门责令改正,给予警告,对个人并处 200 元以上 2000 元以下罚款,对单位并处 2000 元以上 5000 元以下罚款:

(一)森林防火期内,森林、林木、林地的经营单位未设置森林防火警示宣传标志的;

(二)森林防火期内,进入森林防火区的机动车辆未安装森林防火装置的;

(三)森林高火险期内,未经批准擅自进入森林高火险区活动的。

第五十四条　森林消防专用车辆应当按照规定喷涂标志图案,安装警报器、标志灯具。

（2）地方政府森林防火法规

主要是各省、自治区、直辖市出台的地方森林防火条例、森林防火预案、责任追究制度。中级森林消防员应掌握其中关于火险区、防火期、高火险期、火源管理、防火责任制、森林防火检查、森林防火责任追究等方面的具体规定。

2. 熟悉森林火灾预防知识

（1）当地森林防火期的规定

参考当地的具体防火期规定。

（2）有关防火期中火源管理的规定

①《森林防火条例》中的规定　"森林防火期内，禁止在森林防火区野外用火。因防治病虫鼠害、冻害等特殊情况确需野外用火的，应当经县级人民政府批准，并按照要求采取防火措施，严防失火；需要进入森林防火区进行实弹演习、爆破等活动的，应当经省、自治区、直辖市人民政府林业主管部门批准，并采取必要的防火措施；中国人民解放军和中国人民武装警察部队因处置突发事件和执行其他紧急任务需要进入森林防火区的，应当经其上级主管部门批准，并采取必要的防火措施。"

② 当地的具体规定　当地关于烧秸秆、烧田埂等具体的农事用火规定，当地关于防火期中严禁野外吸烟、烧纸、钓鱼、打猎等野外用火活动的规定等。

③ 高火险期的用火规定　森林防火期内，预报有高温、干旱、大风等高火险天气的，县级以上地方人民政府应当划定森林高火险区，规定森林高火险期。必要时，县级以上地方人民政府可以根据需要发布命令，严禁一切野外用火；对可能引起森林火灾的居民生活用火应当严格管理。

（3）森林火险预警标识

森林火险等级分五级，三级、四级、五级为高火险等级，出现时分别挂黄色、橙色、红色防火警示旗。

（4）森林防火报警电话

12119。发现火情应及时报警。

3. 熟悉森林火灾扑救常识

（1）扑火规定

扑救森林火灾，应当坚持以人为本、科学扑救，及时疏散、撤离受火灾威胁的群众，并做好火灾扑救人员的安全防护，尽最大可能避免人员伤亡。

扑救森林火灾应当以专业火灾扑救队伍为主要力量；组织群众扑救队伍扑救森林火灾的，不得动员残疾人、孕妇和未成年人以及其他不适宜参加森林火灾扑救的人员参加。

（2）森林火灾扑救安全常识

① 扑火过程中的安全措施

接近火场：情况不明时不盲目接近火场，不迎风接近火场，不从山上向山下接近火场，不从悬崖、陡坡、鞍部、山口接近火场，不从密集、易燃可燃物处接近火场。

扑火时：扑火时时刻注意观察天气和可燃物变化。要事先制订避火计划，确定安全避火区和脱险路线。要选择火势弱的地方（火尾、火翼）处突破，一般严禁在火头正前方近距离和无依托条件下迎火扑救。

在安全地形扑火，不在上坡方向开始隔离带，从上坡向下扑火、鞍部扑火、山脊扑火、狭窄山谷扑火、陡坡扑火、平台扑火。

要贴近火线扑火，可随时进入火烧迹地避火。

② 火场脱险　扑火人员一旦被大火围困、受到大火袭击时，要果断决策，按下列程序，迅速采取正确的方法进行解围脱险。

迅速转移：只有正确判断出时间条件允许时，应快速进入避火安全区。

点火解围：如果无法迅速转移，在较开阔的平坦地，可以以河流、小溪、道路为依托，使用点火器点迎面火，灭火机中速送风助燃，使新火头向大火头方向蔓延，阻挡火锋解围。

如无河流、小溪、道路为依托时，在时间允许的情况下，使用点火器点顺风火，灭火机高速强风助燃，扑火队员跟火进入火烧迹地避火，并用手扒出地下湿土，紧贴湿土呼吸或用湿毛巾捂住口鼻防止一氧化碳中毒。

卧倒避火（烟）：在点火解围来不及，就靠近有河流（河沟）、无植被物或植被物稀少的迎风平坦地段时，用水浸湿衣服蒙住头部，两手放在胸部，卧倒避烟（火）。卧倒避烟（火）时，为防止烟雾呛昏窒息，要用湿毛巾捂住口鼻，并扒个土坑，紧贴湿土呼吸，可避免烟害。

如果时间允许，可以使用避火罩避火，避火罩应铺设在平地上，四边压严，防止热流进入。不要在不平的地面架设。

强行顶风穿越火线：当点火或其他条件不具备时，切忌顺风跑，选择已经过火或杂草稀疏，地势平坦的地段，用湿毛巾、衣服蒙住头部，控制呼吸量，快速逆风冲越火线，进入火烧迹地即可安全脱险。

4. 掌握典型案例

森林消防员应熟悉当地的典型森林火灾案例，向公众宣传森林火灾的危害，使群众清楚违反森林防火有关规定的严重性和后果，引起人们警醒，进一步增强守法的自觉性，也对不法分子起到震慑作用。

参考案例：

（1）1987年5月6日，黑龙江省大兴安岭的4个林区发生特大火灾。大火持续燃烧了21d，过火面积达 $133 \times 10^4 hm^2$，其中有林面积近70%。烧毁房舍 $61.4 \times 10^4 m^2$，内含居民住房 $40 \times 10^4 m^3$，贮木场4处半，林场9处，存材 $85.5 \times 10^4 m^3$。烧毁各种设备2488台，粮食 $325 \times 10^4 kg$。烧毁桥涵67座，铁路专用线9.2km，通信线路483km，输变电线路284.2km。受灾群众5万多人，死亡193人，受伤226人。投入灭火人员共约3万多人，直接经济损失约 5×10^8 人民币。大火被扑灭三四天后，6月6日，国务院撤销了杨某的林业部部长职务，撤销了董某的林业部副部长职务。火灾直接责任人被刑拘。

（2）2003年3月28日，陕西省佛坪县袁家庄镇塘湾村集体山林因村民张某迷信用火引发火灾，火灾发生后，各级领导高度重视，积极组织军警民进行扑救，至次日7：30明火全部扑灭，至16：00火场清理完毕。过火面积600多亩，造成10人死亡，6人受伤，共出动扑火人员1051人。火灾肇事人塘湾村村民张某被判处有期徒刑7年。

（3）2009年3月14日，河北省石家庄市灵寿县南营乡南营村秋树林自然村发生森林火灾，受害森林面积 $26hm^2$。6名科级干部受处分，其中1人被免职，3名县级领导受到行政问责。

（4）2009年4月27日，黑龙江省森工总局沾河林业局伊南河林场发生特大草甸森林火灾。黑龙江省森工总局、松花江林业管理局分别给予了沾河林业局和伊南河林场有关领导党政纪处分。

5. 向公众宣传的方法

（1）张贴布告，在村屯路口、公共宣传栏、办公楼的宣传栏等处张贴地方森林防火命令。

（2）分发宣传传单，在森林防火检查站等处向过往行人分发森林防火宣传材料。向林区内作业的单位和人员进行口头宣传、分发宣传材料。

（3）为中小学生讲授森林防火课，能够到中小学为学生讲授森林防火常识的课程。

（4）悬挂火险旗，能够根据火险等级悬挂相应的火险旗。

（5）在其他地点口头宣传，如在检查站向过往行人进行防火宣传，在特殊时段，如清明节时，在公墓入口处提醒宣传，在巡护路上向行人提醒告知等。

（6）责任区宣传，到责任区内的居民家中和作业点上，向有关人员分发宣传材料或口头告知。

技能二　森林防火检查

一、技能要求

应熟知当地能够引起森林火灾的各种人为火源，熟悉当地有关火源的管理规定，能够界定各种违章用火行为，及时发现野外火源并制止违规用火行为。

二、技能训练

1. 人为火源知识

（1）生产性火源

① 林业生产性用火，如火烧防火线、火烧清理采伐剩余物、火烧沟塘草甸、林内计划烧除等。

② 农业生产性用火，如烧垦、烧荒、烧田埂、烧秸秆、烧灰积肥等。

③ 牧业生产性用火，如火烧来清除畜牧不可食植物等。

④ 其他能引起森林火灾的生产经营活动：狩猎、烧炭、烧砖瓦、烧石灰；火车爆瓦、汽车喷漏火、施工爆破（修桥、修路等）、林区冶炼等。

（2）生活火源

野外吸烟、迷信烧纸、烤火、烧饭、驱蚊虫、烟囱跑火、小孩玩火、野炊用火、私家车喷漏火等。

（3）纵火。

（4）其他当地特殊火源。

2. 火源管理规定

（1）防火期生产用火需要报批，实施中需要监督。

（2）高火险区严禁野外用火。

(3) 防火期中在防火区内严禁出现上述人为火源中所列火源。
(4) 其他地方性的用火规定。

3. 检查方法

（1）检查站检查

北方可以在入山口设立检查站，南方可设检查卡点。无论是固定、临时的森林防火检查站还是临时设立的森林防火检查卡点，森林消防员要根据当地的规定完成下列任务：

① 对入山车辆进行防火检查　主要检查入山机动车辆防火安全设施是否合格，并为车辆办理入山登记手续。

② 对入山人员检查　检查入山人员的入山证，收存入山人员携带的火种和易燃易爆物品，将收存物品做好标识，妥善保管，待其出山后发还。对无证入山、防火装置不合格者禁止入山；对不听劝阻，强行通过的，要立即向上级报告，由当地公安机关依法处理。

（2）专项检查

在防火期前或防火期中，根据当地防火部门的安排，深入到林区进行火源清查，对防火期中违规进行生产作业、狩猎等活动进行检查制止。

（3）流动巡视

按规定的巡护路线进行巡视检查，发现违规用火行为，如防火期野外违规用火、野外吸烟、烧纸、农事用火等，应进行制止。

4. 违章用火行为的界定

下列行为属于违章用火行为：

（1）森林防火期内，未经有关部门批准的生产性用火，如计划烧除、农事用火、营林用火、其他用火等。

（2）防火期在野外吸烟、烧纸、小孩玩火、野炊、烤火取暖、打猎等用火行为。

（3）高火险期时的一切野外用火。

（4）其他特殊的违章用火行为。

不同地区还会根据自身的防火特点进行的一些用火规定。如黑龙江省大兴安岭规定，防火期在野外（包括一些城区内）一律不准吸烟等。消防员应当熟悉本地的具体用火规定，并据此进行违章用火识别。

技能三　防火监督管理

一、技能要求

熟知国家和地方森林防火法律法规中关于火源管理和森林防火责任的具体规定，能够进行防火监督管理，检查重点火险区防范措施的落实情况。

二、技能训练

1. 熟悉火源管理规定

（1）防火期生产用火需要报批，实施中需要监督。

（2）高火险区严禁野外用火。

(3) 防火期中在防火区内严禁出现生产火源和生活火源。
(4) 其他地方性的用火规定。

2. 熟悉森林防火责任制的规定

(1)《森林防火条例》中的规定

第六条　森林、林木、林地的经营单位和个人，在其经营范围内承担森林防火责任。

第二十条　森林、林木、林地的经营单位和个人应当按照林业主管部门的规定，建立森林防火责任制，划定森林防火责任区，确定森林防火责任人，并配备森林防火设施和设备。

第二十四条　县级以上人民政府森林防火指挥机构，应当组织有关部门对森林防火区内有关单位的森林防火组织建设、森林防火责任制落实、森林防火设施建设等情况进行检查；对检查中发现的森林火灾隐患，县级以上地方人民政府林业主管部门应当及时向有关单位下达森林火灾隐患整改通知书，责令限期整改，消除隐患。

被检查单位应当积极配合，不得阻挠、妨碍检查活动。

第二十六条　森林防火期内，森林、林木、林地的经营单位应当设置森林防火警示宣传标志，并对进入其经营范围的人员进行森林防火安全宣传。

森林防火期内，进入森林防火区的各种机动车辆应当按照规定安装防火装置，配备灭火器材。

第二十七条　森林防火期内，经省、自治区、直辖市人民政府批准，林业主管部门、国务院确定的重点国有林区的管理机构可以设立临时性的森林防火检查站，对进入森林防火区的车辆和人员进行森林防火检查。

第四十八条　违反本条例规定，森林、林木、林地的经营单位或者个人未履行森林防火责任的，由县级以上地方人民政府林业主管部门责令改正，对个人处 500 元以上 5000 元以下罚款，对单位处 1 万元以上 5 万元以下罚款。

第四十九条　违反本条例规定，森林防火区内的有关单位或者个人拒绝接受森林防火检查或者接到森林火灾隐患整改通知书逾期不消除火灾隐患的，由县级以上地方人民政府林业主管部门责令改正，给予警告，对个人并处 200 元以上 2000 元以下罚款，对单位并处 5000 元以上 1 万元以下罚款。

(2) 地方相应规定

各地制订的关于森林防火责任制的具体规定。

3. 检查方法

(1) 用火监督管理

根据领导的安排，到用火单位和个人，诸如获得用火许可的林内作业单位的作业地段、烧秸秆的农民的点烧田地上，进行用火监督，监督其按规程用火。监督时，要检查其用火许可证，看其用火的天气条件是否符合要求，监督其是否准备了扑救措施等。如果不符合要求，要责令其停止用火。

(2) 专项检查

在防火期前或防火期中，根据当地防火部门的安排，深入到林区作业单位进行责任制检查，检查其是否按规定的要求落实了森林防火责任人，是否配备森林防火设施设备。对不符合要求的单位，应告知其进行整改。

技能四　野外点烧作业

一、技能要求

熟知国家和地方关于火源管理和野外用火的具体规定，能够根据天气情况和物候期初步判断安全用火时段，能够按照安全用火规程实施具体点烧作业。

二、技能训练

1. 确定计划烧除用火时段

用火时段的选择主要是根据不同林分类型因组成等造成的可燃物含水率差异、干枯程度不同而造成的燃烧性差异而进行。一般可以根据不同植被对降雨、霜、雪等发生后的含水率变化情况进行选择。

（1）有降雪的地区

可以根据春天不同植被融雪速度不同选择点烧时段，具体有：

① 春季融雪期　对于有降雪的地区，当阳坡林缘积雪融化 1~2m 宽以上，可直接点火烧林缘控制线，将林地与草地分开。

阳坡林地有 10%~15% 残存积雪，山脊有明显的"雪线"，林外阳坡草地无残雪。早春植物谷柳花芽开放初期，林地化冻 2~3cm，河沟出现涎流水等物候相时，点烧阳坡、沟塘及道路、村屯等防火线。

点烧阴坡时段比阳坡晚 7~10d，林地应有 10%~15% 残存积雪，且在毗连的阳坡和沟塘已经开设出隔离带，并采用相应的人为控制措施后用火。

② 雪后阳春期　初冬第一场降雪（≥5cm）后，东北、内蒙古东南部林区正常年份将出现回暖期，阳坡积雪随之融化，有的年份阴坡积雪也将部分融化，可点烧阳坡林缘、阳坡林地和干燥的枝桠堆。

③ 无雪隆冬期　个别年份秋季雨水正常或偏多，林地表土含水率较大。至"大雪"前后地面积雪很少，低温达 -20℃以下，可在上午 10:00 烧林地和沟塘草地或枝桠堆，夜间因低温，火会自行熄灭。

（2）没有降雪的地区

可根据不同植被的对于降雨、霜等后的含水率的变化不同选择点烧时段。

① 秋季枯霜期　第一场枯霜后，沟塘、草地大部分草本植物枯黄，林内由于地面草本、灌木仍为活着的绿色植物，这个时段适于点烧有老草母子的沟塘和有条件的林外、林缘地段。

② 盛夏期　降水正常的年份，可在盛夏期一次中雨后一周点烧林内枝桠堆。该时段选择方法适用于全国各地。

2. 实施具体点烧作业

（1）熟悉常用点火方式

在点烧各类地段中，可利用河流、道路、农田、地形等自然条件，选择有边界条件的地段，人工建立控制线，即在点烧地段周围开设出 15~30m 宽的隔离带，将开放状态的沟塘、林地分成面积大小不等的有阻隔条件的地段，消防员手持点火器分段进行点烧。

(2)熟悉点火器的使用

计划烧除点烧主要利用点火器进行点烧。下面以2002型滴油式点火器(图9-1)为例，介绍其使用方法。

该点火器的技术参数为：外形尺寸：205mm×φ140mm×540mm；重量：1.6kg；油桶最大盛油量：3.5L；点烧距离：1300m。

使用操作方法为：

①加油　该装备使用的燃油为混合油，汽油和机油按20∶1(含90%以上抗爆震能力强的汽油)的比例混合。拧开油桶部压盖，取出点火器上部组件。拧下阀盖上的封闭堵丝(封闭堵丝是堵头的一种，是把管道中不需要的口堵起来，起封闭作用)，把封闭堵丝拧在阀盖的另一螺纹孔上。将油桶装上燃油，将上部组件点火向上用压盖连接在油桶口上。打开油桶上部跑风阀，将跑风阀按逆时针方向旋转一圈即可(图9-2)。

图9-1　2002型滴油式点火器

图9-2　点火器加油过程

②点火　提起点烧器，将点火头向下倾斜，向点火头上滴上燃油后点燃点火头(可以使用打火机或火柴作为引火火种，火种在点烧工作前统一配发，建议使用火柴)。提起点烧器将点火头倾斜向下，燃油会从油嘴不断流出，经点火头点燃，点烧工作开始。

③熄火　点烧工作结束后，将点烧器直立放在地上，带点火头上的燃油燃尽后，点火头上的火焰会自动熄灭。

第十章
森林火灾瞭望观测技能

技能五 使用瞭望塔观测仪器

一、技能要求

能够熟练使用望远镜等瞭望塔上火情瞭望观测仪器。

二、技能训练

森林防火瞭望塔观测仪器主要是高倍望远镜,一般为 20~40 倍。在此基础上,增加刻度盘、大罗盘、安平机构等就构成了森林瞭望塔定位仪。该观测仪器需要事先安装,安装后使用时需先调水平,然后即可直接观测。

下面以 ZGZ–C 型定位仪(图 10-1)为例介绍其使用和保养方法。

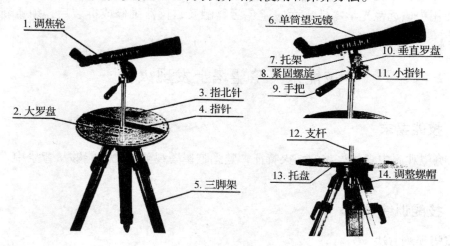

图 10-1 森林瞭望塔定位仪(ZGZ–C)

1. 仪器结构

ZGZ–C 型定位仪主要由望远镜、垂直刻度盘、大罗盘、安平机构 4 部分组成。

望远镜为 20 倍内调焦单筒式,并可在垂直面、水平面上任意回转,为了增加清晰度和成像质量,还配有调焦轮。

垂直刻度盘和望远镜连接一体,它转动灵活,可精确地测量被观察物的仰俯角度,大罗盘组(大刻度盘)、方位指针(与望远镜同轴同步)、指北针、指北针度盘(小刻度盘)和水准器组成，此罗盘组双向定位、精度高。

安平机构是一个三脚架，支脚长短与角度可任意调节。结构美观大方，且稳固性好。

2. 使用方法

（1）安装方法

首先将三角架支开，然后将主罗盘放在支架上方的托盘上，再将支杆插在主罗盘中心孔内，下端备有两个调整螺帽，支杆上端与望远镜托架连接，最后将望远镜安在托架上即可。

（2）调节方法

调节三角架，使罗盘上各水准器水泡居中。调整支杆下端螺帽，使支杆转动灵活，且无间隙。转动主罗盘，使罗盘0°刻度与指北针指针正对，即可测试。

（3）方位及俯仰角测量

转动望远镜，带动支杆，方位指针也随着转动，同时望远镜也在垂直方向上转动。当望远镜正对观测物标时，指针所指刻度就是被测物标的方位，垂直罗盘指针所指刻度是被测物的俯仰角度。

在竖直方向上转动望远镜，同时竖直罗盘转动，使望远镜正对被测物，小指针所指刻度就是被测物的仰角或俯角。

3. 仪器保养及注意事项

① 仪器出厂前已经过校验，如仪器经长途运输、碰、撞、剧烈震动或长期不曾使用时，在使用前应校对水准器、指北针及安平机构。

② 仪器使用完毕后，要将各调整机构恢复中间状态，各制动机构应妥善锁紧。

③ 仪器应保存在干燥清洁处，防止各光学件生霉及金属件锈蚀。

④ 使用中望远镜光学零件表面应避免污物触及，仪器维修或拆装后，须重新校验后方可使用。

技能六　瞭望塔上发现火情

一、技能要求

熟悉瞭望观测中森林火灾的烟火特征，熟悉瞭望塔观测方法，能够从背景中发现森林火情。

二、技能训练

1. 瞭望观测方法

根据当地当时的火险程度确定瞭望间隔。2~3级火险天气，应30 min巡视一遍；4~5级火险天气，要10~20min巡视一遍。发生火情时，应不间断观察。

观察时，瞭望员以肉眼先将整个瞭望区全面扫视一遍，然后按60°扇形区域，由近及远用仪器逐一进行仔细巡视。稍停后，再用相同方法反方向自远及近巡视瞭望一遍。发现可疑区域，再用望远镜缓慢仔细观察，观察是否有烟火出现，以确定是否发生林火。

2. 火情识别

根据观测到烟的情况判断是否是森林火灾。发现烟，则表明有森林火灾发生。

下列一些天气现象（图10-2）在一定情况下与烟具有一定的相似性，应注意识别，以免误判误报。

（1）蒸汽

以雾状形式出现．在低温区以圆柱状升起，在山腰或山脚多成团状或横条状，看似像烟。主要区别点是，蒸汽升起后消散快，烟则较长时间保持雾状形态；蒸汽的颜色一般不变，通常为白色，烟的颜色变化较大。

（2）灰尘

由行驶的车辆、奔跑的动物样或尘卷风引起的一种暂时现象，会短时消散。颜色多为黄褐色，与当地的地表土颜色有关。移动速度快，尾部消失快，不像上升的烟有波浪和较高的烟柱。如图10-2a所示。

（3）雾

由水汽形成的白色，没有烟的气味和飘落的草木灰。晨雾受日照会很快下降或消散，晚上的雾，日落后观测也没有红色的光彩。烟是随着燃烧面积的扩大而不断地强。如图10-2b所示。

（4）霾

它与烟的区别点在于是否有燃烧的灰尘和烟的味道。如图10-2c所示。

（5）机车烟

蒸汽机车烟为灰白、白色，升起快，细浓，移动速度快，内燃机车烟为黑色或棕色，

图10-2　与森林火灾烟雾相似的现象

a. 灰尘；b. 雾；c. 霾；d. 机车烟；e. 湖泊；f. 低云；g. 雨幡

有时会断续出现。烟的浓度、烟柱状态一般变化不大。如图10-2d所示。

（6）湖泊

林间空地上的湖泊，有时在光线和背景的反射下，也具有烟的假象，但缺乏动感。如图10-2e所示。

（7）低云

低云存在的时间短，形态变化缓慢，无论距地面多低都没有"根"，云底近水平状态，消失后不会再现，移动时没有倾斜。晴天多为白色，底部较暗，云无味。如图10-2f所示。

（8）雨幡

雨幡从云底自上而下漂移，而烟是自下而上扩展。如图10-2g所示。

技能七　火场定位

一、技能要求

熟悉瞭望塔周围地物特征，能够初步判断瞭望塔上发现的火场位置，使用罗盘或火场定位仪等仪器判断火场的方位。

二、技能训练

1. 熟悉瞭望塔周围地物特征

经常观测周围地物，熟悉周围地物特征。

在瞭望塔上对其周围目视及通过望远镜所能看到的具有明显特征的地标物，如公路转弯、河流转弯、建筑物等，测量其方位角和垂直角（方法见2火场位置判断），并记录下来。准备一张瞭望塔周围的地形图，在地形图上找到上述地标物，测量出这些地物到瞭望塔的距离，并在地形图上标注出这些地标物的方位角、垂直角、到瞭望塔的距离，同时要将瞭望塔在地形图上标注。也可将上述地标物标注在瞭望塔周围的照片上，效果更直接。

2. 火场位置判断

发现火情后，使用罗盘或林火定位仪测定火场方位角和垂直角。方位角是指瞭望台指向目标的方向线与指北线的顺时针夹角，由指北针在反向刻度盘上读出。林火定位仪瞄准火场后，读出方位指针所指刻度并记录下来。在竖直方向上转动望远镜，同时竖直罗盘转动，使望远镜正对被测物，小指针所指刻度就是火点的垂直角。之后，重复上述操作，核对一次。

然后，根据火点周围的地物特征，距离明显地标物的远近和林分的颜色等，将火点标注在1熟悉瞭望塔周围地物特征这节中，描述的标有明显特征地被物的地形图所做的带有地标物距离、方位角、垂直角的地形图或照片上。如果是地形图，直接根据比例尺计算出到距瞭望塔的距离。如果是照片，按照周围地标物的图上距离，等比例推算出火点距瞭望塔的距离。

具体做法是，如图10-3给出的地形图，比例尺为1:500 000，即图上1cm，实际距离是500m。点 O 是瞭望塔位置，点 A 是两条公路的交叉点，为一明显地标物。线段 OA 的图上长度是9.5cm，所以该点到瞭望塔的距离为 $9.5 \times 500 = 4750$ m。点 B 是一个观测到的火点，从图上量线段 OB 的长度为 7.5cm，则该火点到瞭望塔的距离是 $7.5 \times 500 = 3750m$。如果用的是照片，因为没有比例尺，虽然无法像上述那样直接根据比例尺计算火点到瞭望塔的距离，但可以按下列方法计算。因为 A 点到瞭望塔的距离已知为 4750m（通过地图或地面测量获得），$OA = 9.5cm$，$OB = 7.5cm$，所以火点 B 到瞭望塔的距离为 $4750/9.5 \times 7.5 = 3750m$。

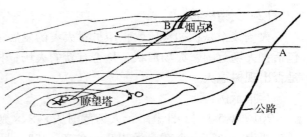

图 10-3　瞭望塔火点测距示例

3. 确定火场方位角

使用罗盘或火场定位仪判断火场方位，就是确定火场的方位角。方位角是指瞭望台指向目标的方向线与指北线的顺时针夹角，由指北针在反向刻度盘上读出。火灾定向定位仪瞄准火场后，读出方位指针所指刻度并记录下来。重复上述操作，核对一次。

技能八　瞭望塔火情记录和报告

一、技能要求

熟知应报告的火情特征，能够用清晰准确的语言和简要文字报告火场情况。熟知瞭望塔火情记录的要求，能够用文字记录火情特征。

二、技能训练

1. 熟悉应报告的火情特征

应报告的火情特征有：林火发生的时间、位置、种类、火场蔓延方向。

2. 火情报告

瞭望员发现火情后，要通过对讲机或车载台、手机等通信手段将火情信息口头报告给后方防火指挥部。消防员应熟悉所使用的通信工具，根据设备说明书熟悉常用的操作。注意保证通信设备的电源始终能够供电。火情报告分火情初报和续报。

（1）火情初报

火场初报是首次发现火情后向防火指挥部汇报，应报告的内容有：林火发生的时间、位置、种类、火场蔓延方向。时间直接用发现火情的时间，包括日期、小时、分钟。如发现火情时间为 2016 年 5 月 10 日 13：30。火场的位置用火场的方位角、垂直角，与瞭望台的直线距离来描述。如火场位于北偏东 25°，俯角 5°，距本瞭望塔 3km 等。火灾种类根据火场烟雾特征、颜色、形状、浓度、烟量大小等判断，分别为地下火、地表火和树冠火。根据火场的蔓延或烟雾漂移的动态确定火场发展方向和趋势，给出火场蔓延的方向。方向用东、西、南、北、东北、西北、东南、西南 8 个方位描述。如火场向西南方向蔓延快。

初报示例：

2016 年 5 月 15 日，在方位角 170°，距我塔 4km 处发现火情。初步判断为地表火，目前向东蔓延。

（2）火情续报

火场续报是在初报后，瞭望员对火灾的发展情况继续观察后的火情报告。续报的内容包括：火场范围、火场形状、是否有新的火场；林火燃烧中烟的变化；天气的变化；火场是否出现树冠火。

续报示例：

2016年5月11日上午，火场范围从×××到×××，火场形状判断为长条形，从东北向西南方向，一个新火场出现，位于135°，距离瞭望塔4km。风向由西南风变为东北风。局部出现树冠火。

3. 火情记录

发现火情后，应在当地森林防火部门要求的火情记录表中填写相应的内容。不同地方要求不同。一般包括火情初报和续报的内容包括：森林火灾发生的时间、位置、种类、火场蔓延方向、火场形状、是否有新的火场，林火燃烧中烟的变化、天气的变化，火场是否出现树冠火等。填写相应内容后，应在填表人中填写记录人的名字、时间、瞭望塔号等。

技能九　绘制火场示意图

一、技能要求

根据瞭望塔上观测的火场和烟雾情况，在地形图上绘制火场示意图。

二、技能训练

1. 单点火场标绘

如果发现的烟雾为很细的柱状，火场可能相对较小，在图上标注为一个点。具体标绘方法是：

首先使用罗盘或火场定位仪火场测定火场方位角。方位角是指瞭望台指向目标的方向线与指北线的顺时针夹角，由指北针在反向刻度盘上读出。火灾定向定位仪瞄准火场后，读出方位指针所指刻度并记录下来。

然后，根据烟柱周围的地物特征，距离明显地标物的远近和林分的颜色等，在地形图上沿着与瞭望塔成火点方位角的射线方向，寻找与烟柱附近地貌特征相似或估计距离相似的地方。

2. 火场示意图绘制

如果发现的烟雾面积大，具有一定的轮廓，则可选择烟雾底部的东南西北四个方向或更多的点，按前述方法分别将这些点标绘在地形图上，经各个点连在一起，即为火场的轮廓图或示意图。图10-4给出了该过程的示意。从左图的瞭望观测景象中在地形图上较容易识别和点A、B、C，点D在烟雾后面，只能估测。将这四个点都标绘在右面的地形图，连接点ABCD即得该火场的示意图。

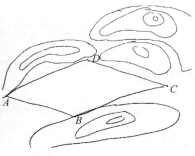

图 10-4　瞭望塔上火场示意图的绘制
（左图为瞭望塔上观测烟雾，右图为地形图上的标绘）

技能十　瞭望塔上判断火场态势

一、技能要求

熟悉不同类型森林火灾的烟雾特点，能够根据烟雾的颜色、形状、浓度等判断火灾类型、火势。

二、技能训练

根据烟雾可以判断森林火灾种类和火势。

较大的灰白烟柱多为地表火，颜色较浅，如图 10-5a 所示。

烟的颜色黑白混合，表明燃烧猛烈时，形成草本和木本植物的混合燃烧，如图 10-5b 所示。

烟的颜色较暗，多为黄褐色并混有黑色，远距离看，呈黑色冠状烟柱并缓慢移动有时交错不稳定，多为树冠火，如图 10-5c 所示。

烟移动迟缓、范围小、不见明火、烟量较少、难以形成烟柱，多为地下火。

图 10-5　地表火和树冠火的烟雾
a. 地表火；b. 地表树冠火；c. 树冠火

森林火灾的蔓延方向与烟雾或烟柱倾斜的方向一致。

一般情况下，森林火灾产生的烟雾柱高度越高，浓度越大，燃烧越剧烈。但可燃物潮湿时也会产生较浓的烟雾。

技能十一　林火类型判断

一、技能要求

熟知林火行为特征和分类，能够判断林火类型、蔓延速率和强度特征。

二、技能训练

1. 根据森林火灾着火部位确定火灾类型

（1）在地表到其上 1.5m 以内的森林可燃物的燃烧为地表火。
（2）在地表以下泥炭和腐殖质的燃烧为地下火。
（3）在地表 1.5m 以上可燃物的燃烧为树冠火。
（4）在(1)~(3)中 2 个以上部位同时燃烧的为混合火。

2. 根据火焰高度判定火强度

火焰高度在 1m 以下的为低强度火，1~3m 为中强度火，3m 以上为高强度火。

3. 蔓延速度的判断

林火根据蔓延速度分为稳进和急进 2 种。

地表火的蔓延速度超过林中扑火队员的步行速度的为急进地表火，否则为稳进地表火。

树冠火的蔓延速率超过公路上扑火队员的行进速度为急进树冠火，否则为稳进树冠火。

技能十二　火场态势分析

一、技能要求

熟悉不同类型火灾的烟雾特征，熟悉可燃物和林火环境对火行为的影响。能够根据瞭望塔上观测到的火灾烟雾情况判断火情火烧，然后根据气象条件、可燃物条件和地形条件分析火场发展态势，确定科学的扑火方式和扑火路线。

二、技能训练

1. 根据烟雾特征判断火势

在北方林区，在瞭望台上，根据烟团的动态可判断火灾的距离。烟团生起不浮动为远距离火，其距离约在 20km 以上；烟团升高，顶部浮动为中等距离，约 15~20km；烟团下部浮动为近距离，约 10~15km；烟团向上一股股浮动为最近距离，约 5km 以内。

然后，根据烟的态势和颜色等大致可判断林火的种类、火势。白色断续的烟为弱火，黑色加白色的烟为一般火势，黄色很浓的烟为强火，红色很浓的烟为猛火。黑烟升起，风大为上山火；白烟升起为下山火；黄烟升起为草塘火；烟色浅灰或发白为地表火；烟色黑或深暗多数为树冠火；烟色稍稍发绿可能是地下火。

2. 熟悉可燃物和林火环境对林火行为的影响

（1）森林可燃物的燃烧性

草本可燃物，特别是干枯的杂草是森林可燃物中最易燃烧的可燃物。沟塘草甸具有的易燃杂草，燃烧起来蔓延速度快，难以控制。

灌丛是活可燃物，一般不易燃烧，在比较干旱的条件下一旦燃烧，会整体燃烧，十分难以控制，在陡峭的地方或其他水分条件不好的地方，生长大量的灌丛，一旦燃烧，扑救十分困难，易出现伤亡事故。

乔木林中，针叶林最易燃，如北方的落叶松林、樟子松林等。阔叶树的燃烧性次之，针阔混交林的燃烧性介于两者之间。

（2）气象条件

气象要素中主要是风对林火行为影响最大。

顺风方向火蔓延最快，为火头；逆风方向蔓延最慢，为火尾；两次蔓延速度中等，为火翼。

（3）地形

① 坡向对林火的影响　同样的可燃物，南坡最易燃，蔓延速度最快。其次是东坡，再次是西坡，最后是北坡。

② 坡度对林火的影响　陡坡可燃物非常容易干燥；相反，坡度平缓，不容易干燥，不易着火和蔓延。

上山火的速度要比平地火快，下山火的蔓延速度小于平地火和上山火蔓延速度。

③ 坡位对林火的影响　从坡底到坡腹、坡顶，湿度由高到低，火行为日益剧烈。但从坡底到坡顶，可燃物数量逐渐增加，也会影响火行为。

④ 海拔高度对林火的影响　海拔越高，越不易燃。但不同海拔高度会形成不同植被带，其燃烧性不同，火行为也不同。

⑤ 山谷风风对林火的影响　白天会产生由山谷吹向山顶的谷风。夜间产生由山顶吹向山谷的山风。山风和谷风的变化会导致火行为的变化，会使顺风火变成逆风火，逆风火变成顺风火，影响扑救的难易。

一般情况下，日出到 9：00，从山风向谷风过渡，午夜前，谷风向山风过渡。

⑥ 狭窄地形的影响　风吹进狭窄地形（图 10-6）时，风速增加，火灾蔓延速度加快，扑救困难。如果是三面环山，一面开口的葫芦峪，风吹进后会产生涡流，使谷内的火灾发生飞火等，易造成人员伤亡。

⑦ 鞍部地形　当风越过山脊鞍形场，形成水平和垂直旋风（图 10-7）。鞍形场涡流带常常造成扑火人员伤亡。

图 10-6　狭窄地形

图 10-7　鞍形场涡流示意图

3. 火场态势分析

（1）熟悉当地可燃物的燃烧性

前面熟悉可燃物和林火环境对林火行为的影响中介绍的燃烧性为一般规律，高级森林消防员应在日常的火灾扑救中注意观察当地的不同可燃物类型的燃烧特点，熟悉其燃烧性，了解一般情况下的蔓延快慢。可简单分成快、中、慢3种速度的可燃物。

（2）未来火场状态分析

根据当前的火场轮廓和火灾蔓延速率（根据烟雾特征判断火势的方法从瞭望塔上观测烟雾后估计或其他渠道），可以估计未来一段时间内的火场态势。分析方法是，首先要考虑风速，顺风蔓延速度快，逆风慢，火翼介于两者之间。其次，要考虑地形，上山火蔓延快，下山火蔓延慢，坡度越大，增加或减少的幅度越大。第三，要考虑可燃物的条件，如果进入草甸或草丛，蔓延速度快，进入林内，蔓延速度慢。如果蔓延到可燃物稀少的地方，火灾就无法继续蔓延。最后，考虑阻隔的影响，如公路、河流、农田等，火灾蔓延到这些地方一般会停止，但在大风的情况下，也有可能发生飞火，飞过河流、道路。

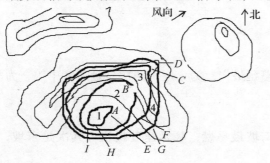

图10-8　火场态势分析

（细线为等高线，粗线为不同时刻火场的轮廓）

图10-8给出了一个火场蔓延态势的分析示意图。图中闭合曲线1中是初始的火场位置，闭合曲线2~4表示的是经过相同时间的蔓延后火场的轮廓。点 A 为火头，蔓延最快；点 H 为火尾，蔓延最慢；点 E 为火翼，蔓延速度中等。从1到2的时间内，火头 A 顺风上山蔓延最快，蔓延到了 B；火翼 E 沿平坡蔓延到点 F，火尾沿平坡蔓延到了点 I。下一个时刻，火头 B 变为了下山火，蔓延速度变慢，蔓延到 C 点，最后一个时段仍然是下山火，但顺风，所以速度中等，蔓延到了点 D。而火翼 E 最后蔓延到了点 G。从点 F 到 G，虽然是火翼，但为上山火，所以蔓延速度依然很快。

第十一章
森林火灾扑救技能

技能十三　扑救方式路线确定

一、技能要求

能够根据不同的火行为，确定科学的扑火方式。能够根据扑火安全要求，确定合适的扑火路线。

二、技能训练

1. 确定扑火方式

树冠火、地下火及蔓延速度超过了扑火队员的步行速度的地表火，都要采用间接灭火的方式。

地下火扑救时，采用挖防火沟或开生土带的方式。

扑救树冠火时，可采用开始隔离带或点迎面火的形式。如果依托较大，以开始隔离带为优。

蔓延速度低于扑火队员行进速度的地表火，如果火焰高度超过 2m，应采用间接灭火，否则，可以采用直接灭火方式。

内线火应采用打烧结合的方式。

2. 确定扑火路线

（1）直接扑火时

要从火尾或火翼处接近火场，不要从火头接近火场，不要翻山去扑打上山火，不迎风接近火场，不从悬崖、陡坡、鞍部、山口接近火场，不从密集、易燃的可燃物处接近火场。

扑火时，沿着火线从火尾向火头方向扑打，紧贴火线，遇到悬崖、陡坡、鞍部、山口等危险地形和可燃物多的地方应放弃扑救，绕道寻找安全地方扑救或采用间接扑救。

（2）间接扑火时

开设隔离带时，应选择安全地方，不要在上山火上方开设隔离带。

点迎面火时，要有充分的依托，点烧地点距离来火要有一定的安全距离。

技能十四　手工工具灭火

一、技能要求

熟悉手工灭火工具性能，能够熟练使用二号工具和组合工具扑救森林火灾。

二、技能训练

灭火手工工具主要有扑打火灾的二号工具和组合工具。扑火拍等工具与二号工具相似，不单独要求和介绍。

1. 二号工具的使用

以 SP-02 型二号工具（图11-1）为例介绍。

该二号工具由优质蜡木杆、拍头（木质机加工）和优质氯酊橡胶板制造。橡胶板中加有织物加强层。拍头两端镶有铁箍，使该工具更加牢固耐用。能够有效地扑打地表火及清理火场。

(1) 技术参数

杆长：1.4m

杆材料：蜡木杆

杆直径：25~30mm

拍火部分橡胶条长：550mm

条宽：25mm

条厚：3mm

图11-1　SP-02型二号工具

(2) 使用方法

在地面火等火焰处进行拍打。扑打时，将扑火工具斜向火焰，使其成45°角，轻举重压，一打一拖，这样容易将火扑灭，切忌使扑火工具与火焰成90°角，直上直下猛起猛落的打法，以免助燃或使火星四溅，造成新的火点。

(3) 注意事项

不要使用橡胶板有破损或烧毁的工具进行清火，防止出现清火不及时，达不到控制火焰。

2. 清火组合工具

清火组合工具是将扑火和火场清理常用的工具，如多功能锹、多功能斧、耙、通用手把及其他野外扑火用的常用工具（砍刀、锯等）放在一个组合工具袋中，便于携带，且方便地应用于多种复杂火场。因其具有割、打、拍、压、铲、锯、除和便于扑火人员携带运输等特点，在直接灭火、间接灭火、清理火场工作中发挥了巨大的作用。下面以 FZ-8 清火组合工具（图11-2）为例，介绍其使用方法。

(1) 技术参数

工具组成：组合锹、组合耙、组合拍、工具杆、手锯、防火斧、砍刀等。

① 组合锹　锹面面积≥200mm×160mm，钢板冲压成形态，钢板厚度≥1.5mm。可旋

转与工具杆成90°，并带有防火钩。

② 组合耙　钢板冲压成四齿，外形尺寸200mm×200mm，厚2mm。

③ 组合拍　阻燃橡胶，14~16条，拍头长620mm，条宽25mm，厚3mm。

④ 工具杆　铝合金材料，每节390mm长，共6根，可任意组合连结。

⑤ 手锯　三角形截锯，采用日本锰钢板制造，长度400mm，锯齿厚度0.6mm。

⑥ 防火斧　斧刃和防火钩采用锰钢锻造，重量0.8kg，可根据需要长度和工具杆任意连接使用。

⑦ 砍刀　总长465mm，刀长320mm，刀背厚5mm，重量0.6kg。实用性强，砍劲敦实有力。

工具包：材料采用防潮、防火迷彩大帆布制作，能合理放置以上7种工具。

图 11-2　FZ-8 清火组合工具

(2) 性能和使用方法

① 多功能锹头　该工具以锹为主体，锹体的一侧开有锯齿，且上部为一镐头，做到同一种工具仅通过操作者改变操作方式或调整工具头与通用手把连接端的固定螺母即可使其同时具有锹、镐、锯的功能，实现了多功能一体化。用该工具可以挖土、铲土、培土，同时也可切断草根和树根，开设防火沟，将可燃物与燃烧物分开，具体使用方法和普通工具的用法一致。

② 两用斧头　该工具为斧头和钩刀二合一的工具，上部为钩刀，下部为斧头。在清理火场中，可用斧头部分砍断树根、树枝，适于清理较坚硬的可燃物；可用钩刀部分割打可燃物，并将可燃物与燃烧物分开，开设阻火沟，处理地下火和隐燃火。具体每一项的使用方法和普通工具一样。

③ 两用耙头　该工具以长齿耙为主体，耙的上部开有锯齿，具有耙、拍、锯的功能。用于搂耙枯枝落叶，清理火场。长齿耙可用来分开燃烧物与可燃物，扒开隐燃火。锯齿部分可用来清理粗大可燃物如站杆、倒木上燃烧着的火疤等。使用方法和普通工具一样。

④ 其他工具的使用方法与普通工具的使用方法一致。

(3) 注意事项

工具包切勿拖拽，否则会造成质量下降，耐磨度变差。

金属制造工具用完后必须清理，防止受潮生锈。

技能十五　使用水枪灭火

一、技能要求

熟悉灭火水枪的结构、性能，能够熟练使用水枪进行灭火。

二、技能训练

1. 水枪的结构与性能

森林灭火水枪一般由喷嘴、手柄、内管、内活塞、逆止阀、外管、连接管和盛水容器等部件组成。图11-3 给出了 WDDQ-02 桶式往复式水枪的外观图。该水枪的技术参数如下：

外形尺寸：550mm×φ36mm

总重量：3.9kg

一次喷射量：120mL

活塞行程：290mm

最大射程：11.4m

最大盛水量：22L

背桶：均质厚度3.5mm，重量3 kg

水枪：0.9kg（铜材料）

喷量：3.2kg/min

图11-3　WDDQ-02 桶式往复式水枪

2. 使用方法

以 WDDQ-02 桶式往复式水枪为例。使用时将打水枪和盛水容器用连接管连接后，右手握住打水枪外管，左手握住水枪前手柄，左右手各向相反方向往复拉动外管和手柄，水即可从喷嘴射出。用水枪灭火时，水可以喷向可燃物的表面来扑灭地表火或火焰高度不高的灌木火，也可喷向火焰，降低火势或温度，为其他森林消防员扑火提供支持。

开始使用时枪内无水，拉动几次后使水枪内进满水才可正常使用。这时用力要稍缓。

水枪的喷射远近由操作人员根据需要自行掌握。双手压动水枪的力度大，水喷射的距离远，力度小则喷射的距离近。

根据需要调整旋转枪嘴，可喷射直流、雾状2 种水流。

技能十六　使用风力灭火机灭火

一、技能要求

掌握风力灭火机的结构，能够熟练操作风力灭火机扑救地表火。

二、技能训练

1. 风力灭火机的一般结构

风力灭火机一般由发动机、风机、风筒、油箱、背挂部件等组成（图11-4）。目前风力灭火机有发动机和风筒一体，也有风筒和发动机之间用软管连接的，风筒和发动机之间用软管连接的更便于背负和工作。

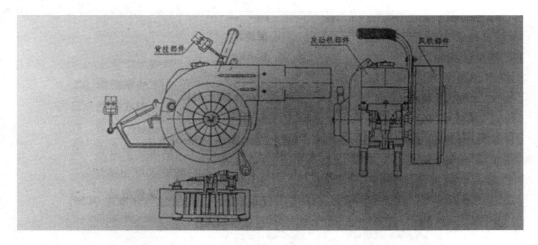

图 11-4 风力灭火机的结构（以 6MF-22-50 为例）

2. 风力灭火机的使用方法

风力灭火机的使用包括加油、启动和灭火等步骤。下面以国产的 6MF-22-50 和进口的 STIHL BR600 为例，分别介绍其使用方法。

（1）6MF-22-50 风力灭火机的使用

①该机（图 11-5）的技术参数

整机净质量：8.8kg；风速（距风机中心 2.5m 处）≥31m/s；整机标定转速：7500r/min ± 200 r/min；功率：4.5kW；外形尺寸（长×宽×高）：1240mm × 310mm × 410mm；燃油箱容积：1L ± 0.1L；燃油牌号：RQ-90（GB484）；机油牌号：GB11121 汽油机用油（冬季用 QC30，夏季用 QC40）。

图 11-5 6MF-22-50 风力灭火机

②该机的使用方法　按比例（新机使用的最初 50h 以内，汽油与机油容积比为 15:1，50h 后为 20:1）将混合油加入油箱，盖好油箱盖。严禁单独使用纯汽油。

将停火开关置于开启状态，扣动扳机同时按下自锁按钮，使油门处于半开位置，将阻风门全关或关小至 1/2 开度（热机起动时不关），按压化油器加浓杆直至有油滴出。若机器长时间不用，化油器内部针阀、膜片等橡胶件有可能发生黏连现象，导致燃油泵不出。此时，可用嘴对准油箱口吹起，向油面加压，以使油路畅通。

左手按住前把手（不可猛摇），用脚踩住后把手，右手平稳而迅速地拉动起动绳起动，一般 3~5 次即可起动。起动后立即打开阻风门、扣动扳机使限位按钮复位，然后慢慢放开扳机，建议使发动机怠速运转 2~3min 后再进入高速工作状态。

需要停机时，放松扳机，使发动机怠速运转 2~3min 后关闭停火开关即可停机。严禁大油门高速运转中急停机。

（2）STIHL BR600 风力灭火机使用方法

① STIHL BR600 风力灭火机的结构如图 11-6 所示。

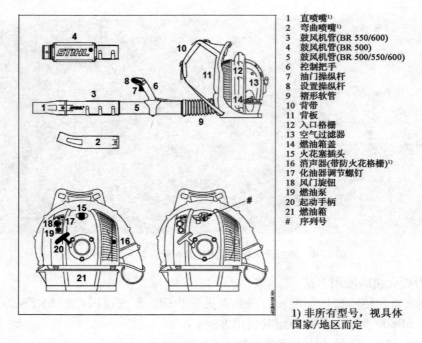

图 11-6　STIHL BR600 风力灭火机的结构

1) 非所有型号，视具体国家/地区而定

② 该机的使用方法

添加燃油：燃油混合比：STIHL50∶1 二冲程机油∶50 份汽油＋1 份机油，其他品牌二冲程机油∶25 份汽油＋1 份机油。要使用符合规定的容器来存放燃料。先将机油倒入油桶，再加入汽油并充分混匀。

加油前，将油箱盖和附近区域擦干净，以防止脏污进入油箱内。放置好机具，使油箱盖朝上，打开盖子（图 11-7a、b），然后，将手柄向上抬起（图 11-7c）。逆时针旋转约 1/4 圈，取下盖子，注入燃油。加油时注意不要让油洒在外面，也不要加得太满。最好使用 STIHL 加油用油箱嘴（专用附件）（图 11-7d）。在手柄竖直时，将盖子插入燃油箱开口处，使标记对齐，顺时针旋转直至停止（约 1/4 圈）。向下折叠手柄使之与盖子顶部平齐，盖好盖子（图 11-7e）。如果手柄没有和盖子完全平齐并且手柄上的凸点未卡入凹槽中（箭头所示），则表明盖子未完全盖严。必须重复上述步骤。

起动：设置操纵杆（1）必须位于 I 位置（图 11-8a），按压燃油泵泡至少 5 次，即使油泵泡内充满燃油（图 11-8b）。将机具平稳地放在地面上，并确保喷嘴出口附近没有旁观者。确保有稳固的立足点。用左手握紧机具的同时，用一只脚抵住底板以防止其滑动。右手缓慢拉动起动手柄直至您感觉到它已到达啮合位置，然后用力快速拉动。不要将起动绳完全拉至尽头，否则可能会将其拉断（图 11-8c）。请勿让起动手柄自由弹回，应缓慢地将其导回到机壳中，以便起动绳可以很好地卷起来。

拉动起动绳，直至发动机开始点火。如果发动机处于温热状态，则继续拉绳起动，直到发动机运转。如果发动机处于冷却状态，最多尝试拉动起动绳 3 次之后，将风门旋钮旋至 N（图 11-8d）。直至发动机运行。风机开始工作。

如果发动机未起动，原因是发动机开始点火后没有及时将风门阻塞旋钮旋至 N，致使

第十一章　森林火灾扑救技能　149

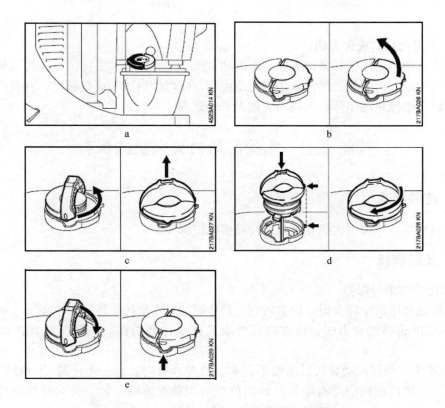

图 11-7　TIHL BR600 风力灭火机加油过程

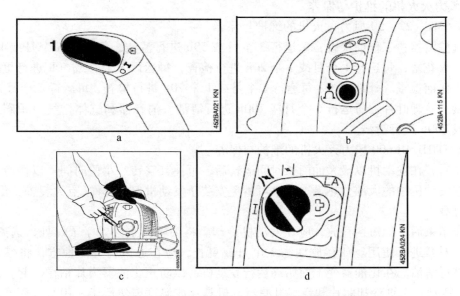

图 11-8　STIHL BR600 风力灭火机起动和关机过程

发动机被憋灭火。将风门旋钮旋至 N(图 11-8d)，将设置操纵杆(1)移动到 N(图 11-8a)，将油门(2)置于满负荷位置，继续拉绳起动，直到发动机运转。

关闭发动机：将设置操纵杆移至 0 位置(图 11-8a)，发动机停止，设置操纵杆弹回开启位置。

3. 风力灭火机的灭火方法

风力灭火机主要用于扑救地表火。距离地表火焰1m左右，手持风机，将风筒指向地表火焰基部的地表可燃物，用强风切割火焰底部，使燃烧物质与火焰断绝，并使明火部分熄灭，同时将未燃尽的小体积燃烧物吹进火烧迹地内。

技能十七　水枪和风力灭火机的保养

一、技能要求

能够对水枪、风力灭火机等机具进行简单维护保养。

二、技能训练

1. 水枪的维护与保养

①尽可能使用洁净或含泥沙量少的水，避免泥沙对水枪的损坏。

②水枪拉动感觉费力时，可在内管外表涂抹少许润滑油。往复拉动几次即可正常使用。

③使用中，如果拉动数次后水枪不进水，检查水枪内活塞、逆止阀（水枪胶管接头）中的阀球是否离位或阀中进有杂物，如离位拨动阀球或清除杂物，使阀球复位即可恢复使用。

2. 风力灭火机的维护与保养

（1）6MF-22-50风力灭火机的维护与保养

空气滤清器：工作前检查，每运行3个月或50h进行清洁，每运行6个月或100h进行更换。火花塞：每运行1个月或1个20h进行检查，每运行3个月或50h进行更换。燃料油：工作前检查。外部螺栓：每运行1个月或1个20h进行检查，每运行6个月或100h进行拧紧。冷却叶片：每运行6个月或100h进行清洁。消音器和缸体排气口积碳：每运行1年或200h进行清洁。

（2）STIHL BR600风力灭火机的维护与保养

工作时，在发动机以最大油门长时间运转后，可让其空转一小段时间，以便冷却空气流，释放发动机中的大部分热量。此举可避免安装于发动机上的部件（点火装置、化油器）出现热过载。

工作结束后，如短期存放，应让发动机冷却。将油箱排空并置于干燥处，远离火种，直至再次对其进行使用。如存放期为3个月或更长，应在通风良好的地方，将燃油箱倒空，并进行清洁。在化油器变干前始终运行发动机，以防止化油器膜片粘在一起。彻底清洁机具，特别是汽缸冷却肋片和空气过滤器。机具存放温度请勿低于-10℃。环境温度过低可能造成机具部件损坏。将机具存放于干燥处、高处或可上锁位置，远离儿童或其他未经授权人员。

技能十八　清理火场

一、技能要求

能够识别无明火条件下的火场中易复燃的危险地段，能够用手工具对火烧迹地进行清理。

二、技能训练

1. 无明火火场中易复燃的危险地段识别

（1）火场下风头处，距火场边缘 10~50m 的地段。

（2）细小可燃物载量超过 10t/hm² 的地段。野外不容易直接估计可燃物的载量，地表未分解的凋落物厚度超过 3cm 的地段，都属于危险地段。

（3）站杆、倒木等重型可燃物多的地段，特别是采伐迹地、风倒风折的林分。

2. 手工具清理火场

在火场边缘，用手工具将还在阴燃的可燃物拍灭。用耙子、铁锹往火场内方向刨出 2m 宽生土隔离带，并达到沿火线至火烧迹地内 10~50m 处。

技能十九　间接灭火技术

一、技能要求

熟悉间接灭火技术的使用条件、技术要求，能够完成点迎面火和开设隔离带的操作。

二、技能训练

1. 间接灭火的使用条件

（1）树冠火

扑救树冠火时，可采用开设隔离带或点迎面火的形式。如果依托较大，以开设隔离带为优。

（2）地下火

地下火扑救时，采用挖防火沟或开生土带的方式。

（3）蔓延速度超过了扑火队员的步行速度的地表火或蔓延速度低于扑火队员行进速度但火焰高度超过 2m 的地表火。

（4）其他扑火队员无法接近或直接扑救有危险的火灾。

2. 点迎面火

当火势很大，难于扑救时，在火头前方一定位置，火场产生逆风时点火，使火烧向火场方向，当两个火头相遇时，火即熄灭。这种扑火方法称为点迎面火法，也叫以火攻火。

点迎面火可以用于扑救急进地表火和树冠火。

(1) 点迎面火扑救急进地表火

点烧地点要位于地表火火头蔓延方向上。其与火点的距离要足够远，使来火蔓延过该距离的所需的时间超过点火队员到达点火地点的时间、开设依托的时间（如果需要）和使点火蔓延到安全距离（没有统一规定，与来火蔓延速度、火焰高度和风速有关，保守估计50m）所需时间的总和。为安全起见，可以适当增加距离。

点烧地点最好有自然依托，如河流、公路等。如果有现成的依托，则点火队员在依托靠近来火方向沿着依托用点火器点燃可燃物，形成去火。如果没有，扑火队员可点烧出依托。具体做法是，在有逆风的条件下，一个队员沿着与来火方向垂直地方用点火器点着2m左右的可燃物，后面一个队员用风力灭火机将远离来火方向一侧的火迅速吹灭。这样，就形成了2m的防火线。然后点火队员和扑火队员继续点火，防火线逐渐加长。

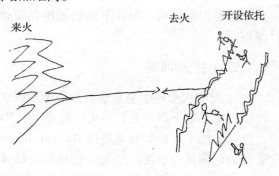

图11-9　点迎面火示意图

为保险起见，可在来火方向上每隔一定距离就点烧一条防火线，形成多条防火线的依托。最靠近来火的火线是去火，与来火相遇，即可灭火。过程示意如图11-9所示。

如果时间允许，也可用手工具开设隔离带作为依托。

(2) 点迎面火扑救树冠火

点迎面火扑救树冠火的点火地点与来火距离和依托的要求与(1)中同。尽量选择树木稀少的林分或没有树木的地带。如果是林分，则要在自然依托内侧伐倒树木点放迎面火灭火。伐倒树木的宽度应根据自然依托的宽度而定，依托宽度及伐倒树木的宽相加应达到50m以上。如果是没有树木的地带，则在依托内侧按(1)中要求点火既可。

如果来火火线场，或风大，难以保证安全，应选择在夜间等风速小、安全能够得到保证的时段进行点烧。

3. 开设隔离带（沟）

(1) 开设隔离带扑救急进地表火

开设地点要位于地表火火头蔓延方向上。其与火点的距离要足够远，来火蔓延过该距离的时间要超过点火队员到达开设地点的时间、开设隔离带所需时间的总和。为安全起见，可以适当增加距离。

采用手工具和油锯、割灌机等开设隔离带。隔离带的宽度视风速和火势而定，一般可5~10m。将隔离带内的灌木和草本割掉，放到隔离带来火方向。如果时间不允许，也可采用点烧的方法，具体方法同2中(1)点迎面火扑救急进地点火所述开设依托方法。

(2) 开设隔离带扑救树冠火

开设隔离带扑救树冠火的开设地点与来火距离与(1)开设隔离带扑救急进地表火中同。尽量选择树木稀少的林分或没有树木的地带。如果是林分，需要用油锯将林内树木全部伐倒，移到隔离带迎火一侧。伐倒树木的宽度应根据林分树高和火势而定，依托宽度和隔离带宽相加应达到50m以上。然后或将地表可燃物移除，或喷洒阻火剂等使其不燃。

(3) 开设隔离带扑救地下火

在火线外侧围绕火场用手工具挖出一条 0.5m 左右宽度的隔离沟，深度要挖到土层，彻底清除可燃物，切不可把泥炭层当作黑土层，把挖出的可燃物全部放到隔离带的外侧。在开设隔离带时，不能留有"空地"，挖出隔离带后，要沿隔离带的内侧点放迎面火烧除未燃物。

第十二章
扑火安全技能

技能二十　安全扑火

一、技能要求

熟知森林火灾扑救中易造成伤亡的危险环境和环节，能够避免进入扑火危险地段，能够在被火围困时安全逃生，能够在火场上救护他人。

二、技能训练

1. 易造成伤亡的危险环境和环节

（1）危险天气

风速增加、风向变化时，每天9：00~10：00，16：00时山谷风交替的时段。

当有飞火从头上飞过，有可能引起新的起火点时。

温度陡升变热时。

（2）危险地形和可燃物

① 草丛、密灌丛、密集的幼林，特别是密度很大、整枝不好的针叶幼林。

② 陡坡、鞍部、窄谷、葫芦峪。

（3）危险的扑火方法

在直接扑打火头时。

在上坡方向开设隔离带，从上坡向下扑火、鞍部扑火、山脊扑火、狭窄山谷扑火、陡坡扑火。

（4）危险的身心状态

① 心理紧张时接受的任务，其目的、要求要明确，附近有火而看不到火，又不能与任何人取得联系、对火场周围情况一无所知。

② 身体疲劳时。

③ 迷失方向时。

④ 没有避险计划、避险安全区时。

⑤ 在草甸、杂灌中避火或休息时。

2. 避免扑火危险的方法

（1）保证扑火装备齐整

要求安全防护用具齐全，配备头盔、护目镜、防火服、手套、防火靴（鞋），提倡穿戴棉制内衣内裤、棉制袜子和棉制手套，不可穿纤维布料的裤子、内裤，不可使用纤维、塑料或胶皮手套，不要打绑腿。备有湿毛巾，必须备有火机或火柴、手电。通信设备完好。

在突入和接近火线灭火前，要先侦察好地形、植被和火势变化发展情况，掌握火场轮廓态势。要认真检查机具装备，使机具装备都处于临战状态，并明确突入火线和接近火线的路线和方向，明确战术方法和编组作业方式。

（2）安全接近火场

接近火场的方式影响着扑火人员的安全。接近火场时要做到：

① 情况不明时不盲目接近火场。

② 不迎风接近火场。

③ 不从山上向山下接近火场。

④ 不从悬崖、陡坡、鞍部、山口接近火场。

⑤ 不从密集、易燃可燃物处接近火场。

（3）安全扑打火线

① 时刻注意观察天气和可燃物变化。

② 明确避火计划，确定安全避火区和脱险路线。

③ 在火势弱的地方（火尾、火翼）处突破，一般严禁在火头正前方近距离和无依托条件下迎火布兵。

④ 在安全地形扑火，不在上坡方向开设隔离带，从上坡向下扑火、鞍部扑火、山脊扑火、狭窄山谷扑火、陡坡扑火、平台扑火。

⑤ 要贴近火线扑火，以便随时进入火烧迹地避火。

⑥ 要先打外线火，内线火扑救采用点烧方法，打烧结合。

⑦ 以火攻火时，注意火行为变化，选择安全位置和距离，注意防止点烧失控。

⑧ 灭火过程中排除机具故障和机具加油时，要在扑灭火线的侧后方20m处实施，禁止在火线附近和刚燃烧过的火烧迹地内加油。

⑨ 需要穿插时，要设置观察员。当风向不定、风力大时，不在顺风方向迂回穿插。不在陡坡、密集可燃物中穿插，确需穿插时，在火烧迹地、火尾、火翼处穿插。

3. 被火围困时安全逃生

扑火人员一旦被大火围困、受到大火袭击时，要果断决策，按下列程序，采取正确的方法进行解围脱险。

（1）迅速转移

一旦被火围困，首先要判断是否有时间能够转移脱险。只要正确判断出时间条件允许，应快速进入避火安全区。

（2）点火解围

如果不能转移脱险，考虑点火解围。在较开阔的平坦地，可以以河流、小溪、道路为依托，使用点火器点迎面火，灭火机中速送风助燃，使新火头向大火头方向蔓延，阻挡火锋解围。如无河流、小溪、道路为依托时，在时间允许的情况下，使用点火器点顺风火，灭火机高速强风助燃，扑火队员跟火进入火烧迹地避火，并用手扒出地下湿土，紧贴湿土呼吸或用湿毛巾捂住口鼻防止一氧化碳中毒。

（3）卧倒避火（烟）

在点火解围来不及，就靠近有河流（河沟）、无植被物或植被物稀少的迎风平坦地段时，用水浸湿衣服蒙住头部，两手放在胸部，卧倒避烟（火）。卧倒避烟（火）时，为防止烟雾呛昏窒息，要用湿毛巾捂住口鼻，并扒个土坑，紧贴湿土呼吸，可避免烟害。

如果时间允许，可以使用避火罩避火，避火罩应铺设在平地上，四边压严，防止热流进入。不要在不平的地面架设。

（4）强行顶风穿越火线

当点火或其他条件不具备时，切忌顺风跑。选择已经过火或杂草稀疏，地势平坦的地段，用湿毛巾、衣服蒙住头部，控制呼吸量，快速逆风冲越火线，进入火烧迹地即可安全脱险。

4. 火场救护

（1）一氧化碳中毒的救护

一氧化碳中毒的主要症状是：呼吸困难、胸闷、头痛、四肢无力，严重者神智不清。如果发现以上症状，应立即将患者移到空气新鲜的地方进行人工呼吸。如果卫生员在场，则交给卫生员处理。中毒严重者应立即送往医院治疗。

人工呼吸的方法是：

① 在时间允许的情况下，应迅速将病员转移到空气流通状况好的地方，解开衣领扣子、腰带，若是女性，则要解开内衣扣子，以免外在因素对病员的胸部、腹部造成束缚感，影响通气。

② 将病员平躺仰卧，并且身体应在地面或者是牢固可靠的平板上，便于施救者进行急救。

③ 施救者跪在病员身体的一侧，一手放在病员的额头上向下按，另一手托起病员的下巴往上抬，迫使病员张口，迅速检查他的口腔、鼻腔内是否有呕吐物、分泌物或异物堵塞，尽可能地将其清除。如果有活动假牙已经脱落，记得一定要取出。

④ 保持病员头部后仰的姿势，令下颌部与耳垂的连线同地面基本呈90°，使气道充分打开。深深吸一大口气，一手捏紧病员的鼻子，尽可能用嘴完全地包住病员的嘴巴，将气体吹入病员的体内。同时眼睛要注视病员的胸廓是否有明显的扩张，若有，表明吹气量足够多。随即放开捏住病员鼻子的手，让他自主完成一次呼气过程（图12-1）。每次吹气时不应太快，一般持续2s左右。在进行下一次人工呼吸之前，应先确保上一次吹入的气体已彻底呼出。最开始施行人工呼吸时，可连续进行3~4次，之后以每五秒操作一次的频率进行。

⑤假如病员始终是嘴唇紧闭无法张开，那么可以改用口对鼻人工呼吸，操作方法同

 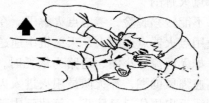

图12-1　人工呼吸图示（摘自百度）

上，只是吹气的对象换成是病员的鼻子。

⑥ 只要是有一线生还的希望，急救就不能停止。人工呼吸的操作时间会比较长，只要有可能出现生命体征，就要持续下去，哪怕是 2~3h，甚至更长的时间，而不能轻易放弃，直至等到专业急救人员的到来。

(2) 外伤出血处理

① 少量出血时，用急救包中的绷带、创可贴或干净的纱布包扎伤口。不要用药棉或有绒毛的布直接覆盖在伤口上，也不要用其他任何止血物品覆在伤口上。

② 出血严重时，用干净的纱布垫或布（棉）垫直接按在伤口上。如果一时没有干净的布垫，救护者可用干净的双手按压在伤口的两侧，保持压力 15min 以上，不要时紧时松。如果患者的血渗透了按压在伤口上的布垫，不要移开，可以加盖一块布垫继续加压止血。用绷带或布条将布垫固定。若伤口在颈部，则不宜用绷带固定，可用胶布固定。如果伤口在四肢，固定以后要检查患者肢体末端的血液循环情况，若出现青紫、发凉，可能是绷带扎得过紧，要松开重新缠绕。当伤口内有较大的异物（如刀片或玻璃碎片等）难以清理时，不要盲目将异物拔出或清除，以防止严重出血和加重组织损伤。

(3) 处理骨折

当森林消防员火场骨折时，处理方法是：

① 发现伤口出血时要立即止血，止血方法同上。

② 用夹板固定骨折的部位。如果没有固定夹板，可用木棍、树皮代替。受伤部位不要绑得过紧。

③ 将伤者立即送医院治疗。如果伤者不能自行行动，可在林内砍粗大的枝条做成简易担架，由两名消防员抬到交通工具处。

(4) 处理烧伤

① 不要弄破烧伤处的皮肤或水泡。

② 及时敷烧伤药，如果没有药品，可用清水洗。

③ 烧伤严重时，应及时送往医院。

技能二十一　带领火场脱困

一、技能要求

熟悉火场脱困的方法，能够带领他人在被火场围困时安全脱险。

二、技能训练

1. 熟悉火场脱困方法

一旦被火场围困，应按下列顺序选择合适的脱困方法。

(1) 迅速转移

只有时间条件允许时，应快速进入避火安全区。

(2) 点火解围

方法(1)实现不了，则可选择点火解围。

在较开阔的平坦地，可以以河流、小溪、道路为依托，使用点火器点迎面火，灭火机中速送风助燃，使新火头向大火头方向蔓延，阻挡火锋解围（图12-2）。

如无河流、小溪、道路为依托时，在时间允许的情况下，使用点火器点顺风火，灭火机高速强风助燃，扑火队员跟火进入火烧迹地避火，并用手扒出地下湿土，紧贴湿土呼吸或用湿毛巾捂住口鼻防止一氧化碳中毒。

图12-2　点火解围

（3）卧倒避火（烟）

方法（1）、（2）都不可行，则可选择卧倒避火（烟）。

在点火解围来不及，就靠近有河流（河沟）、无植被物或植被物稀少的迎风平坦地段时，用水浸湿衣服蒙住头部，两手放在胸部，卧倒避火（烟）。为防止烟雾呛昏窒息，要用湿毛巾捂住口鼻，并扒个土坑，紧贴湿土呼吸，可避免烟害（图12-3）。

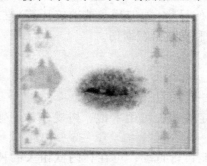

图12-3　卧倒避火

图12-4　顶风穿越火线

如果时间允许，可以使用避火罩避火，避火罩应铺设在平地上，四边压严，防止热流进入。不要在不平的地面架设。

（4）强行顶风穿越火线

当上面3个方法都不可用时，选择强行顶风穿越火线脱困。

当点火或其他条件不具备时，切忌顺风跑，选择已经过火或杂草稀疏，地势平坦的地段，用湿毛巾、衣服蒙住头部，控制呼吸量，快速逆风冲越火线，进入火烧迹地即可安全脱险（图12-4）。

2. 带领他人火场脱困

带领他人火场脱困时，要保持头脑清醒、冷静。保持与周围人员的联系，不要使待脱困的人员离开视距范围。脱困时，根据火场情况，选择上述四个方法中的合适方法后，要向周围人讲明要求，集体行动。命令要清晰、明确，不要让人产生歧义。声音洪亮，使每个人都能听到。带领人要示范行动。在行动中要注意不要有人员掉队。

第十三章
火场调查及损失评估技能

技能二十二　火烧迹地调查

一、技能要求

掌握火烧迹地调查的方法，能够独立完成火烧迹地调查任务。

二、技能训练

火烧迹地调查主要是了解过火的面积、火烧的基本情况及收集证据，为火灾损失评估和火因调查提供材料。

对于较小的火灾，火烧迹地调查可以由消防员携带工具，沿火场边缘走一遍，并进行相应的调查记录。如果火场大，可以将火场分成若干段，每个消防员负责一段。

消防员在进行火场调查时，应携带 GPS 和相机，从调查起点开始，打开 GPS，进行平面属性的采集，然后沿火场边缘行走，GPS 同时记录所走航迹的坐标。行走的同时，查看火烧迹地中的火烧情况，包括着火的部位、树干熏黑高度、树冠烧毁程度、地表凋落物、腐殖质烧毁的程度等，每发现一处上述特征发生显著变化的地段，拍摄一张照片，将上述特征记录纸上。如发现一些人为用火、人为活动的证据，如新鲜的罐头盒、饮料瓶、篝火堆等野炊活动痕迹也拍照记录下来。根据上述特征可以判断森林火灾类型、树木死亡情况，为损失评估调查和火因调查提供基础数据。

技能二十三　初步判断火因

一、技能要求

能够根据扑火过程中发现的证据，初步判断森林火灾发生的原因。

二、技能训练

火因判断的几种情况：
（1）根据火场及周围地物环境判断起火地点，确定火因。
（2）如果在火场中或火场附近发现有树干或树枝劈裂，结合天气状况，可初步断定火灾起因为雷击火。

（3）如果在起火点附近发现烟头、火柴杆、烟灰等，可以初步判断火因为吸烟。

（4）如果在起火点附近发现油渍、罐头盒、篝火堆、垃圾、脚印、车迹、食品盒（袋）等，可初步判断火因为野外用餐。

（5）如果在起火点附近发现鞭炮皮等，可以初步判断火因为燃放鞭炮。

（6）其他可能的火因包括机动车辆喷火漏火、烘烧发动机（指用明火烤发动机）或过路人员在路边点火、烧地边草或烧秸秆、烧炭、烧窑、采石场用火、上坟烧纸、高压线引起的火灾。如果起火点附近存在相似的特征，则可判断火因与其有关。

技能二十四　评估森林火灾林木损失

一、技能要求

能够对面积不大的火场进行林木损失评估标准地调查，然后根据调查结果进行简单的林木损失评估。

二、技能训练

1. 森林火灾面积调查

精度要求不高时，步行绕火场四周，勾绘火场略图来确定火场总面积，其中包括火烧森林面积、受害森林面积（包括原始林、次生林、人工林）、荒山荒地和草地面积等。

调查精度要求较高时，利用 GPS 的"面积计算"功能，沿火场周圈走一遍，凡是转角地方定位一次并将数据存贮起来，走完一圈，即可显示出火场的面积。

2. 森林火灾林木损失情况调查

如果精度要求不高，在火场面积调查的行走过程中，观察林木受损的情况，按下列标准确定受损等级，并记录各等级受损木的比例。

① 烧毁木　树冠全部烧焦，树干严重被烧，采伐后不能作为用材的树木。

② 烧死木　树冠 2/3 以上被烧焦，或树干形成层 2/3 以上烧坏（呈棕褐色），树根烧伤严重，树木已无恢复生长的可能，采伐后尚能做用材的树木。

③ 烧伤木　树冠被烧 1/2 或 1/4，树干形成层尚保留 1/2 以上未被烧坏，树根烧伤不严重，还有可能恢复生长的可能的树木。

④ 未伤木　树冠未被烧，树干形成层没有受伤害，仅外部树皮被熏黑，树根没受伤害的树木。

如果要求较高时，可设置一块标准地，采用正方形或长方形均可，面积为 20m×20m 或 30m×20m。要求标准地的过火均匀，火烧强度适中，能代表整个火烧迹地基本状态。然后在标准地中，对每个符合要求的林木进行胸径和树高的测定，即每木检尺，然后判断各检测树木的受损情况，受损标准同前。将结果填入火烧迹地标准地每木调查表（表13-1）。

具体的调查应分别成林（平均胸径大于 5cm）和幼林开展。成林分别按烧毁木、烧死木、烧伤木和未伤木作每木调查，以计算材积损失。对幼林可以只统计株数，即烧死、烧伤、未烧伤的株数。具体测量中，为保证每木检尺中不重测和漏测，必须按一定顺序进行每木检尺,在山地条件下,通常可以沿等高线方向"之"字形行进。用划"正"字的方法填写每木调查表(表13-1)。

表13-1　火烧迹地标准地每木调查表

标准地号：　　　　　　　树种：　　　　　　　林层：

径级中值 cm	烧毁木	烧死木	烧伤木	未伤木	备注
幼树					
8 以下					
8					
12					
16					
…					

调查者　　　　　　记录者　　　　　　　　　　　　　年　月　日

3. 森林火灾林木损失计算

(1) 林木损失计算方法

森林火灾林木损失(S)包括幼龄林损失(S_1)和非幼龄林林木损失(S_2)两部分,即$S = S_1 + S_2$。幼龄林是指郁闭前的人工林和天然林。非幼龄林包括人工林和天然林郁闭后的幼龄林、中龄林和成过熟林等。

幼龄林损失S_1按下式计算:

$$S_1 = A_1 P_1 \beta$$

式中,A_1为幼龄林毁林面积(hm^2);P_1为营林生产成本价格(元/hm^2);β为价值损失系数。

幼龄林毁林面积通过火烧迹地的标准地调查取得,营林生产成本价格根据当地造林成本和管护成本计算,价值损失系数视实际被烧毁程度确定。

非幼龄林林木损失S_2按下式计算:

$$S_2 = (V_1 + 0.7V_2 + 0.4V_3) A_2 P_2$$

式中,V_1、V_2、V_3分别是标准地调查中所得非幼龄林中烧毁木、烧死木和烧伤木的单位面积蓄积量(m^3/hm^2);A_2为非幼龄林火场面积(hm^2);P_2为林木林价(元/m^3)。

V_1、V_2、V_3通过标准地调查数据计算获取,林价可视林龄采用重置成本法、历史成本调整法、收获现值法、木材价倒算法等计算。要求精度不高时,可直接采用木材价格加上营林成本来近似计算:

$$总林木损失 S = S_1 + S_2$$

(2) 计算实例

根据上述调查方法,得到某个火场中的幼龄林烧毁面积为0.7hm^2,非幼龄林的面积2.4hm^2,其中幼龄林全部烧死,烧毁木蓄积为12m^3/hm^2,烧死木蓄积为8m^3/hm^2,烧伤木蓄积为20m^3/hm^2。当地平均的林价为800元/m^3,营林生产成本为150元/hm^2。即:$A_1 = 0.7$,$P_1 = 150$,$\beta = 1$;$V_1 = 12$,$V_2 = 8$,$V_3 = 20$,$A_2 = 2.4$,$P_2 = 800$。

代入上述公式得:

$$S = S_1 + S_2 = 0.7 \times 150 \times 1 + (12 + 0.7 \times 8 + 0.4 \times 20) \times 2.4 \times 800 = 49\ 257(元)$$

即,该次森林火灾的总林木损失为49 257元。

第十四章
扑火设备使用技能

技能二十五　使用对讲机

一、技能要求

熟悉对讲机使用的一般方法，能够按照说明书使用对讲机。

二、技能训练

1. 对讲机的一般使用方法

不同对讲机的按键、使用方法有所差异，但对讲机的一般使用方法包括以下步骤：

（1）开机

按顺时针方向转动电源开关/音量控制旋钮，打开对讲机电源。

（2）频道选择

转动频道选择器所需的频道，旋到一个信道，将能听到播报当前信道的声音。

（3）呼叫

要发出呼叫，按住 PTT 键，然后对着麦克风用正常声调讲话。保持麦克风离嘴大约 2.5~5cm。

（4）接收

放开 PTT 键，开始接收。

2. 对讲机使用实例

下面以 IC – V80E 对讲机为例，介绍对讲机的具体使用方法。

（1）面板介绍

图 14-1 显示了该对讲机的前面板、顶部、侧部情况。

具体按键是：

① PTT 按键[PTT]，按下此按键进行发射，松开进行接收。

② 天线接口，连接配套天线使用。

③ 控制旋钮[VOL]，调整音量。在设置模式，可以选择项目，设置数值。

④ 外接扬声器/外接耳机插口[SP MIC]，可以连接外部话筒，或者连接克隆线进行频率修改使用的插口。

⑤ 监听按键[MONI]，按住此按键可以监听当前频率的信号。按住此按键，使用按键 7 可以调整静噪灵敏度。

第十四章 扑火设备使用技能 163

⑥ 开机按键，按住此按键 1s 可以开启对讲机。

⑦ 上/下按键，可以选择操作的频率。在存储频道模式，可以选择频道号码。扫描时，可以改变扫描的方向。在设置模式，可以选择选项。

⑧ VFO/记忆频道/呼叫频道按键［VFO/MR/CALL］，按下此按键可以在 VFO、记忆频道模式和呼叫频道之间转换。按一下［FUNC］(*)按键，再按此键进入频道编辑模式。

(2) 开关机

按住 按键 1s，开启机器电源。按住 按键关闭电源。

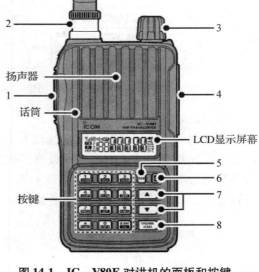

图 14-1 IC－V80E 对讲机的面板和按键

(3) 调整音量

图 14-2 IC－V80E 对讲机音量调整界面

旋转［VOL］旋钮选择音量大小。如果关闭静噪，按住［MONI］按键旋转音量旋钮。屏幕上将显示音量等级（图 14-2）。

(4) 操作模式选择

按［FUNC］(*)按键，然后按［SET］(8)的按键进入设置模式。使用上下按键选择操作模式（W/n）。使用［VOL］旋钮选择操作模式 FM 或 FM－N。按［# ENT］按键退出设置模式（图 14-3）。

FM 模式　　　　　　　　　　　　FM-N 模式

图 14-3 IC－V80E 对讲机操作模式选择

(5) 设置频率

首先设置频率的增加幅度，即设置步进。

发射机有 8 种步进选择：5kHz、10kHz、12.5kHz、15kHz、20kHz、25kHz、30kHz、50kHz。按［FUNC］(*)按键，然后按［SET］按键进入设置模式，使用上下按键选择操作模式（tS），使用［VOL］旋钮选择步进大小，按［# ENT］按键退出设置模式。

然后，设置接收和发射的频率。分为使用上下按键设置或直接输入两种方法。

使用上下键设置：按［VFO/MR/CALL］多次选择 VFO 模式，按［▲］或［▼］选择需要的频率，频率改变的大小根据选择的步进大小进行变化。

使用按键输入频率：按［VFO/IIIR/CAILL］多次选择 VFO 模式，直接输入 6 位数字频率。首先开始输入的是 100MHz，如果以输入 2 位或者 3 位，也可以直接使用［# ENT］按键结束。例如输入 145.525 MHz（图 14-4）。

图 14-4　IC – V80E 对讲机手工输入频率

（6）接收

打开电源。使用[VOL]旋钮选择音量大小，在调整音量大小时，声音等级将显示在LCD上。使用按键或者上下按键设置接收的频率。按住[MONI]按键，同时使用上下按键选择静噪等级，静噪等级将显示在LCD上。当一个信号被接收到时，静噪打开，接收到声音信号，接收信号场强也会随之显示。该过程如图14-5所示。

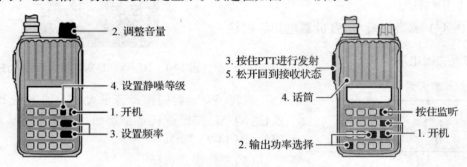

图 14-5　对讲机接收和发射过程示意图

（7）发射

设置操作频率。按一下[FUNC]（*）按键，再按[H/M/L]键选择输出功率。根据选择功率的大小，"H""M""L"会出现在屏幕上。按住[PTT]进行发射，"TX"发射符号会出现在屏幕上，输出功率的等级也会显示在屏幕上。用正常语音语速对着话筒进行讲话，不要离话筒太近，并且使用大话音通话，否则容易造成语音输出失真。松开[PTT]回到接收状态。

技能二十六　使用 GPS 定位仪

一、技能要求

掌握GPS使用的一般步骤，能够根据说明书操作GPS，进行点坐标的获取和存储、长度测量、面积测量、导航等操作。

二、技能训练

1. GPS 使用的一般步骤

不同的GPS具体使用方法和按键不同，但通用使用步骤有：

（1）电池的安装

按说明书安装好电池即可。

(2) 开机

按 GPS 的开机键打开 GPS，出现主界面。主界面上通过图标或文字显示该 GPS 提供的各种功能。一般包括卫星功能、定位、导航、量测、设置等基本功能（图14-6）。一些 GPS 还提供地图和软件等高级功能。卫星功能主要显示当前接受的卫星信号情况。定位功能能够提供点的地理坐标。量测功能提供长度、面积等的测量。导航功能可以引导用户到指定的位置。

(3) 具体功能的使用

用户通过移动键，将光标移动到相应的功能图标/文字上，再按确定键即可进入相应的功能。

具体可参看仪器说明书。

2. GPS 使用的实例

下面以集思宝 G3 系列 GPS 为例，说明 GPS 的使用。

(1) 结构及面板介绍

图 14-6 给出了该 GPS 的面板和按键。各键的使用可从后面的方法介绍中看到。

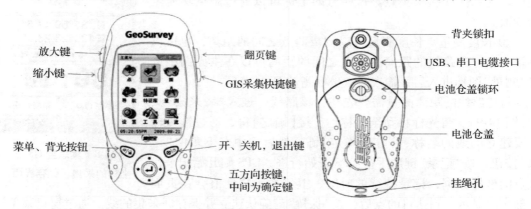

图 14-6　集思宝 G3 的按键及面板

(2) 使用

① 开关机　关机状态下，长按【电源】键约 3s 至屏幕有显示即可松手，机器自动启动，默认进入"主菜单"界面（图14-6左图）。开机状态下，长按【电源】键约 5s 后放开，屏幕无显示，机器自动关闭。

将光标移至左上角的图标上，按【确定】键，进入"选择图标"界面，将光标移至要选择的图标上，接【确定】键即完成更改。通过"菜单"键可以选择不同种类的图标类型。

② 单点坐标的获取　在主界面中选择点图标，进入点采集功能。将光标移至名称栏（图14-7），按【确定】键，通过键盘输入要更改的名称，再按【确定】键即完成更改。点击类型值后面的浏览按钮，可以打开类型值选择窗口，窗口中列出的是已经在特征库中定义的点特征的名称，选择"点"即可。在"坐标"中显示当前 GPS 定位得到的坐标。在"高度"中显示当前 GPS 定位得到的高度值。GPS 辅助信息栏实时显示 GPS 卫星数量和精度值。

进入"点采集"页面（图14-8），选中左下角的"记录"按钮，按"记录"键开始记录数据，记录持续的时间、卫星数、精度值会在页面下部实时显示。在采集的过程中，因为卫

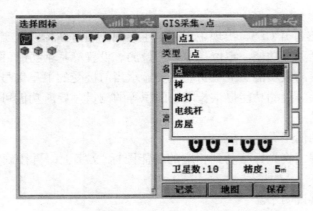

图 14-7 集思宝 G3 选择点类型、名称等界面

星可能短时间内达不到作业要求或其他原因需要暂时中断采集工作，待条件好转后，再继续原来的采集。采集后按"保存"键确认建立并保存新采集点。这些点的坐标可以通过浏览功能重新读取。

③ 长度测量　长度测量可以测量两点之间的距离，也可以测量一段行进路线的距离。两点之间的距离可以在主界面中选择"测量"图标进入后，输入两点坐标测量即可。

行进路线的距离测量需要先建立该路线。进入"线采集"页面（图 14-9），将光标移动至名称栏，按【确定】键，通过键盘输入要建立的线的名称，再按【确定】键。然后选中左下角的"记录"按钮，按"记录"键后手持 GPS 开始行进，GPS 则开始记录行进点的坐标数据，记录持续的时间、卫星数、精度值会在页面

图 14-8　集思宝 G3 点坐标的采集、保存界面

下部实时显示。到达目的点后，按"保持"键确认建立并保存新采集的线。通过窗口菜单进入长度面积计算窗口，在该窗口中会显示出这条线的缩略图，长度信息以及卫星数和精度信息。

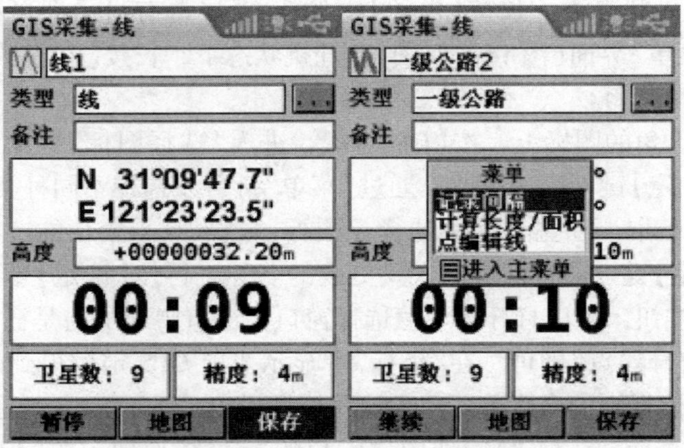

图 14-9　集思宝 G3 长度测量的界面

④ 面积测量　面积测量需要建立一个面之后进行测量。进入"面采集"页面(图 14-10),将光标移动至名称栏,按【确定】键,通过键盘输入要建立的面的名称,再按【确定】键。然后选中左下角的"记录"按钮,按"记录"键后手持 GPS 开始行进,GPS 则开始记录行进点的坐标数据,记录持续的时间、卫星数、精度值会在页面下部实时显示。到达目的点后,按"保持"键确认建立并保存新采集的面。通过窗口菜单进入长度面积计算窗口,在该窗口中会显示出这条线的缩略图,长度信息以及卫星数和精度信息。

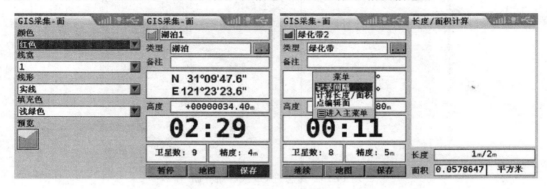

图 14-10　集思宝 G3 面采集和面积测量界面

⑤ 导航　导航分为点导航、线导航和面导航 3 种。

点导航就是导航到指定坐标的一点。在主界面中点击"导航"进入导航功能选择页面(图 14-11),点击【点导航】按钮,首先进入点列表窗口,在列表中列出了系统中所有通过"点采集"获得的数据或通过"键入点"功能生成的点数据。用上下方向键选择列表中的任意点作为目的地,按【确定】键进入"罗盘"页面开始进行导航(图 14-12)。

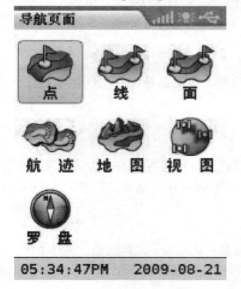

图 14-11　集思宝 G3 导航功能选择界面

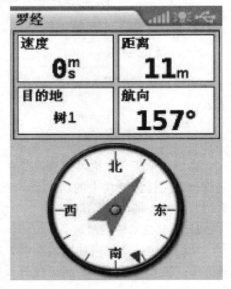

图 14-12　集思宝 G3 导航界面

线导航能够引导消防员沿着事先给定的路径(长度计算中建立的线)进行行进。与点导航相似,进入"线导航"界面,从线列表中选择一条线数据作为行进的路径。系统会自动导航到起点，并以该点作为目标进行导航，到达该点后，系统会继续从该点开始沿着用户选择的线进行导航直到路径的终点（图14-13）。

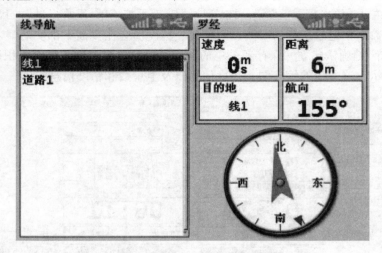

图14-13 集思宝G3线导航界面

面导航能够引导消防员沿选择的面的最外围的轮廓线进行导航。进入"面导航"界面，从面列表中选择事先采集好的面作为行进的路径。系统会自动导航到起点，并以该点作为目标进行导航，到达该点后，系统会继续从该点开始沿着用户选择的线进行导航直到路径的终点。

技能二十七　高压细水雾灭火机的使用

一、技能要求

掌握高压细水雾灭火机的使用、简单保养和维修，能够熟练操作高压细水雾灭火机灭火。

二、技能训练

高压细水雾灭火机具有高效节水、安全环保等优点，具有冷却、窒息双重灭火效果，是森林火灾扑救机具中的新成员。下面以 GXBQ – 04/08 – HPS 高压细水雾灭火机为例，介绍其性能、使用和保养。

1. 主要技术性能参数

动力类型：本田汽油机；工作压力：8MPa；流量：4L/min；水箱容量：整体10L，分体20L；最大射程：8m；高压胶管长度：1.5m；连接软管长度：2m；净重：12kg；使用温度：4～50℃。

外形尺寸：480mm×340mm×570mm。

2. 结构和主要部件

高压细水雾灭火机整体结构和主要部件包括整体机箱、机架、灭火装置主机、分体水箱等，如图 14-14 所示。其中，机架用于支撑灭火机。其上安装有背带和汽油机的节气门调节手柄。

高压水泵采用容积式柱塞泵，是高压细水雾灭火机的核心元件之一，在汽油机的驱动下，将灭火用水加压到工作压力后供给喷头。柱塞泵具有工作性能可靠、使用寿命长、效率高等特点。

汽油机采用本田单缸四冲程汽油发动机作动力，其主要技术性能参数包括输出功率：0.95kW/7000rpm；燃油箱容积：0.63L（可工作 1.3h）；润滑油箱容积：0.1L；启动方式：手拉绳反冲启动。

水箱包括主水箱及可快速连接分体水箱，用于储存灭火用水，均设有加水口、过滤器、出水口等。主水箱容量 10L，可快速连接分体水箱容量 20L，并设有背带。

灭火机在水箱加水口处、高压水泵入口处和喷头处均设置了过滤器，以保证灭火机工作。

细水雾组合喷枪后端带有开关，用于控制水雾喷出，前端装有远程细水雾喷头和细水雾喷头及转换器。喷头是灭火装置的核心元件之一，包括远程细水雾喷头和细水雾喷头。

远程细水雾喷头喷出的水雾粒径稍大，穿透力强，主要用于当灭火人员不能靠近火场时，在远距离进行控火。转换器用于远程细水雾喷头和细水雾喷头之间的转换。高压胶管采用单层钢丝编制胶管，额定工作压力>16MPa。

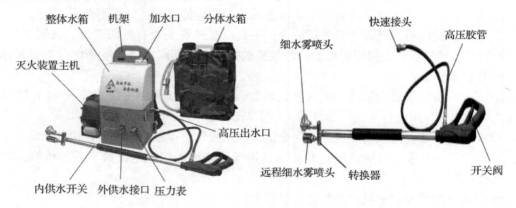

图 14-14　高压细水雾灭火机整体结构和主要部件

3. 使用方法

（1）安装

① 检查灭火机是否有燃油和润滑油，严禁在无油状态下运行。

② 分别向主水箱和可快速连接分体水箱内加入足量的灭火用水。向分体水箱加水时应将其开关阀关闭，以免水流出。

③ 将细水雾喷枪连接在灭火机的高压出水口上。

（2）喷雾操作

喷雾操作包括使用本体水箱和分体水箱喷雾两种方法。

使用本体水箱的水进行灭火的操作方法是：①打开灭火机上的内供水开关。②用力压油泵，直到回流管里能看到燃油为止。③将汽油机的阻风门扳到 CLOSE（关）位置。④轻轻地拉汽油机的启动手柄感到有阻力，然后用力快速拉动，直到汽油机启动。⑤当汽油机运转平稳后，逐渐将阻风门扳到 OPEN（开）位置。⑥向上扳节气门调节手柄，将其置于最高位置，打开喷枪，喷头即可喷出细水雾。

使用分体水箱的水进行灭火的操作方法是：①关闭灭火机上的内供水开关。②打开分体水箱连接软管上的开关阀，直到有水流出时，将连接软管上的快速接头与灭火机上的外供水接口连接起来。其他操作与本体水箱使用相同。

（3）灭火操作

① 灭火时，灭火人员要穿戴好防护用品。

② 调整好灭火装置、分体水箱的背带长度，分别背好灭火装置和分体水箱，并按要求启动灭火装置。

③ 灭火时，灭火人员两手持枪，当火势较大，不能靠近火场时，使用远程水雾喷头喷出的细水雾覆盖在火焰上进行灭火；当火势较小，能够靠近火场时，可以使用细水雾喷头喷出的细水雾覆盖在火焰上进行灭火。

④ 远程水雾喷头、细水雾喷头的转换　当需要哪个喷头灭火时，哪个喷头处于上方位置，关闭喷枪开关，再打开即可。在灭火过程中，喷枪可自由操作。

4. 维护与保养

为保证高压细水雾灭火机能正常工作，必须按照操作规程进行正确的维护、检查和保养，使灭火机始终保持良好的状态。

① 灭火机应按规定水平放置在干燥、通风、少灰尘的地方，气温不低于4℃。

② 维护人员应每天对灭火机进行检查，主要检查外观是否有碰伤变形、机械损坏等；高压胶管和连接软管外表面应无龟裂；汽油机的排气管口不应堵塞，散热窗内不应有异物等；水箱水量应充足。

③ 灭火机应经常启动运转。灭火机运转时，应重点检查喷头的喷嘴，不应有堵塞的现象，如有堵塞，应进行清洗，清洗后，应重新试机。

④ 在寒冷季节，每次使用后，要完全清干高压胶管、连接软管和喷枪内的水。

⑤ 灭火机一旦发生故障，应请专业人员进行检修或送到指定维修点进行维修，非专业人员禁止拆卸。

⑥ 汽油机的保养请参见汽油机使用说明书。

技能二十八　脉冲气压喷雾水枪的使用

一、技能要求

掌握脉冲气压喷雾水枪（以下简称"脉冲枪"）的使用、简单保养和维修，能够熟练操作脉冲气压喷雾水枪（以下简称"脉冲枪"）灭火。

二、技能训练

脉冲气压喷雾水枪（以下简称"脉冲枪"），以少量的水（也可以在水中加入水成膜发泡剂或阻燃剂）作为灭火介质，以30MPa压缩空气为动力，用雾化吸热、隔绝氧气、脉冲冲击等方法实施灭火的装备。由于该装备特有的灭火机理和结构设计使其具有灭火速度快、耗水少、效率高、水渍损失小、操作简便、机动灵活等特点。下面以 QWMB12 型背负式脉冲气压喷雾水枪(图 14-15)为例介绍其性能、使用和保养方法。

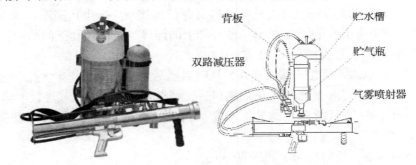

图 14-15　QWMB12 型背负式脉冲气压喷雾水枪结构示意图

1. 结构与技术性能参数

脉冲枪的结构如图 14-15 所示，其主要部件如图 14-16 所示。其技术参数见表 14-1。

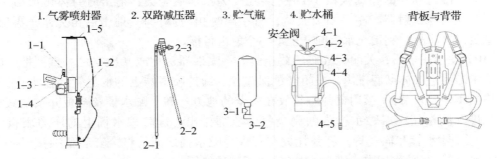

图 14-16　QWMB12 型背负式脉冲气压喷雾水枪各部件结构示意图

表 14-1　QWMB12 型背负式脉冲气压喷雾水枪的技术参数

主要项目	参数	主要项目	参数
射程	≤32m,有效射程 17m	贮气瓶公称压力	30MPa
脉冲喷射间隔时间	≤3s	介质喷射初速度	≥120m/s
单次满枪喷量(介质)	1L	喷射角	20°～36°
贮水桶容积	12L	贮气瓶容积	2L
双路减压器输出	0.6～0.7 MPa / 2.5～2.7 MPa	整套装备净重	<18.5kg
喷射压力	2.5 MPa		

2. 使用方法

以图 14-16 为例。

（1）将贮水桶 4 装满水，并旋紧旋塞 4-1。用缚带将贮有 30MPa 压缩空气的 2L 贮气瓶 3 固定在气瓶固定架 4-4 上。

（2）将双路减压器 2 的进气口 2-3 与贮气瓶 3 的出气口 3-1 连接并旋紧手轮。将双路减压器的 0.6～0.7MPa 的低压输气管插头 2-2 与贮水桶进气快插座 4-2 连接，当听到插头入位的响声后，轻拉低压输气管，确认其连接牢固。

（3）将贮水桶背在肩上，双手向下拉动左右两侧肩带，使背板贴紧背部；再将腰带插扣插上，拉紧即可。将气雾喷射器1（以下简称喷射器）斜挎在肩上。

（4）将高压输气管的快插头2-1从喷射器后背带连接板1-5小孔穿过，插入后握把的快插座1-1并旋转快插座上的滚花外套，使外套上的豁口与对面光套上的凸起错开约90°。轻拉高压输气管，确认其连接牢固。

（5）将贮水桶的输水管出水接头座4-5从喷射器后背带连接板1-5大孔穿过，与喷射器的进水阀1-2连接，当听到插头入位的响声后，轻拉输水管，确认其连接牢固。

（6）缓慢开启贮气瓶的截止阀3-2至完全打开，此时贮水桶上压力表4-3显示为0.6~0.7MPa。

（7）手持喷射器，喷射口向上倾斜30°以上。

（8）打开喷射器红色保险栓1-3，按图示方向，保险栓旋钮尖端向前与喷射口方向一致，打开进水阀（依箭头指示方向），当喷射器内充满水时，可看到有少量的水从喷射口处流出，此时关闭进水阀（当需要连发时，可将进水阀处于常开状态）。

（9）瞄准目标立即扣动扳机1-4进行射击（为抵消后坐力，射击时身体可成弓字步，双手同时往前送喷射器，左手用力大些，右手同时扣动扳机）。射击后再充水，再射击，反复重复以上步骤，利用充水时间选定下一个射击目标。

（10）使用完毕后，关闭贮气瓶的截止阀。将喷射器对地放几次空枪，直到把管路及喷射器中的剩余气体彻底排出。关闭红色保险栓，卸掉喷射器上的输气管和输水管（推或拉动快插座外套）。卸下喷射器并将其放在安全的地方。卸下贮水桶及背板并按动其顶部的红色排气阀按钮，将贮水桶内的剩余气体全部排出。这时贮水桶上的压力表指示为0MPa。理顺输水管和输气管，将其挂放在背板与贮水桶之间。将全套装备擦拭干净，放在固定地点（可将贮水桶内充满水，贮气瓶充满气）待用。

3. 维护与保养

（1）应保持装备外表清洁干燥，使用完毕后用清洁软布或棉纱擦拭干净。

（2）贮气瓶充气时严格按操作规程操作。贮气瓶要定期检查。如发现其外面的碳纤维有断裂严禁使用。

（3）使用时注意压力表指示，发现压力自行降低应检查有无泄漏。必要时应请专业部门检测双路减压器。

（4）喷射器橡胶挡板为易损件，每次使用后要做检查，发现缺角、断裂或射击方向不规则时应及时更换，更换时请用随箱附带专用工具紧固。

（5）如不经常使用，最好每3个月进行一次射击操作，当发现进水阀不容易拉动时，可慢慢转动外套即可正常操作。

（6）将水注入贮水桶时不要夹带树叶、棉纱等杂物。如用混浊的河水应沉淀后注入。

（7）灭火介质在结冰状态下不能使用。

（8）如使用了超标的酸碱液体（或其他腐蚀性液体），应在使用后马上用清水冲洗干净，以防设备内部零件受到腐蚀。

第十五章
机降灭火技能

技能二十九　器材索降装备的使用

一、技能要求

了解器材索降所需的装备，掌握主要器材索降设备的使用方法。

二、技能训练

器材索降是指索降队员利用索降器材，由直升机上沿绳索依靠自身的重力降至地面实施灭火。器材索降的装备主要有速控器、索降背带、绳索、手套、索降靴、头盔、索降刀等组成。下面主要介绍技术性要求较高的速控器、索降背、绳索的使用，手套、索降靴、头盔、索降刀等装备(图 15-1)按要求穿戴、佩戴即可。

图 15-1　索降队员个人装备
a. 手套；b. 索降靴；c. 头盔；d. 索降刀

1. 速控器

速控器由受力板、固定滑柱、索罩、索罩卡销 4 部分组成，高强度铝合金板制造，总成体积 300mm×50mm×30mm，抗拉力强度不小于 800kg，重量不大于 0.5kg，制动灵活、双保险结构，如图 15-2 所示。

（1）使用原理

速控器是队员在索降过程中调节自身下滑速度或空中制动停止下滑的重要装置。

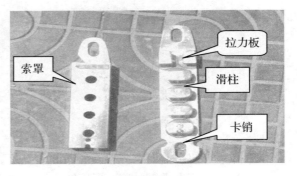

图 15-2　速控器结构

使用时把绳索缠绕在速控器滑柱上,一般体轻者(60kg以下)缠绕2个滑柱,体重者(65kg以上)缠绕3个滑柱。靠人体的重力使速控器沿绳索自行下滑。其下滑速度快慢或需要停止时,由队员自己拉紧下部绳索调节控制。用力下拉绳索使速控器滑柱与绳索间的摩擦力增大,增大下滑阻力,下降速度减慢或停止。松开下部绳索减小摩擦力,下滑阻力减小,队员下降速度加快。也可以由地面人员拉紧和放松绳索来控制索降队员的下滑速度。火场索降灭火,主要采用器材索降,如图15-3所示。

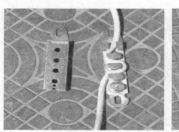

图15-3 速控器的安装

(2)使用方法

首先将速控器销柱通过拉环拉回,抽出索罩,根据拉力板上下标志,将绳索上端对正拉力板上端,根据个人的体重将绳索缠绕在滑柱上。滑柱下端的绳索顺滑罩口进入罩内,将拉力板下端对准索罩上口,推拉到位,卡销将索罩卡住,安装完成,如图15-4所示。速控器缠绕圈数过多,易于造成阻力大,索降困难或停留空中;过少,则阻力小,下滑顺畅不易控制,易造成伤亡。

2. 索降背带

背带选用宽40mm,厚3mm的尼龙编织带制作,各部受力分配均匀合理,使用牛筋线双排缝纫,连接部位垫层加强,保证有足够的强度,连接环用不锈钢材质,防自行脱钩设计,如图15-5所示。

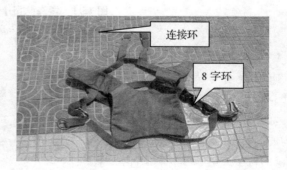

图15-4 速控器的使用　　　　图15-5 安全背带

索降背带使用前应首先检查背带是否完好,若有损伤应立即更换。

(1)左手下右手上(或右手下左手上)交叉抓握护背两侧的上端,双手协力将安全带向前平举,然后从左(右)后方将安全带穿入两臂。

（2）将左右两肋的卡扣用胸前的"8"字环进行连接。

（3）左（右）脚向左（右）前迈一步，将左（右）腿边上的卡扣由腿内侧用"8"字环进行连接，如图15-6所示。

图15-6　安全带使用方法

3. 绳索

选用直径10～12mm质轻、耐磨、抗拉强度800kg以上的绵纶绳，长度根据需要而定，如图15-7所示。

（1）首先检查绳索有无损伤，若有损伤应立即更换。使用前应将绳索盘起，目的是使用时绳索不打结，如图15-8所示。

图15-7　索降绳

图15-8　盘绳的方法

（2）使用时将盘好的绳索一端固定在直升机或索降塔上，另一端自由悬垂至地面（图15-9）。

图 15-9 索降绳的使用

技能三十 索降作业手势

一、技能要求

了解索降手势信号,熟练使用索降作业手势信号进行联络。

二、技能训练

索降手势信号是为了保证地空联络,迅速反应,确保人身安全而制订的特殊联络信号。共有 12 种信号,具体如下。

(1)指挥员位于飞机左侧,面向机舱门。
(2)左臂上举,右臂向右不断挥舞,示意飞机向后。
(3)右臂上举,左臂向左不断挥舞,示意飞机向前。
(4)左臂上举,右臂向前不断挥舞,示意飞机向右。
(5)右臂上举,左臂向后不断挥舞,示意飞机向左。
(6)双臂上举,向上不断挥舞,示意飞机原地升高。
(7)双臂下伸,向下不断挥舞,示意飞机原地下降。
(8)双臂向两侧平伸不动,示意飞机保持高度和位置。
(9)双臂向前平伸,左右交叉摆动,表示索降时发生紧急情况,示意驾驶员、机械师应采取相应的补救措施。
(10)单臂向下伸出,向下不断摆动,示意机械师再放索钩。
(11)单臂上举,向上不断摆动,表示索钩扣好或已解脱,示意机上收回钢索。
(12)单臂向前平伸不动,示意机械师停止收放钢索。

动作示意见如图 15-10 所示。

图 15-10　索降手势信号

技能三十一　索降辅助训练

一、技能要求

提高身体素质，具体开展索降作业所需的体能和技能。

二、技能训练

辅助训练主要有以下几个内容：力量训练、特项体操训练、速控器装卸训练、盘绳训练、穿安全带训练。

1. 力量练习

力量练习目的是提高队员的四肢力量。主要内容有：俯卧撑、5000m（3000m）跑和单、双杠练习等。

2. 特项体操练习

特项体操练习又称为抗眩晕训练，目的在于提高森林消防员在登高或乘机时的抗眩晕能力。主要内容有固定滚轮、旋梯等。

（1）固定滚轮

练习一　侧转

预备姿势：两脚踏入横踏板脚套内，两手正握手环或轮柱，微收腹，屈腿。

动作要领：

① 右侧转　头稍右转，臀部右移，右腿用力蹬直，右左臂依次支撑，向右转动。经倒立后右手拉环，蹬直左腿，臀部移向移动方向，连续转动。

② 制动　转至头向上时，臀部迅速移至相反的方向。

③ 左侧转　要领与右侧转同，方向相反。

保护与帮助：保护者立于轮一侧扶轮，协助起动与制动。

练习二　前后转

预备姿势：两脚踏入纵踏板脚套内，两手分握轮柱或前手环。

动作要领：

① 前转　上体前移，髋前送，两臂伸直前下压，顶肩，提臀向前转动，转至仰身成水平后，挺身向前，至身体直立后，按以上要领连续转动。

② 制动　转至身体正立时，迅速屈腿，臀部移向相反方向。

③ 后转　臀部后移，两臂向后拉环(柱)，同时上体后仰，抬头，向后转动。头朝下时稍挺身，随着两臂用力推环(柱)，收腹屈体，臀部后移，按以上要领连续转动。

保护与帮助：保护者立于轮一侧扶轮，协助起动与制动。

(2) 旋梯

练习　前、后回环

预备姿势：立正，两脚前后开立，两手握梯柱底端，屈臂，使底杠位于胸前。也可两手握梯柱，一脚蹬底杠，另一脚蹬地。

动作要领：

① 起动与摆动　起动时，上体前倾，直臂推杠，向前助跑，两手沿梯柱向上移握，助跑到最后一步时，一脚蹬地，另一脚迅速向前上方摆起，两脚依次踏底杠，臂伸直，屈腿。向后摆过垂直部位时，臀部后移，两腿伸直，接近最高点时，两手由后梯柱外向内握上杠(外梯柱)，一腿由中、下杠之间穿过以脚勾住底杠，由后向前摆时，屈腿，摆过垂直部位后，两腿用力蹬直，送髋，腹部靠杠，抬起上体，摆至最高点。

② 制动　摆过垂直部位后，迅速屈体下蹲，回摆时，逐渐伸直身体，反复进行即可制动。

③ 前回环　加大摆动，后摆至竖直部位时，抬头挺胸，肩向前移，向前回环。

④ 后回环　加大摆动，前摆至竖直部位时，抬头挺胸，腹部贴紧中杠，向后回环。

⑤ 下法

擦地下：制动，前摆至终点时，两手握中、下杠之间的后梯柱，两脚踏底杠。后摆时一脚蹬底杠，另一脚擦地下。

滑跳下：制动，后摆近终点时，两脚踏底杠，两手握中下杠、之间的后梯柱滑下。

挺身下：后摆近终点时，两手握中下杠、之间的后梯柱，两脚踏底杠。前摆至终点时，两脚蹬离底杠，伸展身体，松手挺身下。

保护与帮助：保护者位于梯侧，推动助力摆动和回环。跳下时可二人保护，一人靠近操练者落地点一侧扶持，另一人扶梯制动。

3. 速控器装卸训练

训练队员快速从速控器上安装或者卸下绳索，减少时间间隔。其口令为："装速控器，拆速控器"。

(1) 安装

当听到口令时，首先将速控器销柱环拉回，把索罩抽出。按拉力板上下标志，将绳索上端对正拉力板上端，根据个人体重(体重者可缠绕3~4圈，体轻者可缠绕2~3圈)将索降绳缠绕在滑柱上。滑柱下端的绳索顺滑罩口进入罩内，将拉力板下端对准索罩上口，推拉到位，销柱将索罩卡住，安装完成。禁止使用不是自己或他人安装的速控器，避免使用时造成阻力大，下滑困难或停留空中；或者阻力小，下滑速度快，不易控制，造成伤亡。

(2) 卸下

当听到口令时，将速控器销柱通过拉环拉，把索罩抽出。将拉力板从绳索上拆下，迅速撤离至安全位置后再安装速控器。

4. 穿安全带训练

安全带是我们索降的基本装具，其口令为："穿安全带，解安全带"。

（1）穿安全带

在立正的基础上，当听到口令时：

① 两手左手下右手上（右手下左手上）交叉抓握护背两侧的上安全带前平举，然后从左（右）后方将安全带穿入两臂。

② 将左右两侧的卡扣用"8"字环进行连接。

③ 左（右）脚向左（右）前一步，将左（右）腿边上的环由腿内侧用"8"字环进行连接，然后成立正姿势。

（2）解安全带

依据穿安全带的方法，按照相反的顺序进行。

5. 盘绳训练

盘绳的主要目的是防止向地面投绳时绳索打结，其口令为："盘绳"。当听到口令时，在立正的基础上右脚后退一步下蹲，左手抓握绳索的底端，右手抓握绳索的适当位置，打蝴蝶结缠绕，将绳索缠绕好后成立正姿势。

技能三十二　索降塔训练

一、技能要求

通过索降塔训练，掌握索降的动作、流程，能够熟练开展索降作业，学会在较复杂条件下的索降操纵，避开障碍物安全着陆的要领及特殊情况下的处置方法。

二、技能训练

索降塔训练前必须进行训练检查，检查时应按照索降队员、索降器材、装备，按从头到脚的顺序进行。

1. 安全检查

（1）器材检查

① 对绳索的检查　选用直径10～12mm质轻、耐磨、抗拉强度800kg以上，长度45～50m的消防安全绳。第一次使用绳索时，要做150kg的拉力试验，检查无伤损可作索降绳索。每次使用时都要认真检查绳索有无损伤，若有损伤，立即更换，停止使用。

② 对速控器的检查　用高强度铝合金板制造，总成体积300mm×50mm×30mm，抗拉力强度不小于800kg，重量不大于0.5kg，制动灵活、双保险结构。每次使用速控器都要认真检查拉力钢板是否有损伤、裂痕，滑柱是否牢固，索罩无损，卡销、拉环是否灵活好用，绳索缠绕滑柱情况。第一次使用的速控器要打磨光滑、棱角圆滑，防止对绳索划伤。

③ 对吊臂和钢索的检查　将钢索打开全部拉出，检查钢索有无破损打折现象。进行索降作业时必须在索降吊臂吊挂150kg沙袋，检查吊臂和钢索的安全可靠性。

(2）装备检查

①对安全带的检查　安全带选用宽40mm，厚3mm的尼龙编织带制作。保证各部受力均匀，牛筋线双排缝纫，连接部位垫层加强，保证有足够的强度。连接环用不锈钢材质，防自行脱钩设计，每次使用安全带都要认真检查每个部件、"8"字环等是否无损。

②对防护头盔的检查　头盔松紧适度，扣好帽带。

③对防护服的检查　防护服内不准装有笔、钥匙等其他硬物，扣好裤腿。

④对索降刀的检查　索降刀质量好，刀刃锋利，携带方法正确，不影响索降作业。

⑤对防护手套的检查　防护手套皮质好，防滑耐磨，使用时手套焦糊、破损应立即更换。

⑥对索降靴的检查　索降靴大小合适，鞋底防穿刺，鞋带系紧。

2. 组织实施

在平坦的地面搭设牢固坚实的索降训练架，高度10~15m，用来进行经常性的索降训练。有条件的单位应建多功能的索降训练塔（塔高25~30m）。按照索降程序要求进行训练，使索降队员熟悉出舱门、下滑操纵以及着陆的动作要领。

塔上训练按照从低到高的顺序进行，即先进行第一高度的训练，然后再进行第二高度的训练（图15-11）。具体程序为：

（1）指挥员、安全员进入指定的位置。

（2）将索降队员编成三人一组，每组三套索降设备，一根索降绳。索降队员各自检查穿带的安全带、速控器、绳索等设备。按照顺序依次将速控器从绳子上端在索降吊臂上安装好，等待使用（图15-12）。

（3）指挥员系好安全带，打开舱门将绳索上端挂扣在吊臂上，将绳索投掷到地面，并确认是否打结（图15-13）。

（4）第一组索降队员依次进行索降作业。

（5）指挥员将一号索降队员安全带挂扣在速控器上。队员双手抓握绳索，背姿移出舱

图15-11　索降塔不同高度训练

图15-12　索降吊臂

门，在安全带受力后，解锁，松索，调节下滑速度，下滑（图15-14）。

（6）在索降过程中，应以均匀的速度下滑，避免做出忽降忽停的过猛动作，接近地面时，双腿弯曲，准备双脚平稳着陆。

（7）索降队员双脚接触地面后，抓住速控器用力下拉，迅速解下速控器，安全人员帮助解开安全绳后索降队员撤离至安全位置（通过对讲机或手势信号向机上报告情况），观察其他人员索降作业。

（8）第一组依次索降完毕后，指挥员迅速将绳索投到地面，再挂扣第二组绳索，依次索降。

图 15-13　投掷绳索

图 15-14　索降动作

3. 注意事项与应急处置

（1）索降使用的绳索应选用消防安全绳直径 10~12mm，第一次使用时要做 150kg 的拉力实验或将绳索上端扣在 20m 高的训练塔上，下端 3 人用力悬拉后，检查无伤损可作索降绳索。每根绳索要登记造册，记录索降次数，使用时间。次数限制 100 次，如果绳索达到使用次数若继续使用，要鉴定绳索质量。每次使用时都要认真检查绳索有无损伤，若有损伤，立即更换，停止使用。

（2）每次使用速控器要认真检查拉力钢板是否有损伤、裂痕，滑柱是否牢固，索罩无损，卡销、拉环是否灵活好用。第一次使用的速控器，要打光滑、棱角圆滑，防止对绳索划损。

（3）每次使用安全带，都要认真检查每个部件、"8"字环等是否无损。

（4）索降队员按分组编排次序，将速控器各自安装在绳索上端，便于 1 号队员（队长）首位索降。每位索降队员要根据体重和训练情况确定缠绕圈数。

（5）速控器制动失灵，下滑速度失控时，队员应迅速双手抓紧绳索，靠手及臂力下滑着陆。

（6）绳索打结，速控器卡住无法下滑时，安全保障人员合力将队员拉回至舱门口，指挥员将其拉入塔内。

（7）如果队员在下滑的过程中绳索突然断裂，安全保障人员应立即抓紧安全绳，合力将队员的下落的速度控制住后,再将该名队员拉回至舱门口,指挥员将其拉入塔内。

(8)如果绳索在下滑的过程中突然断裂,而安全保障人员无法控制安全绳的情况下,地面安全员应该迅速将下落的队员横向推开,降低其下落的速度,最大限度的保障队员的生命安全。

技能三十三　索降机上训练

一、技能要求

熟悉机上索降作业的动作、流程,能够熟练开展机上索降作业。

二、技能训练

直升机索降训练主要内容有:组织管理、注意事项等。

1. 组织管理

开展直升机索降灭火训练,一般由索降指挥员、直升机机组人员和索降队员组成一个工作集体。应各负其责,密切配合,共同完成索降训练和灭火任务。这些人员的工作职责主要有以下几个方面:

(1)机组人员

直升机组(飞行员、机械师等)必须经过严格的索降科目的飞行训练,熟悉索降的程序规则,负责飞行安全,如图 15-15 所示。

图 15-15　机组人员讲解安全常识

(2)索降指挥员

索降指挥员应接受索降的基本训练,熟练掌握索降技术、索降装备的使用方法和实施直升机索降灭火技术操作规程。负责检查索降设备,负责从直升机上组织指挥索降作业(图 15-16)。

(3)索降队员

要求索降队员身体素质好,精明强干。经过正规化的索降训练,能熟练掌握索降技术,学会在较复杂条件下的索降操纵,避开障碍物安全着陆的要领及特殊情况处置方法。

图 15-16　索降指挥员检查设备并讲解索降技术

2. 组织实施

直升机索降灭火与其他航空灭火方式一样，技术要求高，必须要组织安排索降飞行训练，以提高飞行员索降科目的飞行技术。平时要有计划地经常组织索降队员在航期乘直升机从不同高度、选择不同场地、不同条件进行实战性的索降训练，使索降队员熟练掌握索降技术要领，为随时投入灭火战斗打下基础。

（1）飞行前准备

索降队员准备装备等，与塔上训练同。

（2）作业阶段

待飞机空中停稳后，按索降塔作业开展索降。

3. 注意事项

（1）树立安全第一的思想，禁止违反专题作业。

（2）为保证队员的安全，任何时候都严禁在茂密的森林上空索降。队员若发生晕机、呕吐等影响索降作业时，应禁止其索降。

（3）发现速控器滑柱松动、卡销或绳索纤维有断裂时要禁止使用。

（4）最大索降高度应根据绳索长度而定，一般不得超过 40m，索降灭火物资重量不宜超过 50kg。

（5）绳索使用前必须进行吊挂沙袋实验，测试抗拉强度。

（6）速控器制动失灵，下滑速度失控，队员应迅速双手抓紧绳索，靠手及臂力下滑着陆。

（7）绳索打结，速控器卡住无法下滑时，机械师操纵绞车将队员降至地面，若无绞车装置，直升机徐徐原地上升到安全高度后，飞至附近空地下降把队员放到地面。

（8）队员若挂在树上时，应立即抱住树干，迅速脱钩或用索降刀割断绳索，从树上降落到地面，并向飞机打出急救手势信号，等待救援。

（9）进场飞机第一次执行索降训练或灭火任务时应做飞机空中悬停 20m 高、吊挂 150kg 沙袋试验，检查钢索的安全可靠性。

（10）索降队员除携带必要的灭火装备之外，还要携带斧子一把、油锯一台、刀锯一把。1 号队员配带对讲机，携带安装好的绳索；2 号队员负责电台；3 号队员负责工具袋。

（11）索降队员应配索降刀、索降头盔、索降靴，要穿戴严紧，防止脱落。

技能三十四　索降灭火作业

一、技能要求

熟悉索降灭火的流程，在野外能够熟练完成通过索降直接扑救初发森林火灾和开辟直升机机降场地的任务。

二、技能训练

1. 索降准备

（1）航站准备

① 执行航空护林任务的飞机进场后，组训单位与航站应有计划、有目的组织索降训练，提高驾驶员的空中悬停技术水平，使索降队员熟练掌握索降程序、要领、方法以及特殊情况的处置能力。

② 航站负责组织、协调实施索降灭火工作，组织实施索降灭火的各类专业人员熟练掌握索降程序和技术。

③ 航站值班调度员应根据侦察员对火场侦察汇报的情况，与扑火指挥员和值班站长及有关人员研究确定索降灭火方案。

（2）飞行前准备

索降任务下达以后，接受索降灭火或训练任务的机组、索降指挥员要共同研究确定飞行方案，检查飞机和索降设备。

① 机组人员根据火场距离、时间、天气等情况，确定加油量和载运索降队员的数量。

② 索降队员准备好索降灭火的装备及各种用具并运至飞机上。其中包括：电台、背囊、油锯、斧子、油桶、组合工具、常用药品等。

③ 指挥员根据任务和飞行调度提供的情况进行地图作业，做好一切索降准备工作。

（3）飞行阶段准备

飞机起飞加入航线后，机组、指挥员、索降队员要密切配合，各负其责。

① 机组负责安全飞行，准确到达火场位置。

② 指挥员要仔细观察，辨认地标，准确引导飞机到达火场位置，同时注意观察有无新的林火发生。并检查指导索降队员穿戴好安全带，同时与指挥员调试好对讲机。

③ 索降队员做好索降作业前的各项准备工作，依次按顺序坐好，整装待发。

④ 直升机到达火场后，飞行员、索降指挥员共同寻找和确定索降场地，根据火场大小、火势强弱确定灭火途径。如果火场较小，火势较弱，索降队员有把握能够单独扑灭的火场，索降队员到达地面后，可以直接投入扑火战斗。在确定直接灭火的同时，还要确定接回的办法。索降队员可以走到附近的着陆场或用索上办法接回索降队员。此外，如果火场特别小，火势非常弱，如初发火、雷击火，可以通过索降直接灭火的方法，将明火迅速扑灭，直升机在上空盘旋等待。然后直接通过索上的方法接回索降队员。总之，保证地、空通信联络，密切协调，不失时机地充分发挥索降灭火的作用。

2. 队员组成

索降队员的组成是根据索降灭火实际需要确定索降队员的数量。如果火情火灾多发区周围交通不便，没有机降场地的重点林区的机场，要培训 10~20 名索降队员。开展索降灭火的单位要结合该地区的特点培训索降队员。总之，能够保证和满足灭火的需要。

索降队员的组成应由装备精良、训练有素的指挥员、灭火队员、报务员、油锯手等人组成。分组编排次序：1 号队员为索降指挥员，2 号为报务员，3 号为货袋员，4 号为油锯手，5、6⋯为索降队员，也可以结合本单位的实际情况编排组织，以便在有限的时间内有次序、有条不紊实施索降灭火。当需要进行索降灭火时，为了顺利完成索降灭火任务和保证安全，必须严格按照索降灭火程序来组织实施。

3. 人员要求

（1）机组人员

① 飞行员必须经过严格的索降训练，保证直升机空中悬停平稳（图 15-17），以免索降时人员来回摆动，造成伤亡事故。

② 机械师负责操纵绞车装置，在索降、索上作业时，必须同飞行员保持密切的联系。索降队员到达地面后，没有发出手势信号时，不得回收钢索。

③ 机组人员必须熟练掌握规定的手势信号，做出正确的反应动作，注意索降队员随时报告的索降、索上情况，采取相应的安全措施。

（2）指挥员

① 执行索降灭火的指挥员必须经过索降训练，熟悉索降程序和索降方法。

图 15-17　直升机悬停索降

② 负责检查索降设备，严格把关，应本着"安全第一"的原则组织索降。一旦发现索降设备存在不安全因素，立即停止索降作业。

③ 指挥员在组织实施索降、索上作业时，应系好安全带，确保生命安全。

④ 注意收听和观察索降队员随时报告的索降作业情况，迅速反映给飞行员，以便飞行员做出相应的安全措施。

⑤ 熟练掌握规定的手势信号，保证索降队员的安全。切不要做出错误的判断和反应，避免事故的发生。

（3）索降队员

① 索降队员必须经过严格训练，熟悉索降程序，掌握索降灭火的基本知识。

② 在执行索降任务的索降队员，要听从指挥员、机械师的指挥。没有指挥员、机械师的指令，严禁靠近机舱门，队员在指定位置坐好，确保飞机空中悬停平稳。

③ 索降队员（即 1 号索降队员）着陆后，应注意观察其他队员的索降情况，发现问题，及时用对讲机报告指挥员或机长，并打出正确的手势信号，并负责解脱货袋、索钩。

④ 必须熟练掌握并严格遵守规定的手势信号，做出正确的手势动作。

⑤ 索降队员在索上时，应保持与悬停的飞机相对垂直，挂好索钩，避免起吊时身体摆动。

4. 场地选择

（1）索降场地要求

① 场地条件　为了确保索降作业的绝对安全，对索降场地条件标准有如下严格的规定：

航空护林飞行灭火通常规定能见度大于 10km，索降灭火场地能见度必须良好，机上人员能够清楚地看到地面，无影响索降的障碍物，严禁在站杆区内进行索降作业。

现场最大风速不得超过 8m/s。

索降场地的林窗面积不得小于 10m×10m，索上的林窗不得小于 10m×10m。以免人员在索上时，飞机飘移，人员摆动碰撞树冠，造成人员受伤或损坏机械设备。

为了保证索降队员到达地面后能够站立、行走，索降的地面坡度不得大于 40°。严禁在悬崖峭壁上进行索降、索上作业。

索降场地应选择在火场风向的上方或侧方，应避开林火对索降队员的威胁。

② 场地标准　索降场地林窗面积不小于 10m×10m，索上林窗面积不小于 10m×10m，以免队员在索上时，飞机飘移，人员摆动碰撞树冠，造成人员伤亡或损坏机械设备（图 15-18）。

索降场地的坡度不大于 40°，严禁在悬崖峭壁上进行索降、索上作业。

索降场地应选择在火场风向的上方或侧方，避开林火对索降队员的威胁（图 15-19）。

③ 气象条件　索降作业时，最大风速不超过 8m/s。索降作业时的能见度不小于 10km。索降作业时的气温不超过 30℃。

图 15-18　直升机索降林窗

图 15-19　直升机索降场地

④ 距离要求　顺风火线与索降场地的距离不小于 800m（图 15-20）。侧风火线与索降场地的距离不小于 500m。逆风火线与索降场地的距离不小于 400m。

（2）开辟机降场地要求

① 技术要求　根据民航的飞行条例规定，对直升机起飞、降落的坡度条件的要求，索降队员开辟的机降场地应选择地势平坦、坡度小于 5°的开阔地带。

索降队员开辟的直升机（M-8）机降场地规格不得小于 60m×40m，清除中部横倒木，

图 15-20　直升机索降位置与火场距离

伐根不得高于 10cm。当索降场地树高大于 25m 时，机降场地不得小于 100m×60m，长度方向要与沟塘走向相同。

② 场地标准　顺沟塘走向或逆、顺风方向开辟 40m×60m 场地（图 15-21）。清除停机位置横倒木，树木伐根低于 10cm（图 15-22）。

如场地特殊，以飞行员指导开辟场地为准。场地开辟后立即报告，便于实施机降。

机降场区绝对严禁有吊挂树和半伐木，以保证飞机、索降队员和机降队员的人身安全。

图 15-21　顺沟塘开辟直升机机降场地

图 15-22　清除横倒木

5. 实施作业

索降场地确定后，直升机进入索降场，机长指令索降开始，依次做好下列工作：

（1）飞行员保证飞机空中悬停平稳和安全。

（2）指挥员系好安全带与飞行员保持密切联系的同时，打开机舱门，指令 1 号队员（即灭火指挥员）进行索降，报告飞行员索降开始。将索降队员安全索降到地面，直至解脱索钩。飞机最高限度为绳索长度负 5m。总之，在确保安全的情况下，飞机高度越低越好。

（3）索降指挥员根据火场情况确定间接灭火，还是直接灭火。组织索降队员架设电台，向基地报告实施灭火途径、火场大小、火势强弱、风向、风速等情况。如果直接灭火,索降队员立即投入扑火,将火扑灭后,可开辟出索上 10m×10m 的场地,灭火队员可通过索上的方法进入机舱返回基地。如果间接灭火,立即组织索降队员开辟机降场地,为迎接机降队伍参加扑火战斗做好准备。

6. 注意事项

索降具有一定的危险性,因此在索降灭火实际操作中,应用形象的思维方式分析索降过程中可能会出现的情况,研究制订相应的补救措施和急救方法,尽可能地避免事故的发生。

(1)直升机

① 第一次执行索降灭火任务的飞机,必须在本场悬吊 150kg 沙袋进行检验(图 15-23)。

② 执行任务的飞机,必须留有 20% 的载重余地(图 15-24)。

图 15-23　直升机索降前进行悬吊试验

图 15-24　直升机索降时留有载重余地

(2)索降指挥员

① 必须经过索降训练,熟练掌握索降作业操作规程。

② 严格检查索降设备,发现问题,立即停止作业,并采用相应的安全措施。

③ 索降队员登机时,对每名队员的索降器材进行最后的检查。

④ 时刻注意观察索降队员做出的各种手势信号。

⑤ 实施索降作业时,系好安全带,确保自身安全。

(3)索降人员

① 必须经过严格的训练,熟练掌握索降程序和索降技术。

② 服从指挥员指挥,没有指令严禁靠近机舱门。

③ 先降至地面的队员应注意观察其他队员的索降过程,发现问题及时报告或做出正确的手势信号。

④ 索上作业时,与飞机保持相对垂直,避免作业时因摆动过大发生事故。

(4)索降作业

① 第一次执行索降灭火或索降训练任务的直升机,必须经过本场悬吊 150kg 沙袋试飞,检验索降绞车、钢索等设备的安全可靠性,确保索降队员的生命安全。

② 执行索降灭火或索降训练任务的直升机,应留有 20% 的载重余地,严禁超载作业,确保飞行安全。

③ 除特殊情况外，不准飞机吊挂悬人从一个索降场地飞到另一个索降场地。

④ 接受索降任务的索降队员，必须轻装上阵，除保证生活、灭火必需的装备外，尽量减少物品，减少重量，增快索降速度，减少索降次数，安全完成索降任务。如果需要食品、灭火用具，可以通过机降、空投、再次索降等方法运送物资(图15-25)。

图 15-25　索降物资

⑤ 索降队员在索降、索上过程中，绞车设备一旦出现机械故障，飞机可由原地升高将索上的人员吊起，超过树高20m，缓缓飞到最近的机降场地徐徐下降，将人安全降至地面，解脱索钩，撤离至安全位置。

⑥ 索降队员在索降过程中或降到地面后，受伤或发生危及人身安全的情况时，在保证索降队员人身安全的前提下，可通过索上的方法，营救索降队员(图15-26)。

⑦ 索降作业的各类专业人员由其所在单位负责安全教育以及各项保障和意外伤亡事故的处理工作。

图 15-26　索上营救

（5）装备保管

索降设备维护保养时要做到以下几个方面：

① 索降装备应分别装在装备袋里，放在干燥通风处，防止绳索、安全带霉烂和速控器、挂钩锈蚀。装备袋内放一些樟脑丸，防止虫蛀鼠咬。

② 对索降设备进行全面检查。已损坏或不合格的应停止使用，并及时维修和更换。

③ 对绳索的使用次数进行登记注明，防止超量使用。

④ 防护装具(索降头盔、索降手套、索降靴、防护服等)应妥善保管。

附 录

附录一 国家职业标准《森林防火员》要求与教材内容对照表

1. 国家职业标准《森林防火员》初级森林防火员理论知识要求与教材内容对照表

项　目		比重(%)	教材对应章节	备　注
基本要求	职业道德	5	第一章	
	基础知识	25	第二章，第三章，第六章第一节、第三节、第七章第一节、第三节、第四节	林学基础、植物学基础、森林防火基础理论、森林可燃物基本知识、林火生态学基础、火灾扑救基本原理、扑火安全与火场救护。识图基础、林火气象知识、防火通信基础、扑火机具基本原理和维护
相关知识	林火预防			
	宣传教育	5	第四章第一节	
	监督检查	5	第四章第二节	介绍法律法规中相应要求
	火源管理	-		
	计划烧除	-		
	林火监测			
	监测火情	15	第五章第二节	
	报告火情	10	第五章第二节	
	分析火情	-		
	林火扑救			
	实施扑救	25	第七章	
	清理火场	10	第七章第二节	
	调查火场	-		
	维护扑火机具	-		

2. 国家职业标准《森林防火员》初级森林防火员技能要求与教材内容对照表

职业功能	工作内容	技能要求	相关知识	教材对应章节
一、林火预防	（一）宣传教育	1. 能够宣传有关森林防火的规章制度和文件	林火预防知识	下篇第九章技能一
		2. 能够深入责任区宣传教育群众遵守防火规定		
	（二）监督检查	1. 能够进行经常性的森林防火检查	森林防火规章	下篇第九章技能二
		2. 能够及时发现违章野外用火行为		
二、林火监测	（一）探测火情	1. 能够在瞭望塔上根据周围地物特征目测发现火情	常用瞭望仪器使用知识	下篇第十章技能六
		2. 能够熟练操作观测仪器设备监测火情		下篇第十章技能五
	（二）报告火情	1. 能够初步判断火场方位	常用测绘和通信工具使用知识	下篇第十章技能七
		2. 能够语言清晰地简明报告监测到的林火情况		下篇第十章技能八
三、林火扑救	（一）实施扑救	1. 能够判断林火类型	1. 扑火安全常识 2. 灭火手工工具的使用知识	下篇第十章技能十一
		2. 能够利用灭火手工工具进行安全有效的扑救森林火灾		下篇第十一章技能十四
	（二）清理火场	能够判断无名火的火场还存在复燃蔓延的危险地段	火场清理知识	下篇第十一章技能十八
		能够使用手工工具对火烧迹地进行清理		

3. 国家职业标准《森林防火员》中级森林防火员理论知识要求与教材内容对照表

项　目		比重（%）	教材对应章节	备　注
基本要求	职业道德	5	第一章	
	基础知识	20	第二章、第三章、第六章第一节、第三节、第七章第一节、第三节、第四节	林学基础、植物学基础、森林防火基础理论、森林可燃物基本知识、林火生态学基础、火灾扑救基本原理、扑火安全与火场救护。识图基础、林火气象知识、防火通信基础、扑火机具基本原理和维护
相关知识	林火预防			
	宣传教育	5	第四章第一节	
	监督检查	10	第四章第二节	介绍法律法规中相应要求
	火源管理	—		
	计划烧除	—		
	林火监测			
	监测火情	15	第五章第二节	
	报告火情	10	第五章第二节	
	分析火情	—		
	林火扑救			
	实施扑救	20	第七章	
	清理火场	—		
	调查火场	15	第八章第一节	
	维护扑火机具	—		

4. 国家职业标准《森林防火员》中级森林防火员技能要求与教材内容对照表

职业功能	工作内容	技能要求	相关知识	教材对应章节
一、林火预防	（一）宣传教育	1. 能够宣传森林防火法律法规	1. 森林法有关条款 2. 森林防火条例	下篇第九章技能一
		2. 能够介绍预防森林火灾的基本要求		
	（二）监督检查	1. 能够运用森林防火法律法规进行防火监督管理	地方政府有关森林防火文件	下篇第九章技能二
		2. 能够经常检查重点火险区防范措施的落实情况		下篇第九章技能三
二、林火监测	（一）探测火情	1. 能够确定火场具体位置和初步判断火场态势	1. 火场定位知识 2. 火行为基础知识	下篇第十章技能七、十
		2. 能够操作使用GPS定位仪		下篇第十四章技能二十六
	（二）报告火情	1. 能够熟练运用通信工具报告火场基本情况	防火通信知识	下篇第十章技能八、第十四章技能二十五
		2. 能够用文字记录火场情况		
三、林火扑救	（一）实施扑救	1. 能够根据地理环境和林相情况判断火场变化趋势	1. 林火扑救知识 2. 灭火机具使用和操作知识 3. 火场救护知识	下篇第九章技能十二
		2. 能够操作风力灭火机、灭火水枪直接扑救林火		下篇第十一章技能十五、十六
		3. 能够有效避免危险林火，安全逃生和救护他人		下篇第十三章技能二十
	（二）清理火场	能够对火烧迹地进行初步勘察	1. 森林调查知识 2. 火灾调查知识	下篇第十三章技能二十二

5. 国家职业标准《森林防火员》高级森林防火员理论知识要求与教材内容对照表

项　　目		比重（%）	教材对应章节	备　注
基本要求	职业道德	5	第一章	林学基础、植物学基础、森林防火基础理论、森林可燃物基本知识、林火生态学基础、火灾扑救基本原理、扑火安全与火场救护。识图基础、林火气象知识、防火通信基础、扑火机具基本原理和维护
	基础知识	15	第二章，第三章，第六章第一节、第三节，第七章第一节、第三节、第四节	
相关知识	林火预防	宣传教育	—	
		监督检查	—	
		火源管理	5	第四章第三节	
		计划烧除	20	第四章第四节	
	林火监测	监测火情	—	
		报告火情	5	第五章第二节	
		分析火情	10	第五章第二节	
	林火扑救	实施扑救	15	第七章	
		清理火场	—	
		调查火场	10	第八章第一节	
		维护扑火机具	15	第七章第三节	

6. 国家职业标准《森林防火员》高级森林防火员技能要求与教材内容对照表

职业功能	工作内容	技能要求	相关知识	教材对应章节
一、林火预防	（一）宣传教育	1. 能够宣讲防火常识	森林火灾预防知识	下篇第九章技能一
		2. 能够依法管理野外用火行为		下篇第九章技能三
	（二）监督检查	1. 能够根据天气情况和物候期初步判断安全用火时段	1. 营林用火技术规程 2. 有关计划用火规定	下篇第九章技能四
		2. 能够按照安全用火规程实施具体点烧作业		
二、林火监测	（一）探测火情	1. 能够用清晰准确的语言和简要文字报告火场情况	识图用图知识	下篇第十章技能八
		2. 能够绘制火场示意图		下篇第十章技能九
	（二）报告火情	1. 能够初步分析火场发展变化情况	1. 林火基本原理 2. 火灾基本扑救原理	下篇第十章技能十 下篇第十一章技能十三
		2. 能够确定最佳扑火路线		
		3. 能够根据火场情况提出扑救建议		
三、林火扑救	（一）实施扑救	1. 能够熟练操作各种灭火机具进行直接扑救林火	1. 直接扑火知识 2. 间接扑火知识	下篇第十一章技能十五、十六
		2. 能够熟练运用点迎面火、开隔离带等间接扑救林火技术		下篇第十一章技能十九
		3. 能够在被火围困时带领他人安全脱险		下篇第十二章技能二十一
	（二）清理火场	1. 能够初步判断火因	火灾调查和损失评估知识	下篇第十三章技能二十三
		2. 能够评估火灾损失		下篇第十三章技能二十四
	（三）维护扑火机具	能够保养和简单维修常用扑火机具	专用扑火机具原理	下篇第十一章技能十七

附录二 《森林防火条例》

(1988年1月16日国务院发布 2008年11月19日国务院第36次常务会议修订通过)

第一章 总 则

第一条 为了有效预防和扑救森林火灾，保障人民生命财产安全，保护森林资源，维护生态安全，根据《中华人民共和国森林法》，制定本条例。

第二条 本条例适用于中华人民共和国境内森林火灾的预防和扑救。但是，城市市区的除外。

第三条 森林防火工作实行预防为主、积极消灭的方针。

第四条 国家森林防火指挥机构负责组织、协调和指导全国的森林防火工作。

国务院林业主管部门负责全国森林防火的监督和管理工作，承担国家森林防火指挥机构的日常工作。

国务院其他有关部门按照职责分工，负责有关的森林防火工作。

第五条 森林防火工作实行地方各级人民政府行政首长负责制。

县级以上地方人民政府根据实际需要设立的森林防火指挥机构，负责组织、协调和指导本行政区域的森林防火工作。

县级以上地方人民政府林业主管部门负责本行政区域森林防火的监督和管理工作，承担本级人民政府森林防火指挥机构的日常工作。

县级以上地方人民政府其他有关部门按照职责分工，负责有关的森林防火工作。

第六条 森林、林木、林地的经营单位和个人，在其经营范围内承担森林防火责任。

第七条 森林防火工作涉及两个以上行政区域的，有关地方人民政府应当建立森林防火联防机制，确定联防区域，建立联防制度，实行信息共享，并加强监督检查。

第八条 县级以上人民政府应当将森林防火基础设施建设纳入国民经济和社会发展规划，将森林防火经费纳入本级财政预算。

第九条 国家支持森林防火科学研究，推广和应用先进的科学技术，提高森林防火科技水平。

第十条 各级人民政府、有关部门应当组织经常性的森林防火宣传活动，普及森林防火知识，做好森林火灾预防工作。

第十一条 国家鼓励通过保险形式转移森林火灾风险，提高林业防灾减灾能力和灾后自我救助能力。

第十二条 对在森林防火工作中作出突出成绩的单位和个人，按照国家有关规定，给予表彰和奖励。

对在扑救重大、特别重大森林火灾中表现突出的单位和个人，可以由森林防火指挥机构当场给予表彰和奖励。

第二章 森林火灾的预防

第十三条 省、自治区、直辖市人民政府林业主管部门应当按照国务院林业主管部门制定的森林火险区划等级标准，以县为单位确定本行政区域的森林火险区划等级，向社会公布，并报国务院林业主管部门备案。

第十四条 国务院林业主管部门应当根据全国森林火险区划等级和实际工作需要，编制全国森林防火规划，报国务院或者国务院授权的部门批准后组织实施。

县级以上地方人民政府林业主管部门根据全国森林防火规划，结合本地实际，编制本行政区域的森林防火规划，报本级人民政府批准后组织实施。

第十五条 国务院有关部门和县级以上地方人民政府应当按照森林防火规划，加强森林防火基础设施建设，储备必要的森林防火物资，根据实际需要整合、完善森林防火指挥信息系统。

国务院和省、自治区、直辖市人民政府根据森林防火实际需要，充分利用卫星遥感技术和现有军用、民用航空基础设施，建立相关单位参与的航空护林协作机制，完善航空护林基础设施，并保障航空护林所需经费。

第十六条 国务院林业主管部门应当按照有关规定编制国家重大、特别重大森林火灾应急预案，报国务院批准。

县级以上地方人民政府林业主管部门应当按照有关规定编制森林火灾应急预案，报本级人民政府批准，并报上一级人民政府林业主管部门备案。

县级人民政府应当组织乡（镇）人民政府根据森林火灾应急预案制定森林火灾应急处置办法；村民委员会应当按照森林火灾应急预案和森林火灾应急处置办法的规定，协助做好森林火灾应急处置工作。

县级以上人民政府及其有关部门应当组织开展必要的森林火灾应急预案的演练。

第十七条 森林火灾应急预案应当包括下列内容：
（一）森林火灾应急组织指挥机构及其职责；
（二）森林火灾的预警、监测、信息报告和处理；
（三）森林火灾的应急响应机制和措施；
（四）资金、物资和技术等保障措施；
（五）灾后处置。

第十八条 在林区依法开办工矿企业、设立旅游区或者新建开发区的，其森林防火设施应当与该建设项目同步规划、同步设计、同步施工、同步验收；在林区成片造林的，应当同时配套建设森林防火设施。

第十九条 铁路的经营单位应当负责本单位所属林地的防火工作，并配合县级以上地方人民政府做好铁路沿线森林火灾危险地段的防火工作。

电力、电信线路和石油天然气管道的森林防火责任单位，应当在森林火灾危险地段开设防火隔离带，并组织人员进行巡护。

第二十条 森林、林木、林地的经营单位和个人应当按照林业主管部门的规定，建立森林防火责任制，划定森林防火责任区，确定森林防火责任人，并配备森林防火设施和设备。

第二十一条 地方各级人民政府和国有林业企业、事业单位应当根据实际需要，成立森林火灾专业扑救队伍；县级以上地方人民政府应当指导森林经营单位和林区的居民委员会、村民委员会、企业、事业单位建立森林火灾群众扑救队伍。专业的和群众的火灾扑救队伍应当定期进行培训和演练。

第二十二条 森林、林木、林地的经营单位配备的兼职或者专职护林员负责巡护森林，管理野外用火，及时报告火情，协助有关机关调查森林火灾案件。

第二十三条 县级以上地方人民政府应当根据本行政区域内森林资源分布状况和森林火灾发生规律，划定森林防火区，规定森林防火期，并向社会公布。

森林防火期内，各级人民政府森林防火指挥机构和森林、林木、林地的经营单位和个人，应当根据森林火险预报，采取相应的预防和应急准备措施。

第二十四条 县级以上人民政府森林防火指挥机构，应当组织有关部门对森林防火区内有关单位的森林防火组织建设、森林防火责任制落实、森林防火设施建设等情况进行检查；对检查中发现的森林火灾隐患，县级以上地方人民政府林业主管部门应当及时向有关单位下达森林火灾隐患整改通知书，责令限期整改，消除隐患。

被检查单位应当积极配合，不得阻挠、妨碍检查活动。

第二十五条 森林防火期内，禁止在森林防火区野外用火。因防治病虫鼠害、冻害等特殊情况确需野外用火的，应当经县级人民政府批准，并按照要求采取防火措施，严防失火；需要进入森林防火区进行实弹演习、爆破等活动的，应当经省、自治区、直辖市人民政府林业主管部门批准，并采取必要的防火措施；中国人民解放军和中国人民武装警察部队因处置突发事件和执行其他紧急任务需要进入森林防火区的，应当经其上级主管部门批准，并采取必要的防火措施。

第二十六条 森林防火期内，森林、林木、林地的经营单位应当设置森林防火警示宣传标志，并对进入其经营范围的人员进行森林防火安全宣传。

森林防火期内，进入森林防火区的各种机动车辆应当按照规定安装防火装置，配备灭火器材。

第二十七条 森林防火期内，经省、自治区、直辖市人民政府批准，林业主管部门、国务院确定的重点国有林区的管理机构可以设立临时性的森林防火检查站，对进入森林防火区的车辆和人员进行森林防火检查。

第二十八条 森林防火期内，预报有高温、干旱、大风等高火险天气的，县级以上地方人民政府应当划定森林高火险区，规定森林高火险期。必要时，县级以上地方人民政府可以根据需要发布命令，严禁一切野外用火；对可能引起森林火灾的居民生活用火应当严格管理。

第二十九条 森林高火险期内，进入森林高火险区的，应当经县级以上地方人民政府批准，严格按照批准的时间、地点、范围活动，并接受县级以上地方人民政府林业主管部门的监督管理。

第三十条 县级以上人民政府林业主管部门和气象主管机构应当根据森林防火需要，建设森林火险监测和预报台站，建立联合会商机制，及时制作发布森林火险预警预报信息。

气象主管机构应当无偿提供森林火险天气预报服务。广播、电视、报纸、互联网等媒体应当及时播发或者刊登森林火险天气预报。

第三章 森林火灾的扑救

第三十一条 县级以上地方人民政府应当公布森林火警电话，建立森林防火值班制度。

任何单位和个人发现森林火灾，应当立即报告。接到报告的当地人民政府或者森林防火指挥机构应当立即派人赶赴现场，调查核实，采取相应的扑救措施，并按照有关规定逐级报上级人民政府和森林防火指挥机构。

第三十二条 发生下列森林火灾，省、自治区、直辖市人民政府森林防火指挥机构应当立即报告国家森林防火指挥机构，由国家森林防火指挥机构按照规定报告国务院，并及时通报国务院有关部门：

（一）国界附近的森林火灾；

（二）重大、特别重大森林火灾；

（三）造成3人以上死亡或者10人以上重伤的森林火灾；

（四）威胁居民区或者重要设施的森林火灾；

（五）24h尚未扑灭明火的森林火灾；

（六）未开发原始林区的森林火灾；

（七）省、自治区、直辖市交界地区危险性大的森林火灾；

（八）需要国家支援扑救的森林火灾。

本条第一款所称"以上"包括本数。

第三十三条 发生森林火灾，县级以上地方人民政府森林防火指挥机构应当按照规定立即启动森林火灾应急预案；发生重大、特别重大森林火灾，国家森林防火指挥机构应当立即启动重大、特别重大森林火灾应急预案。

森林火灾应急预案启动后，有关森林防火指挥机构应当在核实火灾准确位置、范围以及风力、风向、火势的基础上，根据火灾现场天气、地理条件，合理确定扑救方案，划分扑救地段，确定扑救责任人，并指定负责人及时到达森林火灾现场具体指挥森林火灾的扑救。

第三十四条 森林防火指挥机构应当按照森林火灾应急预案，统一组织和指挥森林火灾的扑救。

扑救森林火灾，应当坚持以人为本、科学扑救，及时疏散、撤离受火灾威胁的群众，并做好火灾扑救人员的安全防护，尽最大可能避免人员伤亡。

第三十五条 扑救森林火灾应当以专业火灾扑救队伍为主要力量；组织群众扑救队伍扑救森林火灾的，不得动员残疾人、孕妇和未成年人以及其他不适宜参加森林火灾扑救的人员参加。

第三十六条 武装警察森林部队负责执行国家赋予的森林防火任务。武装警察森林部队执行森林火灾扑救任务，应当接受火灾发生地县级以上地方人民政府森林防火指挥机构的统一指挥；执行跨省、自治区、直辖市森林火灾扑救任务的，应当接受国家森林防火指挥机构的统一指挥。

中国人民解放军执行森林火灾扑救任务的，依照《军队参加抢险救灾条例》的有关规定执行。

第三十七条 发生森林火灾，有关部门应当按照森林火灾应急预案和森林防火指挥机构的统一指挥，做好扑救森林火灾的有关工作。

气象主管机构应当及时提供火灾地区天气预报和相关信息，并根据天气条件适时开展人工增雨作业。

交通运输主管部门应当优先组织运送森林火灾扑救人员和扑救物资。

通信主管部门应当组织提供应急通信保障。

民政部门应当及时设置避难场所和救灾物资供应点，紧急转移并妥善安置灾民，开展受灾群众救助工作。

公安机关应当维护治安秩序，加强治安管理。

商务、卫生等主管部门应当做好物资供应、医疗救护和卫生防疫等工作。

第三十八条 因扑救森林火灾的需要，县级以上人民政府森林防火指挥机构可以决定采取开设防火隔离带、清除障碍物、应急取水、局部交通管制等应急措施。

因扑救森林火灾需要征用物资、设备、交通运输工具的，由县级以上人民政府决定。扑火工作结束后，应当及时返还被征用的物资、设备和交通工具，并依照有关法律规定给予补偿。

第三十九条 森林火灾扑灭后，火灾扑救队伍应当对火灾现场进行全面检查，清理余火，并留有足够人员看守火场，经当地人民政府森林防火指挥机构检查验收合格，方可撤出看守人员。

第四章 灾后处置

第四十条 按照受害森林面积和伤亡人数，森林火灾分为一般森林火灾、较大森林火灾、重大森林火灾和特别重大森林火灾：

（一）一般森林火灾：受害森林面积在 $1hm^2$ 以下或者其他林地起火的，或者死亡 1 人以上 3 人以下的，或者重伤 1 人以上 10 人以下的；

（二）较大森林火灾：受害森林面积在 $1hm^2$ 以上 $100hm^2$ 以下的，或者死亡 3 人以上 10 人以下的，或者重伤 10 人以上 50 人以下的；

（三）重大森林火灾：受害森林面积在 $100hm^2$ 以上 $1000hm^2$ 以下的，或者死亡 10 人以上 30 人以下的，或者重伤 50 人以上 100 人以下的；

（四）特别重大森林火灾：受害森林面积在 $1000hm^2$ 以上的，或者死亡 30 人以上的，或者重伤 100 人以上的。

本条第一款所称"以上"包括本数，"以下"不包括本数。

第四十一条 县级以上人民政府林业主管部门应当会同有关部门及时对森林火灾发生原因、肇事者、受害森林面积和蓄积、人员伤亡、其他经济损失等情况进行调查和评估，向当地人民政府提出调查报告；当地人民政府应当根据调查报告，确定森林火灾责任单位和责任人，并依法处理。

森林火灾损失评估标准，由国务院林业主管部门会同有关部门制定。

第四十二条 县级以上地方人民政府林业主管部门应当按照有关要求对森林火灾情况进行统计，报上级人民政府林业主管部门和本级人民政府统计机构，并及时通报本级人民政府有关部门。

森林火灾统计报告表由国务院林业主管部门制定,报国家统计局备案。

第四十三条 森林火灾信息由县级以上人民政府森林防火指挥机构或者林业主管部门向社会发布。重大、特别重大森林火灾信息由国务院林业主管部门发布。

第四十四条 对因扑救森林火灾负伤、致残或者死亡的人员,按照国家有关规定给予医疗、抚恤。

第四十五条 参加森林火灾扑救的人员的误工补贴和生活补助以及扑救森林火灾所发生的其他费用,按照省、自治区、直辖市人民政府规定的标准,由火灾肇事单位或者个人支付;起火原因不清的,由起火单位支付;火灾肇事单位、个人或者起火单位确实无力支付的部分,由当地人民政府支付。误工补贴和生活补助以及扑救森林火灾所发生的其他费用,可以由当地人民政府先行支付。

第四十六条 森林火灾发生后,森林、林木、林地的经营单位和个人应当及时采取更新造林措施,恢复火烧迹地森林植被。

第五章　法律责任

第四十七条 违反本条例规定,县级以上地方人民政府及其森林防火指挥机构、县级以上人民政府林业主管部门或者其他有关部门及其工作人员,有下列行为之一的,由其上级行政机关或者监察机关责令改正;情节严重的,对直接负责的主管人员和其他直接责任人员依法给予处分;构成犯罪的,依法追究刑事责任:

(一)未按照有关规定编制森林火灾应急预案的;
(二)发现森林火灾隐患未及时下达森林火灾隐患整改通知书的;
(三)对不符合森林防火要求的野外用火或者实弹演习、爆破等活动予以批准的;
(四)瞒报、谎报或者故意拖延报告森林火灾的;
(五)未及时采取森林火灾扑救措施的;
(六)不依法履行职责的其他行为。

第四十八条 违反本条例规定,森林、林木、林地的经营单位或者个人未履行森林防火责任的,由县级以上地方人民政府林业主管部门责令改正,对个人处 500 元以上 5000 元以下罚款,对单位处 1 万元以上 5 万元以下罚款。

第四十九条 违反本条例规定,森林防火区内的有关单位或者个人拒绝接受森林防火检查或者接到森林火灾隐患整改通知书逾期不消除火灾隐患的,由县级以上地方人民政府林业主管部门责令改正,给予警告,对个人并处 200 元以上 2000 元以下罚款,对单位并处 5000 元以上 1 万元以下罚款。

第五十条 违反本条例规定,森林防火期内未经批准擅自在森林防火区内野外用火的,由县级以上地方人民政府林业主管部门责令停止违法行为,给予警告,对个人并处 200 元以上 3000 元以下罚款,对单位并处 1 万元以上 5 万元以下罚款。

第五十一条 违反本条例规定,森林防火期内未经批准在森林防火区内进行实弹演习、爆破等活动的,由县级以上地方人民政府林业主管部门责令停止违法行为,给予警告,并处 5 万元以上 10 万元以下罚款。

第五十二条 违反本条例规定,有下列行为之一的,由县级以上地方人民政府林业主管部门责令改正，给予警告，对个人并处 200 元以上 2000 元以下罚款，对单位并处 2000 元以上 5000 元以下罚款：

（一）森林防火期内，森林、林木、林地的经营单位未设置森林防火警示宣传标志的；

（二）森林防火期内，进入森林防火区的机动车辆未安装森林防火装置的；

（三）森林高火险期内，未经批准擅自进入森林高火险区活动的。

第五十三条 违反本条例规定，造成森林火灾，构成犯罪的，依法追究刑事责任；尚不构成犯罪的，除依照本条例第四十八条、第四十九条、第五十条、第五十一条、第五十二条的规定追究法律责任外，县级以上地方人民政府林业主管部门可以责令责任人补种树木。

第六章 附 则

第五十四条 森林消防专用车辆应当按照规定喷涂标志图案，安装警报器、标志灯具。

第五十五条 在中华人民共和国边境地区发生的森林火灾，按照中华人民共和国政府与有关国家政府签订的有关协定开展扑救工作；没有协定的，由中华人民共和国政府和有关国家政府协商办理。

第五十六条 本条例自 2009 年 1 月 1 日起施行。